本书受北京第二外国语学院出版基金资助出版

郝琳

著

当代语法理论与汉语作为第二语言的语法教学

Contemporary Grammar
Theories and Grammar Teaching
of
Chinese
as
a Second Language

社会科学文献出版社
SOCIAL SCIENCES ACADEMIC PRESS (CHINA)

目　录

第一章　语言观和语法研究的流变

所谓"语言观"就是如何看待语言以及对语言根本性质的认识。古今中外有各种各样的语言观，例如：

> 语言是人类最重要的交际工具。
> 语言是一个声音和意义相结合的符号系统。
> 语言是人类区别于动物的先天具有的本能。

不同的语言观直接或间接影响着语法观，即在研究者心目中"语法是什么"以及语法学应该研究什么、怎么研究的问题，不同的语言观和语法观使不同的语言研究各异其趣、各有千秋。

第一节　传统语法

传统语法是与结构语言学开始的现代语法相对而言的，它起源于古代传统语言学，18 世纪拉丁语法集其大成（王德春，1997）。

一　古代传统语言学

一般认为，全世界的语言研究存在古印度、古希腊和中国三大传统。

（一）古印度传统

现存最早的语法学著作，是成书于公元前 4 世纪的梵语语法《八章书》（*Astadhyayi*），作者是潘尼尼（Panini）。

《八章书》区分了四种词类：静词、动词、介词、小品词。代词和副词不算独立的词类，分别归入静词和动词之中。梵语的静词和动词都有屈折变化，二者之间具有不同类型的语法和语义关系。

《八章书》建立了各种词类的抽象基本词形，称为"原形"，然后描写了将原形转变成实际使用的各种形式的语素、音素的变化规则和内在联结规则。这里的"原形"概念与现在所说的语素变体（allomorph）的概念基本相同。此外，现在的"零位"描写手段也是《八章书》首先创用的。

简而言之，《八章书》详细地描写了梵语的屈折变化、派生现象、组织结构和各种句法的用法，对当代描写语言学的发展具有重大的启发意义。

除语法描写以外，印度的语言研究成就还集中体现在语义和一般语言理论、语音和音位两个方面，它取得的空前成就对当代语言学产生了重要的影响。

（二）古希腊传统

从产生之初，古希腊的语法学就与哲学、逻辑学具有密不可分的关系。当时，关于语言的形式与意义，出现了"按本质规定"与"按习俗规定"之争，值得一提的是，我国战国末期的荀况也在其《正名篇》中提出过与"按习俗规定"类似的观点。在此之后，围绕"语法结构是否具有规则"这一问题，又出现了"变则论"与"类比论"之争。

在争论的过程中，一些语法范畴得到了区分和认定。柏拉图是西方语言学史上第一个对词进行分类的学者，他把句子划分为名词性成分和动词性成分；亚里士多德继承并发展了柏拉图的学说，并且注意到名词与时间无关，而动词则带有时间性特点。亚里士多德还对连词（Syndesmoi）和冠词（Arthron）给出了定义——分别对应于今天的连词和介词、冠词和代词。

继亚里士多德之后，斯多葛学派成为语法研究的新生力量。他们把词划分为五类，即普通名词、专有名词、动词、连词和冠词，发现名词有"格"的区别，动词有及物与不及物、主动语态与被动语态以及完成体和非完成体之别。最重要的是，斯多葛学派还把时态形式中固有的时和体的意义抽象出来了。

到了公元前 1 世纪，亚历山大里亚学派的狄奥尼修斯·特拉克斯（Dionysius Thrax）为了满足对罗马学生进行教学的需要，编写了希腊语的第一部正式的、较为全面的语法教科书《读写技巧》（*Tékhnē grammatikē*）。《读写技巧》把词作为语法描述的最小单位，把句子作为语法描述的最大单位，认为"语法"是"诗人和散文作家们普遍使用的实用语言知识"。在词类划分方面，特拉克斯将斯多葛学派的专有名词和普通名词合并在一起，统称为名词；从动词中分出了分词；从连词中分出了介词；另外又增加了代词和副词，从而使希腊语的词类增加到八种。此外，《读写技巧》还从性、数、格、时态、语态、语气、类别（根词或派生词）等方面对词汇进行了描述。

《读写技巧》后来被译成多种语言，成为欧洲及世界上许多其他语言的语法研究效仿的范式。不过，该书也存在一个缺点，就是对句法论述较少。这一点在公元 2 世纪由狄斯科洛斯（Apollonius Dyscolus）的《论句法》进行了补足。《论句法》是对希腊句法结构的首次系统讨论，书中指出，句子可切分为名词部分和动词部分，句法的主要任务就是描写这两个部分在性、数、格等方面的关系。

古希腊语法的研究成果被后人广泛继承，他们所拟定的一系列语法术语及其概括的语法范畴一直沿用了两千多年，对后来语言研究的影响功不可没。

（三）中国传统

早在先秦时期，中国的语言学研究就已经萌芽了，虽然相关的言论是为了阐明政治主张，而非出于语文学的目的，但是字义解释的方式方法已显露出训诂的雏形。

语言与文字具有密不可分的关系，我国古代语言学根据汉字的意义、形体和读音建立了音韵学、训诂学和文字学三个不同的学科，统称为"小学"。音韵学大体上相当于西方语言学的语音学，训诂学有一部分内容和西方语言学的词汇学相当，但是侧重点不同。唯独文字学在西方系统中找不到对应物，因为西方的字母文字主要表音，不像汉字这样承载丰富的信息。而西方的语法学，在我国传统的语言学里也没有和它相对应的部门。这并不是说我国古代不研究语法，而是由于语言性质不同，两个体系所研究的内容无法对应。汉语作为孤立语，虚词和语序的功能非常强大，这与西方语言学所关注的形态变化具有本质的不同，因此汉语不可能发展出西方普通语言学那样的语法理论。

也就是说，中国古代的语言学走的是一条完全不同于西方的道路，所谓"汉语没有语法研究"的说法不过是以印欧语的眼光来看待汉语的结果。

二 希腊传统的传承和发展

语言学史和理论流派的大多数著作，都以西方（尤其是欧洲）理论的发展脉络为框架，但这并不是说西方语言学理论的学术成就最高。正如有些语言学家所指出的，在很多方面欧洲的成就明显不如古印度人。但是在上述三大语言研究发源地中，古希腊传统在欧洲得到了有序的传承和系统的发展，各个阶段出现的理论、目标、方法等方面的变化，都成为语言学史的重要资料。因此，确切地说，后世有关"传统语法"的讨论一般是特指从古希腊—罗马传统到 18 世纪的欧洲语法学理论。

（一）古罗马时期的语法研究

古罗马同古希腊的文化交往源远流长，古罗马的一切文化艺术几乎都是从希腊输入的，语言研究也是如此。当然，这种做法也是建立在希腊语和拉丁语两种语言结构相近的客观基础上的。这期间有代表性的语法著作包括瓦罗（Marcus Ferentius Varro）的《论拉丁语》（*De Lingua Latina*）、多纳特斯（Donatus）的《语法术》（*Ars Grammatica*）和普里西安（Priscian）的《语法惯例》（*Institutiones Grammaticae*）。

《论拉丁语》基本上套用了《读写技巧》一书的框架，把希腊语的术语译成了与之对应的拉丁语语法术语。其突出贡献在于区分了派生结构和屈折结构，并发现了拉丁语与希腊语中名词"格"的类型差异。

多纳特斯所著的《语法术》一书，从字母、语音、词类、正误、诗律、比喻等方面全面论述了拉丁语。普里西安的《语法惯例》与《语法术》的语法理论大致相同，不过，普里西安对先贤研究成果的继承并不是机械模仿，例如，在词类方面，他抛弃了拉丁语中并不存在的冠词这个词类，并把感叹词从副词中分离出来，列为一个单独的词类，这就使得《语法惯例》比其他语法书更加符合拉丁语的实际情况。总的来看，《语法惯例》的形态部分写得详尽完整，而句法部分则稍显粗疏。

《语法惯例》一书被认为是由操拉丁语的人编写的最精确、最完整的拉丁语语法，对欧洲语言的语法研究和语言教学产生了深远的影响。

（二）中世纪的语法研究

中世纪的教育以"七艺"为基础，语法学作为七艺之一，包括语音、正字法、词法、句法、修辞、写作等一切和书面语有关的技能。这一时期，最具权威性的是普里西安和多纳特斯的语法理论。

中世纪语言学的突出成就是在经院哲学影响下的思辨语法（speculative grammar）。思辨语法学家不再满足于普里西安和多纳特斯对语言用法的描写，他们认为语言研究应探讨世界万物的存在方式（mode essendi）、理解方式、表达方式等理论问题，因此这些思辨语法学家被后世称为"摩迪斯泰学派"（Modistae）。

摩迪斯泰学派根据上述理论来区分词类，认为每一种词类都通过特殊的方式或者从某种特殊的角度出发对现实做出表达，例如，名词用稳定和永久的方式表示事物，动词则用暂时过程表示事物。关于句法，摩迪斯泰学派根据亚里士多德的原因论概括了使句子具有可接受性的四条原则和三个条件。

摩迪斯泰学派把语法看作一种独立的理论，探究潜藏于语言底层的根本原理，从而与文学评论、外语教学等学术体系和技能区别开来。从西方传统语法的发展史来看，可以说，摩迪斯泰学派成为继古希腊—罗马之后语法研究的第二个里程碑。

（三）文艺复兴到18世纪的语法研究

文艺复兴所产生的科学文化思想直接影响到了语言学。文艺复兴之前，仅古希腊语和拉丁语受到语言学的关注，而从十四五世纪开始，语言学研究的范围扩展到欧洲的其他语言，许多欧洲语言的第一部语言学著作相继问世，欧洲国家几乎无一例外地开展了民族语言规范化运动。

中世纪发端的思辨语法在度过其全盛时期后开始受到强烈的批判，这便形成了理性主义和经验主义之争。理性主义的代表作是法国保尔—罗瓦雅尔学派（Port – Royal Grammar）的《普遍唯理语法》（*Grammaire Généraleet raisonnée*），经验主义由于关注实用价值而发展出了速记学、语音学和密码学等学科。

总体来说，18世纪后期的语言研究不再局限于对个别语言的语法描写，而是将视野扩大到更多的语言，探索存在于不同语言中的普遍规律。虽然当时的理论和假设还具有一定的时代局限性，但是这些初步的讨论为19世纪历史语言学的空前发展铺平了道路。

三　对传统语法的认识和评价

在传统语法这个漫长的时期，语法学还没有成为一门独立的学科，语法研究的目的不是认识语法规律本身，而是满足阅读古典文献和进行哲学研究的需要，或是为语言教学提供便利。因此，作为人类语法研究的开端，传统语法重视实用价值。当时把语法学看作正确书写和说话的艺术，认为语法是规范语言使用的一套规则，虽然这一规定主义（Prescriptivism）立场长期以来一直被人诟病，但恰恰是规定主义这一特质使传统语法得以经久不衰，这主要是因为规定语法占领了语言教学这块阵地，直到今天，传统语法仍然在语法教学领域发挥作用，并为不同流派的语法研究提供了坚实的研究基础。

传统语法对一些概念的定义和分类不够科学和全面，对语法知识的描写也是分散的、零碎的。不过，我们并不能因此抹杀传统语法的历史功绩，作为人类语法研究的初次探索，许多基本的语法概念都产生于这一时期，关于语言理据性与任意性的争论也已经展开，这一切都为后世的语言学研究奠定了良好的基础。

第二节 结构主义语法

一 现代语言学诞生的序曲

18～19世纪，语言学家对欧洲各语言已完成了初步的描写工作，语言研究在材料上获得了充分的储备；同时，自然科学领域的比较方法在语言学研究中得到运用，引起了语言研究方法的彻底变革；在这种条件下，历史比较语言学应运而生。

当时许多传教士为了传教而学习梵语，英国语言学家威廉·琼斯（William Jones）即是其中的一个。1786年，琼斯提出，梵语和希腊语、拉丁语、日耳曼诸语言具有亲缘关系，而这些语言共同来源于某种已经消亡的古代语言。不过，琼斯当时并没有发现梵语和印欧语言具体的语音对应规律，直到1816年，历史比较语言学的奠基人葆朴（F. Bopp）才成功找到梵语和希腊语、拉丁语动词变位系统的对应关系，语言学家们后来据此构拟出了原始印欧语的表现形式。

19世纪，历史比较语言学的中期代表为施莱歇尔（A. Schleicher），他尝试构拟原始印欧母语，并用"谱系树"表示语际的联系和亲疏程度，还提出"孤立语—黏着语—屈折语"的语言发展阶段论。后期，德国莱比锡大学的"青年语法学派"强调类推在语言演变中的作用，深信音变规律"无例外"，即使有例外，也是受其他语音规律支配的结果，从而正式提出了历史比较语言学系统的理论原则和方法。

历史比较语言学在语言学史上占有重要的位置，在这一时期，比较方法引入语言学研究之中，语言的亲属关系得到了准确的识别。尤其重要的是，语言学从语文学中彻底分化出来并获得了独立的地位，这些都为索绪尔结构主义语言学理论的诞生提供了肥沃的土壤。

二 结构主义的产生和发展

进入20世纪，主导语言学发展的人物首推结构主义语言学的奠基人——瑞士语言学家索绪尔（F. de Saussure）。

1876 年，索绪尔到德国莱比锡大学专攻语言学，并与青年语法学派一起从事印欧系语言的历史比较研究工作，成绩突出。后来，索绪尔放弃了历史语言学的研究，转而投入普通语言学的理论探索之中。索绪尔在《普通语言学教程》中深入地探讨了语言的特征，区分了"语言/言语""共时/历时"等概念，并提出"语言是一个符号系统"的语言观。

索绪尔开创性地把人类的言语活动分为语言和言语两部分，并将共时性的研究同历时性的研究区分开来，通过不断从研究对象中划掉异质因素，把语言系统提纯，从而明确了语言研究的核心对象和相应的研究方法，设定了现代语言学的立足点，对现代语言学的发展带来了深远的影响。

索绪尔的学说将语言学带上了独立发展的科学大道，20 世纪前半叶，在索绪尔学说的影响下，欧美语言学形成了欧洲的布拉格学派和哥本哈根学派、美国的描写语言学派三足鼎立的局面，在语言学发展史上做出了不可磨灭的贡献。

三 对结构主义语法的认识和评价

20 世纪是结构主义的世纪，"结构主义"的命名来源于索绪尔的"系统"概念，是指语言作为一个系统有自己的内部结构和固有秩序。索绪尔的语言观成为现代语言学的主流观点，20 世纪上半叶，几乎所有的语言学研究都朝着索绪尔指引的方向探索前进。

结构主义遵循描写主义的研究方法，按照语言的本来面貌来描述语言事实，对不同语言的结构和使用进行全面、系统、客观、精确的描述，而不是规定语言应该是什么样。今天，描写主义已成为语言研究的基本原则，其所开创的一系列分析方法和操作程序，大大提高了语言描写的客观性和科学性。

不过，结构主义致力于语言形式的描写，而不关心语言能力的解释；聚焦于语言间的差异，而忽视了语言间的普遍性。这些局限性引起了语言学家们的激烈辩论，使结构主义逐渐失去主导地位而让位于形式主义语言学，掀开了语言学史的新的一页。

第三节　当代语言学的三大研究取向

自 20 世纪 50 年代爆发"乔姆斯基革命"之后，语言学从结构主义的一统天下发展成为形式主义、功能主义、认知主义多元化发展的局面。

一　形式主义语法

语言研究的历史发展经历了三个阶段：规定性的、描写性的、解释性的。传统语言研究持规定主义立场，结构主义语言学致力于客观描写，而形式主义学派认为，语言是人类先天具有的区别于动物的语言官能的体现，因此，语言研究要探究人类语言所共同遵守的普遍原则和造成各个语言差异的不同参数，以揭开这种人类所特有的语言能力和语言官能之谜。

1957 年，乔姆斯基发表《句法结构》，标志着转换生成语法理论的初步形成。转换生成语法的研究与以往的语言研究在以下方面形成了鲜明的对立。

从研究对象上看，乔姆斯基主张将语言能力和语言运用区分开来。也就是说，转换生成语法的研究对象应是体现在人脑中的知识系统和普遍语法，而不是外在的语言运用。这样，转换生成语法把语言研究由对语言运用的描写引向了对人类大脑语言机制的解释。

从研究目标上看，转换生成语法研究的目的是建立一种人类语言共同的普遍原则。普遍语法由原则和参数构成，原则指适用于任何语言的高度抽象的语法知识，参数则反映了语言之间的差异。

从研究方法上看，结构主义语言学主要采用归纳法，而转换生成语法认为，语言研究应采用演绎法。因为语言规则不仅要能解释已观察到的语言事实，还要根据观察做出假设，预测可能出现的语言现象，并在实践中检验或证明。

以转换生成语法为代表的形式主义学派猛烈地冲击了当时在美国占主导地位的结构主义语言学，之所以得名"形式主义"，是由于其学派的成员，如等式语法（Equational Grammar）、蒙太古语法（Montague Grammar）、关系语法（Relational Grammar）、广义短语语法（Generalized Phrase Structure Grammar)、词汇功能语法（Lexical Grammar）、范畴语法（Categorical Grammar）等，在表述上都采用形式化的手段，以避免含混和模糊。

二 功能语法

解释语言现象大致有两条路子，一种是形式主义的语言观，另一种是功能主义的语言观。形式主义试图从语言结构内部去寻找解释：语言结构受一定的规则控制，这些规则是人类语言结构所固有的，是人类天赋语言能力的体现。功能主义则试图从语言结构的外部去寻找解释，首先是着眼于语言的交际功能，认为语言的结构是语言为了达到信息交流的目的而自我调适的结果（沈家煊，1999）。

语言研究中的功能主义倾向，最早萌芽于布拉格学派。他们强调语言是一种功能体系，认为一个句子除了可以从语法的角度进行分析外，还可以从功能的角度分为主位和述位，而功能上的主位、述位与语法上的主语、谓语不一定是重合的。

功能语法作为一个学派的兴起是建立在对形式语法局限性的反思之上的，它强调语言的社会属性，主张联系社会使用环境对语言的信息传递功能进行分析，来回答"语法何以如此"的问题。功能主义语言观在以下一些基本问题上与形式主义形成对立。

首先，形式主义主张语言结构本身是自足的，因此语言系统的内部解释优于功能、语境等外部解释。而功能主义则把注意力从语言系统内部转向语言系统外部，认为语言分析不能脱离具体的交际语境及社会语境来进行。

其次，形式主义认为不仅语言结构独立于其交际功能，而且人类的语言能力也独立于人类心智的一般性认知能力。而功能主义则相反，它不但认为语言结构从根本上说由交际功能所决定，而且认为人的语言能力并不是一种独立的认知能力，而是跟一般认知能力互相渗透、互相依存的。

再次，功能主义认为句法作为语言结构的一部分，与语义、语用息息相关，而不能单独抽取出来。另外，句法不见得是语言系统或语言研究的核心，如果有一个核心的话，语义才是核心。像形式主义那样讲语法而不讲意义是没有价值的。

最后，形式主义认为语言规律应是严格、毫无例外的，与此相对应，形式主义在研究中追求对语言结构形式的精密分析和高度形式化，而功能主义则诉诸直觉上的倾向性，避免精确的形式化。

功能学派发展至今已形成非常庞大的一个流派，包括很多分支，如系统功能语法、认知语法、篇章语法以及语言类型和语言共性研究，等等。

三 认知语法

当代语言研究在"语法来源"和"语言跟其他行为、认知之间的关系"上存在两种不同的语言观，一是认为语法是先验的和天赋的，独立于人的思维和运用之外；二是强调后天经验和认知能力在语言运用和理解中的作用，认为没有独立于人的认知以外的所谓意义。前一种观念可以称为"基于天赋的（innate - based）语言观"，后一种观念可以称为"基于使用的（usage - based）语言观"。

20 世纪 70~80 年代，Langacker、Lakoff 等早年研习转换生成语法的语言学家另辟蹊径，开创新的学派。1987 年，Langacker 出版了《认知语法基础》，标志着认知语法学派的正式创建。

认知语法是对转换生成语法的反动，在很多问题上与转换生成语法持相反的立场：他们认为语言不是天赋的，而主要是通过后天的认知加工形成的；不同语言具有各自的特征，其间的差异性大于共性；语言不是自治的，语言能力与其他认知能力不可分离；语言不能被分隔为几个独立的模块，句法与语义、语用密切相关，句法不能作为一个独立单位进行研究等。

认知语法以经验现实主义（experiential realism）认识论为哲学基础，认为人的大脑不是机械地一成不变地反映客观世界，而是对新经验进行组织和加工，然后结合原有的经验结构，实现新的认知。认知语法的基本假设也由此产生：语言不是直接反映外部世界，而是以人对世界的认识为中介。因此，研究者应关注人类的经验、感知和对世界的概念化在语言中的体现。从外部世界到人的认知体系的转换主要通过互动体验、范畴化和概念化、意象图示、认知模型、隐喻、转喻、识解等认知方式来完成，认知语法意在运用这些有限的认知方式统一解释语言的各个层面。

从结构主义到形式主义，语言研究都注重分析语言的内部结构。索绪尔强调语言的系统性，乔姆斯基注重句法的自治性、生成性，而认知语法则以社会生活中的现实人为参照系，从认知主体的互动体验和认知加工出发，明确指出语言不是一个独立的系统，解释语言必须参照人的一般认知方式。

认知语法不仅在微观层面为解释许多语法问题提供了新的视点，而且也在宏观层面上建构了语法的认知模型，它对语言结构做了系统而深入的解释，为语法研究做出了重大的贡献。

四　对三大研究取向的认识和评价

形式、功能、认知三大取向的研究，首先是建立在包括传统语法学、历史比较语言学和结构主义语言学在内的不同学派对语言系统详细考察和充分描写的基础之上，如果没有这些前贤筚路蓝缕的探索，就不会有后来百花齐放的硕果。

形式主义语法第一次把语言学置于人类心理学的范畴，集中关注语言中规则化程度较高、逻辑性较强的侧面，其采用的形式化手段能够实现研究和表述的抽象化、精确化，是语言学走向科学的标志之一；"认知"和"功能"虽然是两个截然不同的观念，但是就语法体系而言，却是相辅相成、密不可分的，"功能语法"固然无法脱离"认知"而独立，"认知语法"也不能不牵涉功能方面的讨论。功能语法主张从人体外部——功能角度去研究语言；而认知语言学主张从人体内部——人脑如何对信息进行认知加工的角度研究语言，两种研究取向的出现象征着语法研究的钟摆由注重形式转向了注重意义的研究。

随着时代的发展，语言研究越来越呈现出学科交叉多元化和研究方法多元化的演进趋势，不同的研究取向完全有可能实现视角互补、方法共享。这一趋势启示我们，语法研究不必囿于某种理论，特别是在解决实际问题时，要勇于开拓思路、打破界限，以合理解释语言现象为首要目标。基于这种考虑，本书以具体的语言现象为导引，综合运用不同体系的理论方法来分析和解决问题，尝试寻找理论语法与教学实践的接口，希望能够为读者提供一定的借鉴和参考。

第二章　面向第二语言教学的汉语语法研究

第二语言教学与第一语言教学具有本质的差别。汉语作为第二语言的教学工作始于 20 世纪 50 年代，自 20 世纪 80 年代开始，"对外汉语教学"开始作为一门独立的学科被提出并且逐渐得到了学界的认同。

第一节　理论语法和应用语法

任何学科都包括偏重体系构建的理论学科和为现实应用服务的应用学科两大门类，语言学（语法学）也不例外。

一　理论语法、教学语法和参考语法

理论语法，也称"专家语法"，是指语法学者按照自己的语言观和方法论，对某种语言的语法所做的分析和描述。理论语法研究可以从不同的角度提出各自的语法学说，形成不同的体系，因此可分为不同的流派。如朱德熙的《语法讲义》和赵元任的《中国话的文法》等著作所描述的语法就是汉语的理论语法（郭熙，2002）。

教学语法又称"学校语法"，是指利用理论语法的科学研究成果专门为教学目的服务的语法，即根据语法教学的要求制定的语法系统。汉语第一部系统的文言文语法著作《马氏文通》和第一部系统的白话文语法著作《新著国语文法》都属于教学语法。不过"教学语法"这一术语的出现在时间上却晚得多——最早出现于 1956 年的《暂拟汉语教学语法系统简述》，但此文并未对这一概念进行详细阐述。直到 20 世纪 80 年代的"全国语法和语法教学讨论会"上，"教学语法"作为一个专门术语才被明确提出，王力

等前辈学者就教学语法的性质、作用、地位等问题做了阐述。

"参考语法"这一术语译自英语的 reference grammar，指对某种语言的共时特征进行系统而详尽描写的语法。"参考语法"能够为语法研究提供比较充足、可靠的语言依据，其读者对象主要是语言研究者，不是直接为语言学习服务的。

理论语法、教学语法和参考语法既有区别又有联系，概括地说，它们的特点如表 2-1 所示。

表 2-1　理论语法、参考语法和教学语法的特点

理论语法	参考语法	教学语法
理论的系统性	描写的系统性	规范性和实用性
理论的前瞻性	鲜明的原创性	稳定性和可靠性
方法论上的一致性	描写的详尽性	简明性与可操作性

理论语法追求对语言的系统性解释。从研究广度上看，理论语法的研究范围涉及从语音、词汇、句法、语义到语用的整个语言系统。从研究深度上看，理论语法对语法系统内部的各个子系统要进行系统的研究和解释，如词类系统、时体系统、情态系统等。参考语法的功用是为语言研究者提供详尽、可靠的语法材料，因而要求描写的系统性。教学语法的适用对象是语言学习者，其目的是让学习者运用所学知识正确地理解和生成话语，因此其内容必须是基本的、规范的语言现象。同时，教学语法在语法项目的选择和安排上、语法点的描写和解释上、语法体系的构建上，都要从教学的实际需要出发，具有很强的实用性。

理论语法往往具有前沿性、尝试性，因而与教学应用往往还存在一定的距离。参考语法能够体现研究者鲜明的原创性，在同一问题的处理上可能见仁见智。理论语法和参考语法的阅读对象都是具有一定学术能力的语言研究者，因而并不强求观点的整齐划一，而教学语法的内容通常会尽量采纳已有定论的说法而回避存有异议的说法，一般不会包含新语言现象或新句法形式的研究。可见，教学语法在内容上具有一定的稳定性，因为语法体系一旦建立，轻易不会变动，否则会使教师和学生无所适从。经过长

期教学实践检验的教学语法，往往具有相当高的可靠性。

理论语法追求理论内部的一致性，它所使用的方法应该贯彻在语言各个层面的研究中。几乎对所有的语法现象，理论语法均采用同一种方法进行系统解释。参考语法以详尽性见长，其功能决定了它布局谨严、描写细致。而教学语法因"专门为教学服务"的需要而突出简明性与可操作性，在语法内容的描述和解释上尽量减少对理论的依赖，减少语法概念和术语的使用，所使用的语言简约明了，其所总结出来的规则应便于学习者举一反三。

二　"汉语作为母语的教学语法"、"汉语作为第二语言的教学语法"和"汉语作为第二语言的参考语法"

根据教学对象是否为母语者，可以把教学语法分为两类。如张志公主编的《暂拟汉语语法教学系统》及其修订版本《中学教学语法系统提要》是针对汉语为母语者的教学语法，而《汉语教科书》则是针对汉语非母语者首次构建的教学语法体系。

随着第二语言教学理论和实践的发展，人们对"汉语作为母语的教学语法"和"汉语作为第二语言的教学语法"区别的认识越来越清晰。如李泉（2016）指出，它们：①教学对象不同。前者是已经掌握了汉语的中国学生，后者是正在学习汉语的外国学生。②教学目的不同。前者主要是理性地认知母语，即"知其所以然"；后者是了解和理解汉语成分的组合和表达规则，即在"知其然"的基础上，能够运用所学的语法进行恰当的表达。③教学方式、方法不同。前者是在母语语文教学过程中作为单元知识相对集中地讲授语法，以理解和掌握知识为主；后者是在第二语言教学过程中作为语法点分散在每一课中，讲练结合，以理解和会用为根本目的。④重要程度不同。语法学习对母语学习者来说是锦上添花，而对非母语学习者则是雪中送炭。⑤语法学习的范围不尽相同。母语学习者主要涉及体系性的语法，以词类、词法、句法结构、句型、句式、特殊句式、单句、复句等为核心；非母语学习者则不仅要学习体系内的语法，还需要学习体系外的语法，包括一词（虚词和用法特别的实词）、一语（插入语、习用语、衔接语)、一格式(使用范围和概括程度不等的固定框架)等的意义和用法,这些基于"语用法的语法"同样影响汉语作为第二语言的学习者的语言理解和表达。

与理论语法和汉语作为母语的教学语法相比,汉语作为第二语言的教学语法具有以下性质和特点。

(一) 实用性和规定性

实用是教学语法区别于理论语法和参考语法的主要方面。汉语作为第二语言的教学语法必须为语言实践服务,在具体操作上,要对各语法项目给出简明扼要的使用规则。它"不仅是分析的语法更是组装的语法。不仅要对语法规则进行描述分析,更重要的是根据这些语法规则组装生成各种句子"。"不仅是描写的语法,更是讲条件的语法。不仅要对各种句式本身的结构特点、层次关系做出科学客观的描述和分析,更要讲明它的使用条件,即必须在什么时候、什么场合和要表达什么意思才能使用这种格式"(赵金铭,1994)。

(二) 科学性和顺序性

面对一个庞大的语法系统,教学语法首先要解决如何科学地进行层级划分和项目排序的问题。赵金铭(1996)曾指出不同阶段语法教学的侧重点:"初级阶段只需教最基本的语法形式,使习得者具备区分正误的能力;中级阶段侧重语义语法的教学,使习得者具备区别语言形式异同的能力;高级阶段侧重语用功能语法的教学,使习得者具备区别语言形式之高下的能力。"在这个宏观原则指导下,对语法点进行层级划分和项目排序的具体操作还需考虑如下几个因素。

1. 语法项目的习得规律

"内在大纲和习得顺序"假说认为,二语学习者的习得进程受"内在大纲"的支配,只有当教学大纲和课堂教学符合学习者的"内在大纲"时,才能较好地习得第二语言。因此,语法项目的排序应该尽可能参考学习者的习得顺序。施家炜(1998)曾就外国留学生22类现代汉语句式的习得顺序进行过研究，近年来还出现了不少针对特定语法项目习得展开的调研，这些探索对语法项目的编排都具有一定的借鉴价值。

2. 语法项目的使用频率

使用频率高的词语不但实用性强，而且在日常交际中复现率高，在学习者的头脑中更容易得到激活。因此在排序时应把握"常用先学"的原则，将不同的语法点分别列入不同阶段的教学。

3. 语法项目之间的逻辑关系

语法项目的内部构成往往存在内在的联系，因而相关排序应充分注意到。例如，可能补语是由动趋式和动结式生成的，因而应排在二者的后面；"把"字句的谓语不能是光杆动词，常后附成分，其中以结果补语和趋向补语最为常见，因而"把"字句应排在"补语"的后面。

（三）共核性和针对性

汉语作为第二语言的教学语法体系最初以 1958 年出版的《汉语教科书》为代表，后来虽然几经修改，但变化不大。很多专家学者对其缺陷提出了富有建设性的意见，如，李泉（2003）提出建立基于语体的教学语法体系构想，还有研究认为，汉语作为第二语言的教学语法体系应体现出"针对性"，即根据学习者的语言背景因材施教，不是孤立地讲语法，而是在语际对比中讲解和操练语法。

随着汉语作为第二语言教学实践经验的积累，"汉语作为第二语言的教学语法"方面的研究成果不断涌现，如刘月华等（1983）的《实用现代汉语语法》、李德津等（1988）的《外国人实用汉语语法》、孙德金（2002）的《汉语语法教程》、卢福波（2004）的《对外汉语教学语法研究》、齐沪扬（2005）的《对外汉语教学语法》、陆庆和（2006）的《实用对外汉语教学语法》、杨德峰（2009）的《对外汉语教学核心语法》、胡清国（2009）的《外国人学汉语语法》、吴颖（2011）的《轻轻松松学语法——对外汉语教学语法纲要》等。这些研究主要是对《汉语教科书》等教材中所编排的语法项目进行归纳和整理，使之逐步深化和细化，其各自的创新之处可以适合不同的教学需要。

"参考语法"兴起于 20 世纪 70~80 年代，我国学界的研究成果主要以张斌的《现代汉语描写语法》（2010）、戴庆厦的《景颇语参考语法》（2012）为代表。在汉语教学不断升温的形势下，汉语作为第二语言的"教学参考语法"也如雨后春笋般不断涌现，成为"参考语法"的重要组成部分。代表性的成果有：吕叔湘主编的《现代汉语八百词》（1980）、王砚农等的《汉语动词——结果补语搭配词典》（1987）、刘月华的《趋向补语通释》（1998）、武柏索等的《现代汉语常用格式例释》（1988）、李英哲等的《实用汉语参考语法》（1990）、郑懿德等的《汉语语法难点释疑》（1992）、周小兵等的《对外汉语教学中的副词研究》（2002）、张宝林的《汉语教学参考语法》（2006）等。这些成果为汉语教学提供了强大的助力，既可以为汉语语法研究者和汉语教师提供参考，也可以为汉语学习者提供帮助。

三 理论语法、"汉语作为第二语言的教学语法"和"汉语作为第二语言的参考语法"之间的关系

王力（1957）较早就论述到了理论语法和教学语法的区别与联系：学校语法重在实践，理论语法重在理论的提高。学校语法要以理论语法为源泉，理论语法要以学校语法为出发点。王力先生所讨论的教学语法是针对汉语作为母语教学的情况，但也适用于"汉语作为第二语言的教学语法"。"汉语作为第二语言的教学语法"（以下简称"教学语法"）与理论语法及"汉语作为第二语言的参考语法"（以下简称"参考语法"）之间也存在这种双向互动的关系。

一方面，理论语法和参考语法共同为教学语法提供基本支撑，教学语法有赖于理论语法和参考语法研究成果的滋养。但教学语法不能脱离学习者的实际需要，一厢情愿地把所有内容引入教学语法中，而应根据学习者的学习目的和基本条件确定语法教学体系，注意化繁为简、为我所用。

汉语的理论语法研究成果对于汉语作为第二语言教学来说，是一种不可忽视的支撑力量。在教学中，许多问题说不清，是因为基础研究不够。离开汉语的理论研究汉语作为第二语言的教学就无法前进（朱德熙，1987）。不过，理论语法在研究的角度、目标、侧重点和理论依托等方面，

与面向汉语教学需要的语法研究都有很大的不同，而且由于理论语法往往具有前沿性、尝试性，因而与教学中的实践应用还有一定的距离。而参考语法以为汉语教师的语法教学提供参考为编写目标，既体现了研究者对语法体系原创的观点，也包含了研究者对理论语法研究成果的借鉴和吸收，其全面、系统、细化的特点最能满足第二语言教学的需要，很多内容可以应用到教学实践中，使其成为联系理论语法和教学语法的桥梁。

另一方面，理论语法和参考语法研究也可以从语法教学中发现问题并吸取灵感。一般情况下，母语使用者在讲话时很少考虑语法规则，而外国学生则不同，他们把老师和书本上讲授的语法规则视为金科玉律，且能动地使用推广，结果就可能造出过度泛化的句子。这说明我们给学生提供的语法规则是不充分的，并没有把语义结构特点和语用条件解释清楚。从这个意义上说，汉语作为第二语言的教学实践是汉语理论研究成果的试金石（陆俭明，2000a）。学生在运用语法规则的过程中所出现的偏误，要求语言研究者对相关问题进行更加深入的分析，这不但为参考语法和理论语法提出了更高的要求，而且也拓展了理论语法的研究范围。

综上所述，理论语法是应用语法研究的前提和基础，应用语法研究是理论语法研究的目的与延伸。目前，汉语作为第二语言教学的学科理论研究仍然相对薄弱，有关工作亟须深入和加强。

第二节　面向第二语言教学的汉语语法体系和语法大纲

一　面向第二语言教学的汉语语法体系的创立

汉语作为第二语言教学语法体系的构建，是从 1958 年的《汉语教科书》开始的，书中的语法项目及其呈现方式基本上确立了早期汉语作为第二语言的教学语法体系的格局。《汉语教科书》有 196 个语法项目，其语法体系由以下几个部分组成。

①词类。包括动词、形容词、名词、代词、数词、量词、副词、介词、连词、助词和叹词等 11 个词类。

②句子。按结构分为单部句和双部句，前者包括无主语句和独语句，后者按照谓语的不同分为体词谓语句、形容词谓语句、动词谓语句和主谓谓语句，按用途分为陈述句、疑问句、命令句和感叹句。动词谓语句的复杂句式有兼语句、连动句、处置式、被动式、表存在/出现/消失的句式以及九种复合句。

③时间和情貌。前者包括时间状语和时间补语，后者包括动作的完成、动作的进行、动作的持续、动作即将发生、过去的经验等。

④句子成分。包括主语、谓语、宾语、定语、状语和补语。

⑤表达。呈现了多种语言交际常用的表达方式，如时间表示法、货币表示法、方位表示法、比较、强调、语气等。

《汉语教科书》比较典型地体现了我国结构法教材的特点：教学内容以语法为纲，以词汇、语法为中心，重视系统的语言知识的传授。这套教材的最大功绩在于把汉语作为第二语言的教学从汉语作为母语的教学中分离出来，第一次提出了独具特色的汉语作为第二语言教学的语法体系（刘珣，2000）。

对于《汉语教科书》语法体系的贡献和影响，学界给予了充分的肯定。它首次建立起来了汉语作为第二语言教学的语法体系，在汉语作为第二语言教学尚处于萌芽阶段的 50 年代，其首创之功值得载入史册。不过，作为首次尝试，它也不可避免地带有一些时代的局限性。如"语法知识的介绍过于繁琐"（刘珣等，1982）；"语法体系在理论基础上太陈旧"（崔永华，1990）；"语法教学主要集中在初级阶段，中高级阶段的语法教学缺乏计划性和系统性；不重视语素、词组的教学，语段教学几乎还是一片空白；对语义结构的分析不重视；对一些语法现象的解释不科学也不实用，语法点的切分和编排顺序不合理"（吕必松，1994）等。

二 面向第二语言教学的汉语语法体系的发展

（一）体现于汉语教材中的汉语语法体系

从创立之初，"汉语作为第二语言教学的语法体系"就具体体现于汉语教材之中，此后汉语教材客观上一直承担着发展和完善语法体系的任务。

70年代的教材以《基础汉语》和《汉语课本》为代表，克服了《汉语教科书》语法知识烦琐的缺点，大大压缩了语法点，淡化了对语法理论的讲解；80年代出版的《基础汉语课本》在语法点的编排和解释上把研究成果和教学经验融为一体，其系统性、科学性和针对性大大加强，代表了80年代以前我国汉语教材的最高水平（刘珣，2000；吕必松，1996）。

80年代以后，汉语教材编写开始形成一个新的探索和改革的热潮，语法部分的编写也提出了新的思路。如《实用汉语课本》，语法注释较多地结合了汉外对比和语言的交际功能（吕文华，1994）；《初级汉语课本》的创新颇多，如用公式表示语法项目，尽量减少语法术语，将语法点化整为零分散教学等，从而使该书语法注释简明实用、针对性强（赵金铭，2004）。

90年代前后，以《现代汉语教程》《桥梁——实用汉语中级教程》等优秀教材为代表，汉语教材编写出现了空前繁荣的景象，其中体现的教学语法体系也逐渐走向成熟。

（二）体现于语法大纲之中的汉语语法体系

汉语作为第二语言教学的两个基本问题是"教什么"和"怎么教"，而面向第二语言教学的汉语语法大纲无疑解决了"教什么"的问题。它既具有规定性、约束性，又具有权威性、指导性，是汉语作为第二语言教学的一种统一的、规范的纲领性文件。

目前国内已出版的教学大纲如表2-2所示。

表2-2　国内已出版的教学大纲举要（1975～2002）

时间	大纲名称	制定者
1975年	《北京语言学院现代汉语专业教学试行方案》	北京语言学院
1982年	《二年制文科班课程设置计划及有关问题（讨论稿）》	北京语言学院
1988年	《汉语水平等级标准和等级大纲（试行）》	中国对外汉语教学学会
1992年	《汉语水平词汇与汉字等级大纲》	国家汉办组织修订
1995年	《对外汉语教学语法大纲》	国家汉办组织修订（王还主编）
1995年	《中高级对外汉语教学语法等级大纲（词汇·语法）》	孙瑞珍主编

续表

时间	大纲名称	制定者
1996 年	《汉语水平等级标准与语法等级大纲》	国家汉办组织修订
1999 年	《对外汉语教学初级阶段教学大纲》	杨寄洲主编
2002 年	《高等学校外国留学生汉语教学大纲（长期进修）》	国家汉办编
2002 年	《高等学校外国留学生汉语教学大纲（短期强化）》	国家汉办编
2002 年	《高等学校外国留学生汉语言专业教学大纲》	国家汉办编

这些大纲主要分为四种：第一种是通用体系，如王还的《对外汉语教学语法大纲》（1995），这个体系不分等级，不考虑教学对象，也不考虑学习者的学习时限；第二种是依据总体设计的要求，将通用大纲的内容分派给各个教学阶段，就构成了阶段性课程大纲，如《中高级对外汉语教学语法等级大纲（词汇·语法）》（1995），包括《中级教学语法基本纲》（陈田顺）和《高级教学语法基本纲》（孙瑞珍）；第三种是《高等学校外国留学生汉语教学大纲（长期进修）》（2002）、《高等学校外国留学生汉语教学大纲（短期强化）》（2002）和《高等学校外国留学生汉语言专业教学大纲》（2002）的语法部分，它们既为不同的教学阶段服务，也符合教学语法体系性的要求；第四种《汉语水平等级标准和等级大纲（试行）》（1988）、《汉语水平等级标准和语法等级大纲》（1996）是水平大纲，即对汉语作为第二语言的学习者在不同等级需要达到的水平做出直接规定，它既是汉语作为第二语言教学的基本依据，也是汉语水平考试的主要命题依据。

《汉语水平等级标准与语法等级大纲》的基本框架体系是"三等""四级""五层次"。三等是指初等、中等、高等水平；四级是指甲级、乙级、丙级、丁级语法大纲；五层次是指语素、词类、词组、句子、句群。《汉语水平等级标准与语法等级大纲》增添了"语素"和"句群"两个层次，从而使之成为较为系统、完整的教学语法新体系。《汉语水平等级标准与语法等级大纲》共含语法项目 18 项，依次是：语素、词类、词的构成、词组、固定词组、固定格式、句子成分、句子的分类、几种特殊句型、提问的方法、数的表示法、强调的方法、动作的态、反问句、口语格式、复句、多重复句、句群，这些语法项目在甲、乙、丙、丁四个级别中的分布分别为：

10 项、7 项、11 项、11 项。其中词类、特殊句型、复句三大项贯串始终，而四个语法等级既有循环递进的比例，又有一定的纳新发展的比例，这是《大纲》的一个显著特点。

《汉语水平等级标准和等级大纲》的制定在汉语作为第二语言教学的历史上具有划时代的重要意义，它标志着以往在课程设置和教材编写方面存在的盲目、混乱状态已结束，汉语作为第二语言教学工作开始走上科学化、标准化的正确轨道。

三　面向第二语言教学的汉语语法体系的改进构想

汉语作为第二语言的教学经历了 60 余年的发展，已经取得了长足的进步。其教学语法体系虽然也有不少变化，但这种变化总体来说是局部的、微小的。总体来说，该语法体系仍然存在很多问题，包括：①以静态的语法规则为主，对动态的语用规则重视不足。②在语法项目的分级和排序上，多从经验出发，缺乏认知心理基础，因此存在一些不合理的现象。③缺乏语体意识。口语语法和书面语语法反映不够全面，词汇、句法、格式、句式等都没有显示语体属性。

这种情况不但不能满足汉语作为第二语言教学实践的要求，同时也限制了学科的进一步发展。因此，自 20 世纪 90 年代以来，许多专家对现行教学语法体系提出了建设性的意见，例如崔永华（1990）认为应当给动词和形容词重新分类；将助词改称标记词；将主语改称话题；把构词法和词组当作一个重要的语法项目描写；加强对汉语基本句型的描写；增加对段落篇章结构的描写。吕文华（1994）从两方面提出了改进的构想，总体思路上要扭转现行语法教学中重知识的偏向，语法项目选择和编排要在对比研究和偏误分析的基础上加强针对性和科学性，增补口语语法；具体的内容安排上，应建立语素、词、词组、句子、句群五级语法单位的教学，提高词组在语法教学中的地位，句型的描写应注意静态描写和动态（语用）描写的结合。李文丹（2006）认为，目前语篇教学还比较薄弱，应把话题链纳入汉语教学语法体系。

这些意见和建议无疑都将拓展学界对相关问题的认识，对现有教学语法体系的修改具有重要的参考价值。不过，也有一些意见认为，汉语作为第二语言教学的语法体系框架陈旧，小修小补已不能解决问题，必须进行大刀阔斧、脱胎换骨的改革，甚至有人提出了重新建立语法体系的构想。例如李泉（2003）指出，应充分认识到语体对语法的塑造作用，将汉语作为第二语言的教学语法体系拟定为共核语法、口语语法和书面语语法三个子系统。

　　建立一个科学实用的教学语法体系涉及理论层面和实践层面的诸多问题，并非一朝一夕能够成就的。今后的语法体系研究应吸收和整合汉语教学和研究的最新经验和成果，使语法、语义、语用之间的关系得到更加清晰的解说；积极借鉴第二语言习得领域有关汉语习得顺序的实验成果，使语法项目的分级和排序更趋合理；树立语体观念，使语体运用能力的培养更具有可操作性，从而建立更加科学、实用的语法体系。

第三节　面向第二语言教学的汉语语法教学的目标、原则和方法

一　语法教学在汉语作为第二语言教学中的地位

　　语法在语言学习中起着至关重要的作用，对第二语言学习者来说，掌握语法规则是发展语言能力、培养语言交际能力的基础。不过，在承认语法教学重要地位的同时，我们也必须明确，语法教学和语音教学、词汇教学一样，都是语言教学的一个组成部分，都为培养学生的语言交际能力服务。语法教学绝对不能唯我独尊，轻视其他教学内容的作用，在教学时间和资源的分配上，语法教学要与其他内容的教学做到合理统筹、均衡发展。

二　面向第二语言教学的汉语语法教学的总体目标

　　关于面向第二语言教学的汉语语法教学的目标，多位专家、学者（金立鑫，1996；崔希亮，2003；张旺熹，2010 等）发表过看法。我们可以将这一目标朴素地表述为：培养外国学习者用汉语组词造句、连句成篇的汉

语表达能力，使学生的语言输出具有高度的能产性。

汉语表达能力的构成不是单一的，涉及句法、语义和语用三个方面，而且要经历一个长期、循序渐进的培养过程。因此，相对于不同的教学阶段，汉语语法教学的总体目标实际上可以分解为几个阶段性目标。具体来说，习得者在学习汉语的过程中，首先得解决正误问题，也就是语言形式问题；其次要解决语言现象中的异同问题，这是正误问题的深入，要涉及深层而具有隐性的语义理解；最后要解决高下问题，就是语言的得体性问题，这是语言的应用问题。这样的过程反映在语法教学的阶段划分上，正好是初、中、高级三个阶段。三个阶段的语法教学主旨各有侧重：初级阶段讲究句法结构，掌握汉语的句型和词序，是一种语法模式教学；中级阶段侧重语义语法，注重句中成分的语义关系及语义搭配，因此词汇（包括词汇意义和语法意义）及其使用的教学占据相当的位置；高级阶段侧重语用功能语法，注重语用的选择和词语的应用，目的在于表达的得体性（赵金铭，1997）。

三　面向第二语言教学的汉语语法教学的基本原则

面向第二语言的汉语语法教学，作为语言教学的一部分，既要遵循汉语作为第二语言教学的普遍性原则，又要遵循语法教学所特有的具体性原则。

刘珣（2002）曾提出汉语作为第二语言教学的基本原则，包括：①掌握汉语的基础知识和基本技能，培养运用汉语进行交际的能力原则；②以学生为中心、教师为主导，重视情感因素，充分发挥学生主动性、创造性原则；③结构、功能、文化相结合原则；④强化汉语学习环境，加大汉语输入，自觉学习与自然习得相结合原则；⑤精讲多练，在语言知识的指导下以言语技能和言语交际技能的训练为中心原则；⑥以句子和话语为重点，语音、语法、词汇、汉字综合教学原则；⑦听、说、读、写全面要求，分阶段侧重，口语、书面语协调发展原则；⑧利用母语进行与汉语的对比分析，课堂教学严格控制使用母语或媒介语原则；⑨循序渐进，螺旋式提高，加强重现原则；⑩加强直观性，充分利用现代化教学技术手段原则。

上述普遍性的原则无疑对语法教学具有指导意义，在这些共性原则的基础上，语法教学还应结合自身特点，创造性地运用这些普遍原则，形成语法教学的具体原则。刘珣（2002）在同一本书中提出了汉语作为第二语言语法教学的七条具体原则。

①通过语言对比突出语法的重点和难点。

②从句型入手，句型操练与语法知识的归纳相结合。

③由句子扩大到话语，特别是要掌握话语的连贯与衔接。

④语法结构的教学与语义、语用和功能的教学相结合。

⑤精讲多练，以练习为主。

⑥先易后难、循序渐进地安排语法项目。

⑦重视纠正学习者的语法错误，并把病句、错句的分析作为课堂教学内容的一个部分。

卢福波（2008）进一步提出，语法教学至少包括下面八条原则。

①实用原则。实用原则直接体现在语法教学项目的选择与处理上，应优先选择最基本、最常用、最容易发生偏误的语法项目。

②针对原则。主要体现在三个方面：针对国别语种、针对水平层次、针对语法要点。

③复式递升原则。指语法难度循环性上升、重复性递增的教学原则。

④细化原则。对语法规则的适用条件要详细分析，从而杜绝学生过度泛化的偏误。

⑤简化原则。将复杂、抽象的语法规则进行简化，用直白易懂的语言、具体直观的方法进行讲解。

⑥类比原则。应多进行汉语内相近现象的对比、汉语与母语对应形式的对比和汉语学习中正误形式的比较。

⑦解释原则。指对所学语法项目做出合理的、恰当的理据性分析和认知性解释。

⑧操练原则。指在教学过程中实施大量的操练，帮助学习者对语法项目加深理解并熟练运用。

除刘珣、卢福波两位先生外，还有不少学者论述过语法教学所应遵循的原则问题。这些研究不约而同地兼顾了结构、语义、功能相结合的原则、对比原则、操练原则、先易后难原则、纠错原则和认知解释原则，而在其他方面各有侧重。这些原则在教学过程中不是割裂、排斥的关系，而是互补、互动的关系。

四　面向第二语言教学的汉语语法教学的具体策略与方法

教学策略和方法是在一定的教学原则指导下进行教学的具体策略和方法，它与教学原则的主要区别是，教学原则是宏观的指导性的原则，对同一类教学对象和同一种教学类型具有普遍的适用性，而教学策略和方法则需要在教学原则的指导下，具体情况具体分析，不同教师对教学方法的选择可能各有千秋。比较常见的教学策略和方法包括：

（一）生动、形象地展示和讲解语法规则

语法枯燥、难学的观念似乎由来已久，但其实这是一种"刻板印象"。随着几十年来汉语教学的蓬勃发展，经验丰富的教师们逐渐探索出很多化繁为简、由浅入深的语法展示方法。例如在呈现"结果补语"这一语法点时，可以采用"动作＋结果"的图片进行展示和说明，使学习者轻松理解结果补语的复杂事件意义；在讲解补语所表述的对象时，以图示进行标明要比语言的讲解直观得多。近年来出版的《图示汉语语法》（耿二岭，2010）、《国际汉语教师语法教学手册》（杨玉玲，2011）等书籍例示了很多具体、有效的语法项目展示方法，非常值得参考。

（二）通过语言对比突出语法的重点和难点

在二语习得进程中，学习者不可避免地会受到其第一语言迁移的影响，因此语法教学要有针对性，教师要根据学生的情况和汉语自身的特点，通过对比把两种语言的对应情况讲清楚，尽可能降低母语负迁移的影响。

（三）精讲多练，以练习为主

语言学习既包括知识性学习，也包括技能性操练。语法知识需要必要

的解释、分析和总结，但讲解要少而精，因为更重要的是通过练习熟练掌握这些规则。一般认为，练习的类型有三种：机械性练习、有意义的练习和交际性练习，不同训练目的练习应贯串于语言学习的全过程，贯串于课堂教学的每个环节。

（四）注重纠错反馈

学习者对语法规则的掌握总是在试误过程中实现的，纠错反馈的作用就是引导学习者注意到他人的输入与自己的输出之间的差异，帮助学习者成功改进其中介语规则。纠错反馈能够使学习者关注语言形式本身，其教学效果是单纯地给予可理解输入所无法比拟的，因此近年来的语言教学愈来愈重视纠错反馈及理解回应之间的互动关系。

纠错包括计划性纠错和自然交际中的随机纠错，具体实施时可采取直接纠错、间接纠错等不同的方式。语言教师对不同情况下是否纠错、何时纠错、由谁纠错、纠错方式、纠错效果等问题都应有所了解，这样才能在课堂实践中自如运用，提高教学效率。

总而言之，教学有法，但教无定法。在一致的教学思想和目标下，教师可以灵活机动地创造多种有效的教学方法，同时也要注意，不同类别的语法内容可能需要不同的教学方法。面向第二语言的语法教学要实现良好的教学效果，不能只是机械地套用语法规则，而应结合认知、语义、语用等方面的研究成果，在先进的教学理念指导下，建立一个科学、立体的教学体系。

第三章　当代语法理论与汉语句式研究及教学

第一节　现代汉语的句式系统与汉语作为第二语言的句式教学

一　现代汉语的句式系统概说

句子是语言的基本运用单位，从各个不同角度针对句子的研究一直是语法研究的核心内容。对单句的研究，常见的概念包括"句类""句型""句式"等。"句类"，是指按用途和语气给句子所分的类，一般分为陈述句、祈使句、疑问句、感叹句四类。"句型"，是根据句子成分的组合情况给句子所分的类，"是句子的句法结构模型"（范晓，1995）。例如单句可以分为主谓句和非主谓句，主谓句又可以分为动词谓语句、形容词谓语句、名词谓语句、主谓谓语句等。

对"句式"概念的理解，汉语语法学界不尽一致。"句式"的含义究竟指什么，它和句型、句类的区别究竟在哪里，学界仍有不同角度的认定。例如，范晓（2012、2013）认为句式是由一定语法形式（主要是语序）显示的表示一定语法意义的句子的抽象结构形式；张黎（2012）从认知的角度将汉语句式分为现象句式群、活动句式群、变化句式群、属性句式群、状态句式群、心态句式群等六个子系统。

在语法教学方面，"句式"在以往主流的现代汉语教材中大多只是例举，并没有得到应有的重视。邵敬敏（2001）首次把句式单独列为一个系统，第一次把句式跟句型、句类并列为句子的三个最重要的类型系统，明确提出句式的定义以及鉴别句式的标准。

①句型系统，即按照句子的结构模式划分出来的类型系统；

②句类系统，即按照句子的语气功能划分出来的类型系统；

③句式系统，即按照句子的局部特点划分出来的类型系统。

所谓局部特点，指具有明显的区别于其他句子的特征，例如带有特殊的词语标记及结构标记，或是具有特殊的语义，或是某种语义角色占据了特别的句法位置等。

邵敬敏（2001）对现代汉语句式的分类如下。

①特殊词语类：包括两类，一是以介词命名的，如"把"字句、"被"字句、"给"字句、"让"字句、"比"字句、"为"字句、"对"字句、"从"字句、"在"字句等；二是以动词命名的，如"是"字句、"有"字句、"来"字句、"进行"句、"加以"句，等等。

②特殊结构类：如主谓谓语句、连动句、兼语句、双宾句、重动句等。

③特殊语义类：以句子的特殊语义范畴为标志，如存现句、比较句、被动句、否定句、肯定句、估测句等。

④特殊角色类：用语义角色在特定的句法位置出现来命名的，如受事主语句、工具主语句、施事宾语句等。

句式系统的建立是对汉语句型系统、句类系统的重要修补和拓展，对语法教学来说，它精准地捕捉了现代汉语句子的结构特点以及语义表达上的特色，非常具有实用价值。

二　汉语作为第二语言的句式教学

（一）句式教学在汉语作为第二语言的语法教学中的地位

句式不仅具有特定的语法意义和表达功能，而且使用频率极高，因而在教学中具有极其重要的地位。对句式进行专题的理论研究并把汉语的各种句式研究透彻，不仅具有理论意义，而且也具有重大的实用价值。

汉语的句式往往功能比较复杂，或是同一结构内部包含不同的下位类型，或是同一结构可以表达多重语法意义。以主谓谓语句为例：

①苹果他吃了。

②国画他很有研究。

③什么你们也不懂。

④你身体不错。

这几例同属主谓谓语句，但每个句子都有自己的特点，形成了不同的下位类型。例①大主语是谓语动词的受事，例②大主语是整个谓语关涉的对象，例③大主语是表示周遍性的疑问代词，例④大小主语之间存在领属关系。

而且，由于使用频繁、功能复杂，重要的句式除了基本格式之外，还有不少变式，这无形中也增加了学习者学习的难度。如"被"字句，"被"不但可以由"给、叫、让"等替换，还可以与"给"和"把"搭配，形式相当复杂多变。例如：

⑤你被人给骗了！

⑥他被炮弹片把腿削去了一块肉。

总而言之，汉语句式是现代汉语句法特点的主要载体，应是汉语作为第二语言的语法教学的重要内容。

（二）汉语作为第二语言的常用句式教学

句式是个相对开放的系统。语法教学中，句式到底需要介绍几种，一方面要遵守大纲的要求，另一方面也可参考学习者的需求。《汉语水平等级标准与语法等级大纲》中"几种特殊句型"所列举的句式为九种："是"字句、"有"字句、存现句、连动句、兼语句、"是……的"句、比较句、被动句、"把"字句。此外，"连"字句、双宾句、主谓谓语句等也是比较重要的句式。

尽管汉语作为第二语言的教材不断地推陈出新，但这几类句式一直是教学和研究的重点，本节概要叙述一下其中一些句式的要点。

1. "有"字句和"是"字句

（1）"有"字句的语义类型

"有"字句的语义类型一般有以下五种。

A. 表示领有、具有。例如：

⑦我有两个手机。

⑧王老师很有爱心。

B. 表示包含、列举。例如：

⑨一年有 365 天。

C. 表示存在。例如：

⑩衣服上有个小洞。

D. 表示达到某个标准。例如：

⑪你今年有 40 了吗？

E. 表示出现、变化。例如：

⑫他的汉语有了很大进步。

（2）"是"字句的语义类型

"是"字句所联系的主语和宾语是多种多样的，其表达的语义内容也十分丰富。比较常用的有以下几种。

A. 表示等同和归类。例如：

⑬你的生日是几月几号？

⑭我是汉语学院的老师。

B. 与宾语配合，从性格、时间、处所、衣着、工具等各个方面对主语进行说明。例如：

⑮他是个急脾气。

⑯明天的合唱比赛是几点钟？

C. 用于说明、解释原因、特征、质料等。例如：

⑰我们班是第一名。

⑱这是蚕丝被，不是羊毛被。

D. 表示存在。例如：

⑲楼下是网球场。

E. 表示同意。例如：

⑳师：今天可够冷的！

　生：是啊。

F. 表示肯定。例如：

㉑师：你尝尝这个！好吃吧？

　生：是挺好吃。

（3）"有"字句和"是"字句表存在时的偏误

"有"字句和"是"字句都可以表存在，汉语学习者有时候会弄不清二者的差别，例如：

㉒a. 北门外边有一个银行。

　b. 北门外边是一个银行。

　c. 北门外边有一个银行，还有一个药店。

　d. *北门外边是一个银行，还有一个药店。

"是"表示存在时，说明某个物体是某个空间唯一的存在。这里的"某个物体"也可以扩大为用"和"来连接的"某两个物体"，例如：

㉓北门外边是一个银行和一个眼镜店。

㉔箱子里是衣服和书。

这种情况实际上是把两个物体合二为一，当成一个整体来看待。宾语表示遍指的句子即是如此，如：

㉕怎么搞的？地上都是水。

而"有"字句并不强调这种唯一性，也不带表示遍指的宾语，例如：

㉖地上有水，小心点！

另外，在学习表存在的"有"字句和"是"字句时，还要注意语序：处所词在前，存在的物体在后，汉语学习者常会不小心颠倒语序。例如：

㉗*运动场有教学楼旁边。
㉘*图书馆是食堂对面。

2. 存现句

汉语中表示什么地方存在、出现或消失了什么人或物的句子叫存现句。它的基本结构式是：

处所/时间＋存现动词＋（定语）＋宾语

存现句由表处所或时间的名词充当主语，与一般的句式区别较大，因此过去曾经引起过很多讨论。近年来，随着国外新兴语法理论的引入，所谓的主语—状语之争逐渐销声匿迹，而且还出现了以新的语法理论来分析和解决问题的尝试。按照传统的"主—谓—宾""施—动—受"来处理存现句，学习者很难理解，而运用"构式—语块"教学法则取得了较好的效果（苏丹洁，2010；苏丹洁、陆俭明，2010）。研究认为，存现句内部的语义配置实际上是："存现处所—二者链接（如存现方式）—存现物"。"构式—语块"教学法的实质是以人类认知共性作为教学的切入点，把学习者引导到学习、掌握汉语的个性上来。

（1）存现句的类型

A. 存在句

根据动词的类别和意义的差异，存在句分为两类：静态存在句和动态存在句。

㉙楼下是一个巨大的游泳池。（静态：处所＋是＋人／事物）

㉚一层有个小超市。（静态：处所＋有＋人／事物）

㉛教室外边站着几个学生。（静态：处所＋V着＋人／事物）

㉜外面下着大雨，等会儿再走吧。（动态：处所＋V着＋人／事物）

静态存在句的动作是动作完成后留存的状态，而非正在进行的动作，动态存在句的动作则还在进行着，即处于持续状态。

B. 隐现句

隐现句表示什么地方出现或消失了什么人或物，动词表示移动、出现、消失、增减等意义。例如：

㉝那边过去一辆空车。（表消失）

㉞我们班来了一个新生。（表出现）

（2）存现句的常见偏误

汉语的存现句在很多语言中都有对应的形式，因此学习起来困难不大，出现偏误后，学习者在教师的提示下基本上都能自己纠正错误。针对存现句的三个部分，偏误也分为三类：

A. 处所词部分

㉟*在墙上挂着一张画。

㊱*一些苹果放着桌子上。

㊲*房间摆着两个大花瓶。

例句㉟将母语句子中处于句尾的地点状语直接翻译过来，介词"在"是多余的；例句㊱语序错误，将处所词放在句尾了，这可能是因为没有理解存现句的结构；例句㊲是不了解普通名词必须加上方位词才能构成处所词（应为：房间里），因而出现了偏误。

B. 动词部分

动词部分的偏误主要是动词后的附加成分使用上有误。例如：

㊳ *床上躺一个人。

㊴ *天上飞了一只鸟。

例句㊳中"躺"表示存在的方式,是一种持续状态,应该在动词后加"着";例句㊴只说"飞",动作的趋向意义没有表达出来,语义不完整,应该说"飞来"。

不同的语义对动词后面的助词要求有所不同,很多学习者并不清楚,他们或是不知道动词后面应该有附加成分,或是以为随便用上一个就可以。因此,教学中要向学生讲清楚常用助词的意义和用法:"动词 + 着"表存在,既可以表静态也可以表动态,"动词 + 了"虽然也可以表存在,但仅限于静态的句子,一般用"了"的句子都可以换用"着",例如:

㊵黑板上写着几个大字。→黑板上写了几个大字。

表示动态存在的句子则不能用"了",只能用"着"。

为简明起见,基础阶段可以将"动词 + 着"和"动词 + 了"的功能分别对应于"存在"和"隐现",把结构形式和表达语义结合起来解释:存在句主要表人或事物以某种姿态、方式持续存在的状态,所以动词后要加表示持续态的助词"着"。而表示出现和消失的句子,动词后只出现"了"或补语(吕文华,2014)。

C. 名词部分

存现句的名词部分是表示存现的人或事物,出现在动词后。这里的名词必须是无定的(参见第5章第4节),不能是表示确指的词语,如:

㊶ *车里坐着李老师。

㊷ *包里放了那两支笔。

在汉语中,一般将已知的、确定的信息放在句首,新信息放在动词后,而新信息一般是不确定的,所以主语前一般带表示确定信息的定语,宾语前一般带表示不确定信息的定语。学习者由于不了解这一要求,常出现偏误。

3. 连动句

（1）连动句的类型

连动句是两个或两个以上动词或动词词组共用一个主语而没有任何明显的连接词语的句子。它的基本结构式是：主语 + V_1 + V_2。

有关连动句的分类各有不同的看法，其中高增霞（2003）按照先后顺序的认知基础把连动式分为典型性程度不同的三种类型。

第一，客观层面的先后顺序——典型的连动式。

典型的连动式按照时间的先后顺序临摹事物的发生发展过程，主要有以下几种情况：

> ✿ 工具—动作：借你手机用一下；找个塑料袋装上；
>
> ✿ 方式—动作：用毛笔写字；坐火车回上海；笑着说；
>
> ✿ 动作—目的：上街买菜；去大使馆看朋友；
>
> ✿ 对象—处置：做饭吃；给杯水喝；
>
> ✿ 动作连续发生：听了哈哈大笑；吃了饭去遛弯；
>
> ✿ 来/去—动作：来拜访，去看病人。

第二，逻辑层面的先后顺序——非典型的连动式。

这种连动式体现的是逻辑层面的先后顺序，不能放在物理时间的先后关系中去理解，V_2 主要是解释说明 V_1 的目的和意愿。例如：

> ✿ "表示" 类：鼓掌表示欢迎；（向群众）挥手致意；
>
> ✿ "想/要" 类：挣扎着想起来；站起来要走；
>
> ✿ 否定类：坐着不动；拉着手不放。

第三，认知层面的先后顺序——边缘的连动式。

这种连动式主要指的是 "V_1 着 V_2" 格式。如：

> ✿ 背着吉他去流浪。
>
> ✿ 抱着一摞书进来。

其中 V_1 和 V_2 在物理时间上并不具有［先后］特征，但这个格式临摹了认知过程"背景＋目标"的先后顺序。V_1 作为 V_2 的背景出现，语义上体现出主次之分，其时间关系可以描写为［同时］。

（2）连动句的常见偏误

连动句在教学中困难不是很大，存在的问题主要体现在两个方面。

A. 两个动词的先后顺序有误，汉语学习者常把表示方式或目的的动词用在后面。例如：

㊸* 现在我可以跟中国朋友谈话用中文了。

㊹* 朋友看我们到宿舍来了。

因此教学中要指出连动句中两个谓语动词之间的意义关系，并着重指出连动句中两个谓语动词的顺序是不能改变的。

B. 由于连动句有两个或两个以上动词，当表示动作完成时，"了"的位置容易出错。动态助词"了"是用在 V_1 后、V_2 后，还是用在句尾，要区别对待。

当 V_1 表示 V_2 的方式或手段、V_2 表示 V_1 动作的目的时，"了"一般用于句尾或 V_2 后，不能用在 V_1 后。例如：

㊺a. 他去大使馆看朋友了。

  b. 他去大使馆看了一个朋友。

  c. * 他去了大使馆看朋友。

当 V_1 和 V_2 表示先后或连续动作时，"了"用在 V_1 之后。例如：

㊻后来我把这段话转告给他，他听了哈哈大笑。

㊼我下了课去图书馆借书。

除上述两类偏误外，还存在一些我们暂时还难以解释的偏误。例如，连动句中有一类表目的语义关系的结构，如"去邮局寄信""买礼物送给妈妈"等，但并非所有表目的的语义关系都可以用连动句来表达，如"* 我要去旅行跟很多人交流""*我每天努力学习考上大学"这类错误的句子（刘燕，2010）。可见，关于连动句的语义特征和语义限制仍然有一些不甚明了的地方，需要进一步加以研究和探索。

4. 兼语句

（1）兼语句的常用动词

兼语句也属于复杂的动词谓语句，其突出特点为：句中谓语部分是由述宾词组跟主谓词组套叠而成，第一个动词的宾语兼做第二个动词的主语，因而称为兼语。兼语句的基本结构式是：主语 + V₁ + 兼语 + V₂。例如：

㊽老师让你去一趟。

"你"是"让"的宾语，"去一趟"的主语。

兼语句的语义结构包含两个表述，如"老师让你去一趟"这个兼语句，可分析为"老师让你 + 你去一趟"，兼语句实质上是由两个表述套接在一起构成的句子。

形成兼语句结构式的主要因素是谓语动词，这些动词的特点很鲜明，主要包括使令性和称任性动词，使令性动词又包括：

请求类：求、请求、要求、恳求、请、邀请等。

嘱托类：托、委托、拜托、嘱咐、告诉、提醒、警告、通知、号召等。

派遣类：派、委派、打发、指使、调、命令、介绍、推荐、叫（"命令"义）、招呼等。

催逼类：催、逼、强迫、使、促使等。

培养类：培养、教导、指导、指引、指挥、鼓舞、动员、怂恿、支持、鼓动、组织等。

带领类：陪、陪同、护送、扶、搀扶、领、带领、率领、领导、帮助、协助等。

称任性动词指"称、称呼、叫（称呼义）、认、任命"等表示称呼、任命意义的词语。

（2）兼语句的常见偏误

兼语句虽然结构形式看起来有些复杂，但只要讲清兼语前动词的特点和其后所构成的关系，并进行一定的强化练习，学习者还是能够比较容易掌握的。比较常见的偏误是“着”“了”“过”的误用，因为兼语句中的动词 V_1 后一般是不用“着”“了”“过”的。例如：

㊾ * 老师请了我们去他家吃饭。

㊿ * 我陪过他去医院。

句中的“了”和“过”可以移到句尾的动词后，即：

(51)老师请我们去他家吃了（一顿）饭。

(52)我陪他去过医院。

5. “是……的”句

“是……的”句包括三种类型。

A. 表所属、质料、性质、类别等。

这里“是”作为主要动词与“……的”一起构成谓语，“的”前一般是光杆的名词、代词、形容词、动词等。例如：

(53)这件衬衫是我的。

(54)这件衬衫是真丝的。

B. 表示肯定和确信的语气。

“是”和“的”都表示语气，“的”永远在句尾。例如：

(55)这件衬衫是挺不错的。

C. 突出已经完成或实现动作的焦点。

这里“是”不是谓语中的主要动词，它出现在动词或状语之前，主要起凸显焦点的作用。这类句子只用于某一动作已经完成或实现的情况，谓语要说明的重点并不是动作或情况本身，而是与动作有关的时间、地点、方式、目的、对象等。例如：

⑤这件衬衫是昨天买的。

⑤这件衬衫是妈妈买的。

对上述三种类型的句子是否应看作同一类，学界一直存在争论。我们认为，三者只是表面形式相同，具体的语义和功能都不相同，如果一起教给学习者，难免会造成混淆。因此最好分阶段、有间隔地分别教授，以便于学习者吸收和消化。下面我们主要讨论突出焦点的"是……的"句的教学。

一些通行的汉语教材（如《汉语教程》《汉语会话 301 句》）中，对"是……的"的解释是："强调已经发生或完成动作的时间、地点、方式、目的、对象等。"可以说，"强调"说是长期以来沿用的说法。另一派观点可称为"焦点说"。如，郑懿德（1992）指出，"是……的"句的功能是"说明句子意义的重点"；刘月华等（1983）也将"是……的"句的功能认定为"突出对比焦点"；木村英树（2003）、袁毓林（2003）、吕文华（2014）等均赞同"焦点说"。

在以往的语法研究和语法教学中，"强调"经常用来概括虚词的功能，如"就""可""才""连……也/都"等具有"强调"的作用。然而，这种说法不免流于模糊和宽泛，因为在不同情况下强调的方式和效果也不一样，相比之下，"突出焦点"的概括更为准确、到位，在教学中直接告诉学习者紧随"是"后的"时间、地点、方式、人物"就是焦点，是说话人要重点突出的部分，学习者比较容易理解。

（1）"是……的"句的常见类型

A. 主语 + "是" + 状语 + 动词（ + 宾语） + "的"

这种句式的焦点是动作的时间、地点、工具、方式、目的或对象等，例如：

⑤我们是昨天到北京的。（焦点是时间）

⑤开学典礼是在小礼堂举行的。（焦点是地点）

B. "是" +施事 +动词 + "的"（ +受事）

这种句式突出的是动作的发出者。例如：

⑥这些画都是<u>小明</u>画的。

⑥是<u>他</u>打的你吗？

（2）"是……的"句的常见偏误

"是……的"句的使用频率较高，因此，教师应对其偏误提前做出预测，以便加强教学的针对性。

A. "是……的"句中宾语的位置

凸显焦点的"是……的"句中，宾语有两个位置，即出现在"的"之前或"的"之后。对其中规律的认识，主要有以下几种观点。

第一，根据宾语的性质来确定它在句中的位置，例如：李培元等编写的《基础汉语课本》认为，如果动词有宾语，宾语既可放在"的"后，也可放在"的"前。吕文华（2014）指出，当动词带趋向补语，而宾语又是处所词时，补语和宾语都必须在"的"之前。

第二，并不区分宾语的不同性质，直接给出统一的规则。例如，刘月华等的《实用现代汉语语法》（1983）指出宾语既可以放在"的"后，也可以放在"的"前，口语中在"的"后更常见；杨寄洲的《汉语教程》（第三版）（2016）指出，宾语一般放在"的"后。

第三，根据动词是单音节、双音节、所带补语的类型等性质来确定宾语的位置，例如牛秀兰《关于"是……的"结构句的宾语位置问题》（1991）所述。

仔细观察语料可以发现，第二种和第三种观点存在一些例外现象，第一种观点虽然稍显复杂，但比较严谨，不会对学习者造成误导。下面我们再详细解说一下"是……的"句中宾语位置的规则。

第一，一般情况下宾语的位置是灵活的，既可出现在"的"之前，也可出现在"的"之后。当宾语是名词时，更倾向于出现在"的"之后，当宾语是人称代词时，更倾向于出现在"的"之前，如"他不是学的英语，是学的法语""我是十年前认识她的"。

第二，宾语必须出现在"的"之前主要是指动词后带补语的情况。

✿ 当动词带趋向补语，而宾语又是处所词语时，补语和宾语都必须在"的"之前。例如：

　　㉒他们是半夜才赶回学校来的。
　　㉓*他们是半夜才赶回来的学校。
　　㉔*他们是半夜才赶回的学校来。

✿ 当动词带结果补语时，宾语也常在"的"前面，例如：

　　㉕你是怎么弄到这些东西的？
　　㉖这封信是怎么转到你手里的？

上述规则对学习者来说比较烦琐，而且突出焦点的"是……的"句一般安排在汉语学习的初级阶段，因此一股脑地交给学生可能反而把问题复杂化了。我们认同吕文华（2014）的处理方法，作为入门阶段的教学，要尽量降低教学难度，简化教学内容，以操练常用的基本形式为主。也就是说，要根据学习者的接受能力安排教学内容，一般来说，第一阶段要求学习者掌握第一条规则即可，这样就可以大大降低学习的难度，保护学习者的积极性。

B. "是……的"与"了"和"过"的区别

有些学习者只注意到"是……的"突出焦点的作用，而忽略了其适用于已然事件的特点，于是造出下面的句子：

　　㉗*我是今年7月毕业的。（说话时间为5月）

于是，老师就提醒他"是……的"是针对已然事件进行的说明。由于学习者以前学过"了"和"过"，就会不自觉地将"是……的"和它们等同起来。如：

　　㉘*你跟谁一起去过上海？
　　㉙*虽然我是在国外长大了，我还是想回到中国来。

针对这种情况，可以采用以"了""过"引入"是……的"的方法，一方面可以自然而然地将它们放在同一个情境中，另一方面也可以让学生在对比中体会三者的差异。例如：

⑦师：你们去过长城吗？

生：去过。

师：是什么时候去的？

生：上个月去的。

师：是跟谁一起去的？

生：跟朋友一起去的。

师：在长城上照相了吗？

生：照了。

师：是谁给你们照的？

生：是别的游客给我们照的。

师：你的朋友也是来北京学习汉语的吗？

生：不，他在大使馆工作。

师：哦，他是来工作的。

还可以用画图的方法来表现"了""过"和"是……的"的差别："了"和"过"是就事件整体提问或说明，就像是用望远镜看远景，"是……的"是在已知整体事件存在的情况下对内部细节的解释，就像是用显微镜看细节。详见表3-1。

C. 遗漏"的"

突出焦点的"是……的"句中的"是"可以省略，但"的"不能省略。而"是"的意义又比较实，容易把握，"的"的意义则比较虚，容易遗漏。例如：

⑦* 我是韩国的东亚大学毕业。

⑦* 我是1996年3月15日出生。

⑦* 刚从大学毕业，在一家外贸公司工作时认识她。

表 3 – 1 　"了""过"与"是……的"的对比

	事件： 去长城		
师：你去过长城吗？ 生：去过。 师：你去长城了吗？ 生：去了。		师：是什么时候去的？ 师：是怎么去的？ 师：是跟谁一起去的？ 师：是谁买的票？ 师：是谁给你照的相？ 师：午饭是在哪里吃的？ 师：是怎么回来的？	生：上个月去的。 生：坐旅游车去的。 生：跟朋友一起去的。 生：是我买的票。 生：是别的游客给我们照的相。 生：是在山上吃的。 生：是打车回来的。

6. 比较句

比较是很多语言中都存在的范畴，但具体实现的句法格式在各种语言中不完全相同。汉语语法研究自《马氏文通》开始就注意到比较这一语法范畴，《马氏文通》仿照印欧语的体例建立了汉语的平比（"一样"）、差比（"比""没有"）、极比（"最"）三个比较范畴。后来的研究基本上是在马建忠所建立的框架下进行的，目前学界一般认为，汉语比较范畴至少有"平比"和"差比"两个次范畴。

20 世纪八九十年代以来，学者们开始注重运用认知语言学、类型学等新的理论和方法来分析比较范畴，如赵金铭（2001）运用认知语言学的象似性原理来证明比较范畴的近似、等同、胜过、不及等四个次范畴及相关的典型句式；刘丹青（2003）全面探讨了比较句的一些基本问题，指出汉语"比"字句的语序"标记—基准—形容词"在类型学上是比较少见的。

（1）汉语作为第二语言的比较句教学

随着汉语作为第二语言教学经验的不断积累，对比较句进行的分类更多地采用了"从教学实际出发"的角度。如，刘月华等（1983）对比较句语义类型进行合并和精简，将比较句分为两大类：①概要比较事物、性状的同异，包括"跟……一样""有……那么……"等句式。②具体比较性质的差别、程度的高低，包括"比"字句、"没有……那么"、"不如"等句式。陈珺、周小兵（2005）在综合考察五个大纲的基础上，具体描写了20个比较句式的结构，并对比了母语者语料和留学生作文中比较句的使用频率和偏误，测量了语法项目的常用度和难易度，据此提出了汉语教学中比较句语法点的选项和排序方案。

陈珺、周小兵（2005）所考察的比较句式在数量和种类上覆盖了五个大纲，非常全面。更重要的是，陈文按照常用度和难易度对各种比较句式进行了排序，将难点分散到初级阶段（一）、（二），中级阶段（一）、（二）和高级阶段。不过，陈文的安排与当前一些主流教材存在一些不同。详见表3-2。

表3-2　比较句式的难易度排序及教学安排对比

	陈珺、周小兵（2005）	杨寄洲主编《汉语教程》（第三版）
初级阶段（一）	1. 简式比较句 形容词＋一点/一些/得多/多了/很多 更/最＋形容词	第一册（下）第19课 有短一点儿的吗 第二册（上）第6课 上海是中国人口最多的城市
	2. 等比句 跟（和/同）……（不）一样/差不多	第二册（上）第7课 我们那儿的冬天跟北京一样冷
初级阶段（二）	3. 一般比字句 A 比 B＋形容词 A 比 B＋心理动词/能愿动词＋宾语	第二册（上）第6课 上海比北京大 他比我爱运动
	4. 其他差比句 没有……这么/那么……	第二册（上）第6课 上海的公园没有北京这么大
	5. 等比句 有……这么/那么……	第二册（上）第6课 她有你这么高吗
	6. 精确数量比字句 A 比 B＋形容词＋精确数量补语 A 比 B＋提高类动词＋精确数量宾语	第二册（上）第6课 上海的气温比北京高好几度 第二册（上）第7课 北京比我们那儿早七个小时
	7. 一般比字句 A 比 B＋动词＋程度补语 A 比 B＋动宾＋动＋程度补语	第二册（上）第6课 现在比过去变得更漂亮了 上海的气温比北京高得多

续表

	陈珺、周小兵（2005）	杨寄洲主编《汉语教程》
中级阶段（一）	8. 等比句 （不）像……一样/这么/那么……	第二册（下）第 24 课 一看到这画就感到像春天一样
	9. 模糊度量 A 比 B + 形容词 + 模糊数量补语 A 比 B + 提高类动词 + 模糊数量宾语	第二册（上）第 6 课 上海的冬天比北京暖和一点儿
	10. 复杂度量 A 比 B + 多、少、早、晚 + 动词 + 数量补语	
	11. 其他差比句 不如/比不上 + 形容词	第二册（下）第 21 课 比不了你们年轻人了
	12. 预设比字句 A 比 B + 更（还、再）+ 形容词/动词	第二册（上）第 6 课 我比你更喜欢音乐
中级阶段（二）	13. 特殊比字句 一 + 量词 + 比 + 一 + 量词	第二册（下）第 13 课 有汽车的人一年比一年多
	14. 预设比字句的否定式 没有比……更……的	
	15. 话语否定比字句 "不比"句	第二册（上）第 6 课 冬天，上海不比北京暖和
高级阶段	16. 其他差比句 A + 形容词 + 于/过 + B	

　　杨寄洲主编的《汉语教程》（第三版）是对外汉语本科系列教材的一年级教材，全书包括三册，每册又分为上下两册。表 3 - 2 中我们用斜线表示该项目在《汉语教程》（第三版）全书中未出现，可以看到，除去这三个句式，《汉语教程》（第三版）第一册和第二册覆盖了陈珺、周小兵（2005）所统计的初级和中级阶段的 13 个句式。确切地说，陈珺、周小兵（2005）初、中级阶段的绝大部分项目都包含在《汉语教程》（第三版）第二册中（12 个句式），这种不同的安排说明学界对于比较句具体句式难易度的认识还存在一定的分歧。

　　根据我们多年的教学经验，陈珺、周小兵（2005）划归中级阶段的一些项目，如模糊度量（A 比 B + 形容词 + 模糊数量补语）、"不如"差比句

（A 不如 B + 形容词）、特殊比字句（一 + 量词 + 比 + 一 + 量词）等习得难度适中，安排到初级阶段的中后期基本没有问题；但等比句（像……一样）、预设比字句 ［A 比 B + 更（还、再）+ 形容词/动词］、话语否定比字句（"不比"句）等句式习得难度较大，应考虑安排到中级阶段进行教学。目前《汉语教程》（第三版）第二册仅第 6 课一课的内容就集中安排了 9 个句式，对学习者来说未免负担太重，教学效果也难以保证。我们建议该教材以后的修订可以适当考虑分散难点，放缓知识坡度。

（2）比较句的常见偏误

A."比"字句的常见偏误

"比"字句重在通过比较说明 A（与 B 相比）具有什么属性，因此在该属性词前面不能添加表程度的"很""非常"等词语。如果要表示比较的结果，应在谓语后添加"得多/多了"等词语。例如：

⑭* 今天比昨天很冷。→今天比昨天冷得多/多了。

⑮* 期末考试比期中考试非常难。→期末考试比期中考试难得多/多了。

在具体说明 A 具有的属性的量度时，相当多的学习者会受到母语语序的影响，将数量补语放到属性之前，例如：

⑯* 今天比昨天一点儿冷。

⑰* 哥哥比弟弟两岁大。

这时可以用时间顺序原则来解释其语序，即在先有某种属性的条件下才能进一步谈及具体的量度差别。

B."没有""不如"句的常见偏误

用"有""没有"表示的是一种达标式的比较，即确定一种标准，以此进行衡量，所以通常比较焦点是无标记的，应具有积极色彩（参见本书第七章第一节）。例如：高、大、好、重、聪明等，而不能是"矮、小、差、轻、笨"等。例如：

⑱* 我没有他矮。

⑦ *儿子不如爸爸笨。

C. "不比"句的常见偏误

"不比"在形式上是"比"字句的否定，但两个句式无论是形式还是意义都不是一一对应的。如：

㊵现在国内游不比出国游便宜。

㊶现在有些地区的农民，生活水平不比城里人差。

形式上，"A 比 B＋形容词"中的"比"可以直接替换成"不比"，但"A 比 B＋形容词＋精确数量补语""A 比 B＋动词＋程度补语"等带补语的句子、"A 比 B＋更（还、再）＋形容词/动词"类预设"比"字句中却不能使用"不比"来替换。意义上，"不比"句通常含有一种预期：B 项被（某人，或社会，或事理）认为与 A 项有正差距，而实际上不是这样。A 项与 B 项或者相差无几，或者有一定负差距（吴福祥，2004）。如例㊵，说话人的预期是国内游比出国游便宜，然而事实上，国内游和出国游的价格相差无几，令人出乎意料。

这个句式含有的反预期功能，学习者较难掌握，他们通常会回避使用，这使得教师纠错也无从下手。因此教师应尽量多创设适合该句式的语境，以帮助学习者更好地操练这个句式。

D. 句式杂糅

有时学习者容易将语义相关、形式相近的句式糅合到同一个句子中，例如：

㊷ *女人可以比男人一样。

㊸ *昨天没有今天凉快一点儿。

例句㊷是将"比"字句和"像……一样"句杂糅到了一起，例句㊸将"没有"和"比……形容词＋一点儿"杂糅到了一起。这就需要帮助学生重新强化基础句式，避免混淆。

7. "把"字句

（1）"把"字句概述

"把"字句是汉语中一个特点非常突出而使用率又很高的句式，是学界多年来关注的热点问题之一。在本体研究中，学者们一直在思考"把"字句的语义到底是什么。王力（1985）最先提出"把"字句是"处置式"，薛凤生（1994）将"把"字句的意义归结为表示"致使"，张伯江（2000）认为是"完全受影响"，沈家煊（2002）认为表示"主观处置"，张旺熹（2006）把"空间移位"提高到"把"字句的核心语义范畴。至今讨论仍在继续。

而在汉语作为第二语言教学中，"把"字句是公认的重点和难点，原因一方面在于其语义难以把握，另一方面在于其句法特征非常复杂。"把"字句对句式中的成分各有要求：主语是动作变化的责任者、致使者；谓语动词必须具有支配性，并后附其他成分来表示动作变化或结果，不能是光杆动词；宾语一般是有定的；"把"字句中状语的位置也有相应规则，不可随意安排。

上述句法语义方面的复杂性无疑成为学习者前进路上的障碍，使他们难以准确地掌握"把"字句。

（2）语法大纲和通行教材中对"把"字句的安排

以《汉语水平等级标准和等级大纲》为例，在基础阶段的甲级和乙级大纲中出现的"把"字句项目有以下几种。

甲级："把"字句（1）

✿主＋把＋宾＋动＋一/了＋动

⑧你把桌子擦一擦。
⑧他把椅子挪了挪。

✿主＋把＋宾＋动＋补语

⑧我把椅子搬来了。
⑧她把桌子擦干净了。
⑧她把桌子擦得很干净。

乙级："把"字句（2）

✿主＋把＋宾$_1$＋动（在/到/给）＋宾$_2$

⑧我把钥匙放在桌子上了。

⑨他把孩子送到奶奶家去了。

⑨我把书借给同学了。

✿主+把+宾+动+了/着

⑨他把钥匙丢了。

⑨把这把伞带着。

教材中以杨寄洲主编的《汉语教程》（第三版）（第二册下）为例，该书中主要出现了以下几种形式的"把"字句。

✿把+宾$_1$+动+宾$_2$

⑨把你的护照给我。

✿把+宾+动+补

⑨你把作业做完没有？（结果补语）

⑨我没有把照相机拿出来。（趋向补语）

⑨你把卡子扳一下儿。（动量补语）

✿把+宾+动+了

⑨把咖啡喝了吧。

✿把+宾+动动

⑨请把桌子擦擦。

对比两个方案，不难发现二者有一个共同之处，即都是以动词后成分的形式特征为标准进行的分类。我们认为，固然标志词语的存在能够帮助学习者有效区分不同类型的"把"字句，但大纲及教材并未相应对具有不同形式特征的"把"字句进行语义、语用方面的分析，学习者实际上只是死记硬背了不同的句子结构，而没有真正掌握句式使用的典型语境。

另外，大纲和教材对不同类型"把"字句教学顺序的安排也存在一些值得商榷之处。例如将"主＋把＋宾＋动＋一／了＋动"安排在甲级就未必合适，虽然"动＋一／了＋动"在形式上比较简单，但由于动词重叠的意义比较"虚"，学生一般难以理解得很到位，将它作为"把"字句的入门篇恐怕不太合适。

上述问题其实是体现了传统教学中以形式特征和结构条件为纲的观念，忽视了对意义以及句法语义特征的分析，不利于培养学习者实际的语言运用能力。

（3）"把"字句教学内容的选择和安排

"把"字句的复杂性体现在语义和结构两个方面，因此应从语义入手归纳出与之相对应的结构类型，并在此基础上进行优化筛选，确定不同阶段的教学内容。

基础阶段是学习的关键时期，在语法项目的选择上要遵循简明、实用、易学好教的原则，优先选择"把"字句的基本式、典型式教给学生。那么，什么是典型的"把"字句呢？崔希亮（1995）、吕文华（1994）、刘颂浩（2003）都明确将"把＋宾语＋VP"确定为"把"字句的典型形式，VP指述补结构或包含述补结构的谓词性结构。

崔希亮（1995）指出，"把＋宾语＋VP"包括以下四种形式。

✿ VP＝（AD）＋VR（AD是状语，VR是动补结构，R是结果补语）

⑩把台布仔细地洗干净。

✿ VP＝（AD）＋VR（R是趋向补语）

⑪我把他拉上来。

✿ VP＝VR（R是由介词短语构成的述补结构）

⑫她把水递到我面前。

✿ VP＝VR＋VP（VP是包括述补结构的连谓结构）

⑩⑬我把手表摘下来交给他。

崔希亮（1995）确定这四种形式是"把"字句的典型形式的原因是它们出现的频率高，在"把"字句中数量占有 86% 以上的绝对优势。

吕文华（1994）认为以下两种类型是"把"字句的基本常用式（约占"把"字句的 80%），代表了"把"字句最基本的意义和用法。

✿ $S + 把 + N_1 + V + 在/到/给 + N_2$

（N_2 为位置移动的处所或关系转移的对象）

语义：表示某确定的事物因动作而发生位置的移动或关系的转移。

✿ $S + 把 + N + V + 其他$

（其他包括结果补语、趋向补语、状态补语、动词的另一宾语）

语义：表示某确定的事物因动作而发生某种变化，产生了某种结果。

将崔希亮（1995）和吕文华（1994）对照，可以发现二者所概括的语义类型基本一致，只不过崔希亮（1995）的分类更为细致。与吕文华（1994）相比，崔希亮（1995）增加了连谓短语作述补结构的情况，但这种结构过于复杂，不宜作为典型形式纳入教学（吕文华，2014）。

刘颂浩（2003）认同吕文华（1994）所确定的"把"字句的典型形式，并通过对留学生习得的调查，指出典型的"把"字句习得难度并不大。可见，尽管"把"字句的结构形式繁多，表达的意义复杂，但我们可以通过确定它的典型形式来缩小学习范围、降低学习难度。

对比大纲和教材，我们看到，基础阶段教学中出现的"把"字句的结构形式，除了上面列举的典型形式外，还包括动词重叠、动词带"了"、动词带"着"，以及动词后带数量补语等四种形式。这四种形式都不是常用的基本形式。它们在语料中出现的频率相对较低，而且这四种句式的意义都不符合"把"字句的基本语义，它们都不含"把"的宾语因动作而受到影响、发生变化、出现某种结果等意义。这些类型的"把"字句可以在掌握典型句式之后的中级阶段再进行教学（吕文华，2014）。

如前所述，"把"字句以往的教学思路是重结构、轻意义，这必然导致学生知其然而不知其所以然，进而采取回避策略，消极应对。因此，我们必须突破几十年来以结构为中心的传统而代之以句法、语义、语用相结合的方法，帮助学生理解"把"字句究竟表达了什么意义，句中各个成分的条件与"把"字句的语义结构存在什么样的联系，使学生在理解的状况下记住"把"字句的条件。同时，"把"字句的教学还必须结合情境。无论是教材中的解释、例句以及课堂教学中的引入、操练和归纳等各个步骤，都要显示"把"字句出现的情境，使学生真正了解在什么情况下使用"把"字句。唯有如此，才是解决"把"字句难学难教的正确途径。

（4）"把"字句的常见偏误

由于"把"字句的语义和结构都比较复杂，所以因句法、语义、语用等的限制而出现的偏误较多。

A. "把"的宾语限制

⑩④ ＊ 咱们把几个生词写完就下课。

"把"的宾语必须是说话人和听话人都确知的，所以名词前应用表示定指的"这几个"，或不用定语，但不能用表不定指的"几个"等。

B. 谓语动词的限制

⑩⑤ ＊ 大卫把学校回来了。

⑩⑥ ＊ 我已经把小李认识了。

"把"字句的语义与因果关系、目的关系相关联，因此句中的谓语动词必须是及物的、有支配性的，要能使某事物发生变化、产生结果。以上病句中的谓语动词都不能支配"把"的宾语，所以不能用在"把"字句中。

另外，"把"字句的谓语部分常由"动词＋补语"构成，动词后边必须出现表示结果或变化的成分，不能是光杆动词，也不能是表示可能性的补语，如：

⑩⑦ ＊ 你把早饭准备。

⑩⑧ ＊ 他把这些箱子拿得动。

还有些学习者注意力集中在动作的结果上，而遗漏了动词，也是常见的偏误，如：

⑩⁹* 我把手机碎了。

⑩⁰* 我们把太极拳会了。

C. 某些状语位置的限制

⑪¹* 我把箱子可以借给你。

⑪²* 她把钥匙没弄丢。

当"把"字句中出现否定副词、能愿动词或时间词语作状语时要将其放在"把"字前边。

D. 语用限制

"把"字句常表示出于某种原因或为了实现某个目的而采取的行动，如果"把"字句前后没有伴随句，就会给人莫名其妙或者话没说完的感觉。如：

⑪³* 他把军大衣穿上，把包背上。

这句话需要增加一个目的句（或结果句）才能使句义完整，如：

⑪⁴' 他把军大衣穿上，把包背上，拉开门出去了。

另外，描述状态而非强调动作及其结果的句子也不能用"把"字句来表达，如：

⑪⁵* 他把军大衣穿着，把包背着。

8. "被"字句

（1）"被"字句概述

"被"字句是被动句的一种，是指在谓语动词前面，用介词"被（给、叫、让）"引出施事或单用"被"的被动句。"被"字句在结构、语义、语用等多个方面都具有鲜明的特点。

结构上，"被"字句可表示为"N_1 + 被 + （N_2） + V + C"。N_1 一般是谓语动词的受事（人或物），N_2 一般是谓语动词的施事，可以省略，也可以是泛指的人，V 一般是能够影响或支配句中受事主语的，C 是动作的影响或结果，如补语（除可能补语外）、宾语、"了"、"过"等。否定副词必须用在介词"被"的前边。口语中也可以用"叫""让""给"来表示被动。

语义上，"被"字句主要表示受事受到某种行为或动作的影响而出现了某种变化或结果，含遭受义。因此，"被"字句的谓语动词要求是可以支配或影响受事者的动作或行为的，谓语动词后应有其他成分来说明受事受动作影响而发生的变化或出现的结果，或谓语动词本身含有结果义。"被"字句的受事应是定指的或特指的，多数"被"字句还用"被"引出使受事者遭受影响的责任者（即 N_2）。例如：

⑯小明被爸爸打了一顿。

⑰她被一阵急促的敲门声惊醒。

语用上，"被"字句的特征是表示不愉快、不如意的感情色彩。如何理解这一感情色彩呢？王力（1985）认为，"被"字句表达的不如意是"对主语而言"。李临定（1980）则认为不是针对主语的，而是针对说话人（未进入句子的人）的。沈家煊（2002）认为"被"字句体现了"移情"现象，说话人移情于一个被动事件的参与者，在说话人心目中，施事是责任者，受事是受损者，由于"被"字句的核心语义是"遭受""不自主"，其结果往往是负面的、受损的、不如意的。例如：

⑱房顶被风掀起来了。

⑲孩子被吓哭了。

这里对"受损""不如意"的理解，可以是宽泛的、多角度的，如：

⑳糟了，刚才说的那些话都被人听见了。

即使一些看似中性或积极正面意义的"被"字句，换一种立场和视角，也可以发现它由"被动""遭受"所产生的负面感情。前些年流行的"被代表""被增长""被就业"等新词语，就反映了"被"的这种语用意义。

杉村博文（1998）还提出有一类"难事实现"的"被"字句，"被"字句中的一些很不容易实现的难事出乎意料地做成了……带来了自豪和庆幸感。

⑫那面鲜艳的卫生流动红旗终于被我们夺回来了。

这一语义表面上看起来与"被"字句的典型意义毫无联系，但"难事实现会有语义特征［＋偶然］或［＋例外］，'偶然''意外'是'被动'义的主要组成部分之一"（杉村博文，1998）。沈家煊（1999）也指出，"出乎意外"和"不如意"经常是联系在一起的。

此外，"被"字句中还有一个相对独立的一个类型：邢福义（2009）注意到的承赐型"被"字句，即"S被（X）授予Y"。这个句式具有"受益"的意义，而无"受损"的色彩，与典型的"被"字句有所不同。有些研究认为不含"受损"义的"被"字句是受欧化语言影响的结果，但邢文认为这种用法与古代汉语存在渊源关系，而跟现代欧化句式没有必然联系。

（2）"被"字句教学内容的选择

"被动"是人类语言中普遍存在的语法范畴，因此外国学习者很容易就能理解和接受这个概念。不过这也带来一个问题，即学生感到表达被动意义时用上"被"更清楚、更明确，于是在不需要使用"被"的时候也会使用，而出现了泛化的现象。鉴于这种情况，教师应优化教学内容，通过以下具体措施来加强教学的针对性，避免泛化的发生。

A. 选择典型的句式

汉语是一种宽式范畴语言，很多汉语中的形态标志并不具有句法强制性。作为被动句标志的"被"也是如此，在实际语言中有的被动句必须用"被"、有的可用可不用"被"、有的又绝对不能用"被"，这就使学生难以区别、容易混淆。

教学中需要让学生掌握两个典型句式：必须用"被"的句式以及意义

上表示被动，却不用"被"的句式，即"意义上的被动句"，也称受事主语句。如：

句式Ⅰ：N₁ + 被（叫、让）+ N₂ + V + C

⑫衣服被孩子弄脏了。

⑬我让老李数落了半天。

这类用介词"被""叫""让"等表示被动关系的句子就是"被"字句，其特征是 N₂ 是动作的发出者；V + C 表示动作产生的结果；N₁ 可以是能主动发出动作的生命体，也可以是不能发出动作的非生命体，如果是前者的话必须用"被"（"叫""让"）等词语对其受动意义进行标示，否则就成了主动句。句子具有遭受义和不愉快的色彩。

句式Ⅱ：N + V + C

⑭作业做完了。

⑮钱包找到了。

这是没有被动标志但表达被动意义的被动句。其主语一般是不能发出动作的非生命体，因而不需要特殊的形式标记。由于主语是受事，自然构成被动句，不能用"被"。这类句子只是叙述某个事件的发生，意义是中性的，没有不如意的色彩。

综上所述，"被"字句和"意义上的被动句"并不是等价的，二者在句法条件和表达上具有明显区别。上述两种被动句的教学顺序，长期以来一直是意义上的被动句先于"被"字句，而且两种句式的教学通常在初级阶段完成。由于理解能力有限，不少学生以为二者的区别只是"被"字的有无。吴门吉、周小兵（2005）对外国留学生习得这两种被动句的难度进行考察后发现，对外国学生来说，意义被动句的习得难度比"被"字句要高。从整体上看，学习者对意义被动句的使用有回避的倾向，而对"被"字句则存在泛化倾向，所有被动概念都用被字句表达。由于不少学生母语的被动句是有形态标志的，比如英语、西班牙语、俄语、日语、韩语等。汉语的"被"作为被动句的形态标志，让学习者觉得有所依托，容易接受。而汉语意义上的被动句，尽管结构较"被"字句简单，但因为没有标志，反而令人感觉无从把握。根据上述习得规律，吴门吉、周小兵（2005）主张："被"字句最好在初级阶段教，意义上的被动句最好在中级阶段教。

B. 凸显"被"字句的遭受义和不如意的色彩

"被"字句所表示的基本义是遭受义，绝大多数"被"字句具有不如意的色彩，虽然有些"被"字句从字面上看是中性的或称心的，但这只是"被"字句中一个为数不多的小类。至少在初级阶段，我们应首先选择基本的、典型的句式，避繁就简以降低教学难度，提高学习效率。

对"被"字句的遭受义和不如意色彩，教材中除了利用语法解释、设置例句等手段外，在句型训练、课文以及练习中也应加以体现。吕文华（2014）提出了如下针对"被"字句进行的操练步骤。

✿操练"被 + V"以使学生记忆、掌握用于"被"字句的表贬义的动词。例如：

> 被破坏　被淘汰　被删除　被忽视　被惩罚　被误解　被否定
> 被冻死　被替代　被压迫　被驱逐　被推翻　被取消　被禁止

✿操练"被 + VP"，帮助学生熟悉、积累用于"被"字句中谓语词组，并在熟、巧的基础上形成整体记忆，避免动词与其后带成分的搭配失当而产生的偏误。例如：

> 被打了一巴掌　被人偷走了　　被弄糊涂了　　被忘得一干二净
> 被摔成两半儿　被淋成个落汤鸡　被撞倒在地上　被气得浑身发抖

✿操练"被"字句，通过大量带负面色彩"被"字句的练习，使学生对"被"字句表达的负面色彩印象深刻。例如：

⑫大树被风刮倒了。

⑫衣服被雨淋湿了。

⑫这孩子被惯坏了。

通过这样的练习使学生熟悉、理解和储备可用的词语素材，可以为以后的自由表达打下基础。另外，会话、复述的练习也应选择那些具有遭受性、不如意的话题，如"钱包被偷了""今天真倒霉"等，使学生充分体会使用"被"字句的情境。

（3）"被"字句的常见偏误

汉语的"被"字句由于有介词"被"标示被动，常常被外国学生误认为就是被动句的标志，因而造成"被"字句的泛用。据统计，韩国留学生使用"被"字句的正确率为39.07%，偏误率为60.93%。在所有的偏误中，不该用"被"字而误用的占53%（金善熙，2005）。

下面的例子比较有代表性。

⑫⁹ *我被麦克告诉山田已经回国了。

⑬⁰ *他被受伤了/他被挨打了。

"被"字句表示受事受到某种行为或动作的影响而出现了某种变化或结果，因而要求句中的动词具有支配或影响等意义。而例⑫⁹中的"告诉"不具备这样的语义特征，不能用在"被"字句中。例⑬⁰中，"受伤""挨打"本身已经含有"遭受义"，再使用"被"就重复了。

还有的偏误是将"被"字句和意义上的被动句混淆了，如：

⑬¹ *我雨淋湿了。

⑬² *他汽车撞伤了。

这两句由于是生命体充当受事，无生命体充当施事，所以需要用"被"来明确施动者和受动者。

上述偏误提示我们，在教学中明确指出"被"字句使用的条件，把"被"字句和其他被动句区别开来，是解决"被"字句难学的关键。根据吕文华（2014）的研究，"被"的隐现主要有以下几种情况。

A. 必须用"被"字句来表示被动

第一，当 N 是生命体（包括由人组成的机构、组织、单位等），而且和句中的谓语动词既存在受动关系，又存在施动关系时，用"被"或不用

"被"分别是"被"字句和主动句，语义关系完全颠倒。因此必须使用"被"来表示被动。例如：

⑬a. 小张被盘问了几句，也没被问出什么来。

　b. 小张盘问了几句，也没问出什么来。

⑭a. 她被剪去了辫子，成了"五四新青年"。

　b. 她剪去了辫子，成了"五四新青年"。

以上句子都是合格的句子。之所以主动句、被动句都合格，是因为句中动词与生命体 N 既能构成施动关系，又能构成受动关系，这样的动词包括如下几类。

✿某些动作动词：打　骂　捆　绑　踢　罚　杀　撞　害　抓　骗
　　　　　　　　批评　处分　逮捕　开除　抛弃　欺骗　折合
　　　　　　　　利用　杀害　唾弃　镇压
✿某些评价动词：认为　评（为）选（为）命名（为）看作　看成
　　　　　　　　珍爱　原谅　信任　怀疑　宽恕　辜负　羡慕
✿某些使令动词：请　命　叫　禁止　催　逼迫
✿某些"承赐"动词：表扬　提拔　接见　照顾　保护　任用
　　　　　　　　推荐

第二，施事是非生命体。
例如：

⑮a. 奶奶被石头绊倒了。

　b. *奶奶石头绊倒了。

⑯a. 我被这个故事打动了。

　b. *我这个故事打动了。

生命体充当受事，非生命体充当施事，与常见的情况正相反，所以必须用"被"来明确施动者和受动者的身份。例⑮b 和例⑯b 没有"被"就形成了偏误。

第三，"被……所……"句式。

例如：

⑬a. 很多借词后来都被意译词所代替。

　　b. *很多借词后来都意译词所代替。

⑬a. 国家的法律应该被人民所掌握。

　　b. *国家的法律应该人民所掌握。

"被……所……"句式中"所"的后面一般要用双音节动词，但并不是所有的双音节动词都可以进入句式，如，下面的句子都是不能说的：

⑬ *我迟到了，被老师所批评了。

⑭ *她被丈夫所抛弃了。

其实能够进入"被……所……"句式的动词很有限，主要包括：

✿精神感知类动词：

感动　吸引　关注　迷惑　了解　理解　承认　认识　熟悉

接受　采纳

✿控制类动词：

控制　掌握　垄断

B. 不能用"被"的句子

不能用"被"的句子主要指的是意义上的被动句，即主语是受事的句子。主要包括两类。

✿ N_1 是非生命体，N_2 不出现，N_1 与 V 只有受动关系。例如：

⑭饭做好了。

⑭希望小学建起来了。

这是出现频率最高的一类被动句，也是外国汉语学习者最容易误用"被"的句子。

✿ N₁不限，N₂可出现也可不出现，但谓语动词为：

①某些非行为动词，如"同情""喜欢""赞成""遇到""领受""知道""属于""表示""采取"等；②"V得"类动词，如"记得""认得""觉得""吃得""穿得"等；③"加以""进行""给予""予以"等动词后加双音节动词。

例如：

⑭他的意见我不赞成。

⑭这人我认得。

⑭不成熟的部分将逐渐加以改进和完善。

在教学中需提醒学习者，除了以上句法限制外，意义上的被动句被动的意味很弱，且谓语动词并不带有遭受或受损义，在语气上是一种中性的、平和的叙述，不带负面色彩。这些都与"被"字句构成了显著的差异。

C. 可用可不用"被"的句子

汉语中的一些动词具有表达双向的功能，既可以表示施动又可以表示受动，包括卖、买、吃、喝、放、开、写、贴、种、藏、用等。这些词只有当强调受事是在施事施加的某个动作之后而产生某种变化性结果时，才用于"被"字句，"被"字不出现，形成的是意义上的被动句。如：

✿ N是生命体，但不会被误认为是施事者。例如：

⑭a. 小偷被抓住了。

　b. 小偷抓住了。

⑭a. 她掉进河里，被淹死了。

　b. 她掉进河里，淹死了。

✿ N₁是非生命体，N₂可以出现，也可以不出现。例如：

⑭a. 信被退回来了。

  b. 信退回来了。

⑭a. 照片被撕坏了。

  b. 照片撕坏了。

对这类语言现象,可以引导学生仔细体会用"被"和不用"被"表达上的差异,以帮助他们正确选择被动句形式。如 a 句的被动性较强,含有不情愿、不愉快的色彩,而 b 句不带感情色彩,是中性句。

教学中曾有学生问:为什么可以说"苹果被吃完了",但不能说"小说被写完了"。这个问题可以从几个方面进行解释:首先,一般来说,当 N 是非生命体时,不需要"被"来充当被动标记,使用意义上的被动句更合适,如"苹果吃完了""小说写完了"。其次,受事主语句"苹果吃完了"是一种中性的、平和的叙述,不带负面色彩,因此如果要强调"不如意""受损"的色彩,就可以使用被字句,说"苹果被吃完了",而"小说写完了"并不含有"受损"的色彩,所以说"小说被写完了"在语用上会很别扭。不过,可以说"那本小说终于被写完了",因为被字句有表难事实现的功能,句子里的"终于"正好突出了这个意思。

9. "连"字句

"连"字句是指包含"连……都/也……"的句子,它可以是单句,也可以是复句。例如:

⑮连老师都做不出来这道题。(单句)

⑮连老师都做不出来这道题,更别说学生了。(复句)

(1)"连"字句的语义

关于"连"字句的语义,一般认为"连"字起一种强调作用。如,倪宝元、林士明(1979)认为"连"字表示强调,其功能在于加重"X 都/也 Y"的语气;朱德熙(1982)指出,"连"跟"都/也"配合使用,强调该事物和其他事物之间的一致性。不过,也有研究(宋玉柱,1979)认为只说强调未免过于简单和笼统,应进一步探寻强调的意义是哪里来的。

宋玉柱（1979）关注到"连"字句的两个重要特点：一是"升级和降级关系派生出隐含比较的意义"；二是"用一种极言其甚的方法"，这样就产生了"强调"的意义。后来的研究不断深入和拓展，但基本上都是按照这两条路线进行的。如，张旺熹（2005）指出，"连"字句是用来表现人们对外部事物或事件进行序位化操作的一种句法手段；崔永华（1984）、曹秀玲（2005）认为，"连"字句是通过对该极端成员的肯定或否定达到对整个集合的肯定或否定的目的。

综上所述，"连"字句的语法意义包括两个。

A. 表示隐含比较

　　⑮这个字连小学生都认识，他一个中学生怎么会不认识呢？
　　⑯我连学费都交不起，还哪有闲钱去旅游啊？

例中的"小学生"和"中学生"，"学费"和"闲钱"，分别形成了一种序位关系，达到了隐含比较的效果。

B. 引出极端情况

有时候，"连"字后边引出的事物或行为非常极端，按一般常理不该如此，但这样的情况竟然发生了。例如：

　　⑰这家伙连老鼠都敢吃！
　　⑱我连死都不怕。

"吃老鼠""不怕死"，这都是比较极端的情况，"连"字的作用就是把这种罕见的情况引出来，从而产生一种夸张的语用色彩。在肯定式里，说话人主观认定某事件（吃老鼠）最不可能或者最不应该发生，但实际情况是该事件出乎意料地发生了；在否定式里，说话人主观认定某事件（怕死）最可能或者最应该发生，但结果却出乎意料地没有发生。

（2）"连"字句的内部构成

宋玉柱（1979）曾指出，"进行隐含比较的'连'字是一个神通广大的虚词，汉语里几乎每个句子成分都可以用它来强调"。"连"字句的结构方式主要有以下几种。

A. "连" +名词短语

㊟连校长都来了。

㊟她连饭都没吃就走了。

"连"后是名词短语时，既可强调句中的主语（例㊟），也可强调句中的宾语（例㊟）。因此，当全句的施事主语或受事宾语省略时，会产生歧义，如：

㊟连老张都不认识。

这个句子可有两种理解："某人不认识老张""老张不认识某人"。

B. "连" +动词性短语

㊟你这奇谈怪论，我连听都没听说过。

㊟什么？你连上网都不会？

"'连' +动词性短语+也/都……"中，有时"也/都"前后是相同或相关的动词，如"见都没见过""想都没想过""听都没听说过"等。

C. "连" +主谓短语

㊟连他长什么样我都记不起来了。

㊟连他几月几号生日我都知道。

主谓短语中一般有疑问代词或不定数词出现。

D. "连" +量词短语

㊟她连一分钟都不想再等了。

㊟这个月我连一天都没休息。

这个句式中数词常为"一"，谓语只能是否定形式，不过也有大于一的情况。例如：

㊟还嫌少啊？那我连十块也不给你了！

（3）"连"字句的常见偏误

"连"字句的偏误主要有两类。

A. 对句式语义理解不到位

⑯ * 每天早晨，连我还没起床的时候，妈妈就起床准备上班了。

⑰ * 当时这个乐队很红，连每首歌曲都透露着听者的心声。

"连"字句的语义主要有两种：隐含比较和引出极端情况。例句⑯隐含了对"我还没起床"和"妈妈起床准备上班"的比较，这一点是符合句义要求的，而且一般在家中，妈妈起床早、孩子起床晚，这是生活的常态。然而，这种常态句义不符合极端情况，不能满足"连"字句的使用条件，可以改为下面的极端情况：我出门上学的时候，连妈妈都还没起床。例句⑰，说话人可能是简单地认为"连"等同于"强调"，于是为了强调"每一"的意思在"每"前加上了"连"，这个句子把"连"去掉就合格了。另外，从语义上说，"每首歌曲都……"含共性义，既无法"比较"，也无法引出极端情况，可见"连"字句中一般是不能使用"每"的。

从偏误中可以看出，"连"字句复杂而微妙的语义对外国学习者来说比较难以把握，因此教师在句法结构教学的基础上，应将更多的教学精力和重点放在"连"字句的语义限制和语用功能等方面的教学上。

B. 与数量短语相关的句法格式使用错误

当"连"字句中出现数量短语时，学习者容易出现语序偏误。例如：

⑱ * 一年当中，他们连一次也不出去吃晚饭。

⑲ * 他连一句都没说感谢的话。

数量短语历来是学习的难点，当数量短语进入"连"字句框架时，学习者往往将关注点集中在数量之少，而忽略跟在数量词之后的名词，又由于受到"主动宾"常态语序的影响，名词习惯性地放到了动词的后面，造成偏误。这种偏误较为常见，教学中应进行有针对性的训练，以减少偏误的发生。

第二节　当代语言学研究的基本方法与现代汉语的句式研究及教学

系统的研究方法是学科成熟的标志之一。历史上影响比较大的语言理论流派都不仅提出了重要的理论主张，在研究方法的创新方面，也取得了丰硕的成果。下面我们简要介绍不同的理论方法在汉语句式研究中的实践。

一　层次分析法

层次分析法也叫直接成分分析法，其理论依据是：语言是一种层级体系。从表面看，句子或句法结构是一个一个词的线性排列，但其实这些词之间并不总是相邻的两个词直接发生关系，而是按照一定的句法规则一层一层地进行组合的。例如：

坐在角落的姑娘正在喝一杯摩卡咖啡

	1		2	
3		4	5	6
7	8		9	10
			11	12
			1314	15　16

层次分析法要求切分语言单位（句子）必须遵守一定的顺序，把语言单位先切分为最大的片段，被切分出来的片段还可以继续往下分。过去认为层次分析法只考虑二分还是多分，以及在哪儿分的问题，对于成分之间的语法关系不予考虑，这是一种误解。美国语言学家派克、霍凯特都明确指出：①切分出来的 IC 要有意义；②切分出来的 IC 要有意义搭配可能；③切分出来的 IC 在语义上的搭配必须跟整体组合的原意相符。

也就是说，层次分析包含两个步骤，一是"切分"，二是"定性"。例如"姑娘喝咖啡"，包含三个词，对它的层次分析首先要考虑：从哪儿切分？是"姑娘"和"喝咖啡"之间切分呢？还是"姑娘喝"和"咖啡"之间切分呢？其次要考虑的是：切分后得到的直接成分之间是什么关系——是主谓关系、动宾关系呢，还是其他什么关系？

```
姑娘    喝    咖啡
 1       2              1～2   主谓关系
         3   4          3～4   动宾关系
```

　　层次分析对于句式研究的一个重要作用是分化歧义句式。比如："咬死了猎人的狗"可以有两种切分方式，即：

```
a. 咬死了   猎人的   狗
    1         2
              3     4
b. 咬死了   猎人的   狗
            1        2
    3        4
```

　　由于"咬死了猎人的狗"的句法结构内部可以做不同的切分，因而造成了歧义。a 句的 1 和 2 是动宾关系，意思是"猎人的狗"被咬死了。b 句的 1 和 2 是偏正关系，意思是"把猎人咬死了"的狗。

　　歧义句还有一种情况，就是句子在构造层次上所做的切分相同，但切分后得出的直接成分之间的语法结构关系不同，因而造成歧义。例如：

　　我们需要复印材料。

　　这个句子从构造层次看，只有一种切分。即：

```
我们   需要   复印   材料
 1             2
       3             4
              5      6
```

这个句子既可以表示"我们需要去复印材料"的意思，也可以表示"我们需要复印的材料"的意思。当表示第一个意思时，"复印材料"是动宾关系；当表示第二个意思时，"复印材料"是偏正关系。

由这个例子可以看出，层次分析法虽然可以帮助厘清短语的构造层次问题，但它有自己的局限，只能揭示直接组成成分之间的语法结构关系，而不能揭示其语义结构关系，因而无法分化因语义结构关系不同造成的歧义。也正因为如此，变换分析法应运而生。

二　变换分析法

变换分析法是 Harris 在《语言结构中的同现和变换》（"Co – occurrence and transformation in linguistic structure"，1957）一文中首次提出的，在我国，朱德熙（1962）开创了有意识地应用变换关系法的先河，此后变换分析法逐渐成为汉语语法学的常用方法。

变换分析存在的客观依据是句法格式的相关性。有些句子从内部的层次构造、句法结构关系以及所表示的语法意义看，并不相同，分属不同的句法格式；但它们之间却存在整齐的变换关系，其深层原因就在于，句中所包含的各个实词之间的语义结构关系是相同的，因此这两个句式实际上存在一定的内在联系，这种联系不仅表现在语义上，也表现在结构上。不过需要注意的是，变换是指句式与句式之间的变换，而不是两个具体句子之间的变换。

常见的变换手段有移位、添加、替换、删除和分合等，例如：

（1）移位：老鼠怕猫→猫怕老鼠

（2）添加：看书→看（一本）书

（3）替换：他写字写得漂亮→他的字写得漂亮

（4）删除：他看的书→他看书

（5）分合：我和他出国了→我出国了，他出国了

由此可见，"变换"是在相同语言环境内两个或两个以上序列在满足以下条件下的替代（replacement）：两个序列的结构不同；主要语素相同；语素间的语义结构关系相同。

例如："案例分析"和"分析案例"之间的语素是相同的，语义结构关系也是相同的，因此二者之间构成变换关系。

变换分析时必须保证，变换前后句子的基本语义结构应维持不变。为此，在变换操作中必须遵循同一性原则和平行性原则。

同一性原则是指构成变换关系的两个句式及其实例的同现成分在语法上、语义上具有同一性，这是建立可靠的变换关系的首要条件。例如，"他弄脏了衣服"和"他把衣服弄脏了"，变换前后"他"都是施事，"衣服"都是受事，"弄"都是动作，"脏"都是结果。

变换分析表面针对的是一个个具体的语句，但实质上起决定作用的却是隐藏在具体语句之中共同的结构关系。因此，有效的变换分析，不能只对一个个具体的语句有效，而应对具有相同结构关系或模式的一系列语句有效。这就是变换分析的平行性原则。如：

[A] 式：NP_1 + 在 + NP_2 + V + 着　→　[B] 式：NP_1 + V + 在 + NP_2

院长在办公室坐着	→	院长坐在办公室
他在原地站着	→	他站在原地
孩子们在床上睡着	→	孩子们睡在床上
工具箱在阳台上放着	→	工具箱放在阳台上

在这个变换矩阵中，左边为"原句式"，右边为"变换式"。中间的箭头"→"表示原句式与变换式之间的变换关系。此变换的平行性表现为：从纵行看，同一列的句子（原句式或变换式）是同构关系，语法形式一致、句法关系一致；从横行看，同一横行左右两边的句子是变换关系，二者在语法形式上和句法关系上的差异一致，每一横行左右两侧句子及同现成分之间的语义关系一致。

平行性原则是变换分析的一条重要原则，它确保了变换的合格性，对变换实例来说具有鉴别作用。仍以上面的 [A] 式和 [B] 式为例：

[A] 式：NP_1 + 在 + NP_2 + V + 着　→　[B] 式：NP_1 + V + 在 + NP_2

孩子在床上跳着	→	孩子跳在床上

污水在河里流着	→	污水流在河里

这个变换矩阵粗略地看与上面的矩阵排列似乎很一致，但实际上却属于鱼目混珠的情况。在高层次语义关系上，后面两个实例所表示的语法意义与其他实例不同，［A］式的最后两例表示"活动，动态"，而其他实例表示"存在，静态"，［B］式的最后两例表示"位移，动态"，而其他实例表示"存在，静态"；在低层次语义关系上，最后两个实例也不符合要求，［A］式中的"在床上"是指"孩子跳"的场所，"在河里"是指"污水流"的场所，而［B］式中的"在床上"是指"孩子"位移的终点，"在河里"也是指"污水流"的终点。这样，通过变换操作，就能够判断一组短语或句子的类型是否相同，为结构定性。而这样的差异，是层次分析法无法实现的。

变换分析法还可以分化歧义结构。以"打伤了邻居的孩子"为例，可以进行如下变换。

［A］式：动词 + 补语（了） + 名词$_1$ + 的 + 补语（了）→ ［C］式：把 + 名词$_1$ + 的 + 名词$_2$ + 动词 + 补语（了）

打伤了邻居的孩子	→	把邻居的孩子打伤了
撕坏了杂志的封面	→	把杂志的封面撕坏了
修好了女朋友的电脑	→	把女朋友的电脑修好了
说清楚了自己的问题	→	把自己的问题说清楚了

［B］式：动词 + 补语（了） + 名词$_1$ + 的 + 名词$_2$ → ［D］式：是 + 指量名$_2$ + 动词 + 补语（了） + 名词$_1$

打伤了邻居的孩子	→	是那个孩子打伤了邻居
做错了习题的同学	→	是那些同学做错了习题
撕坏了练习本的孩子	→	是那个孩子撕坏了练习本
拆掉了围墙的学校	→	是那所学校拆掉了围墙

值得注意的是，［A］式只能变换为［C］式，不能变换为［D］式，

而［B］式也只能变换为［D］式，不能变换为［C］式。显然，层次分析能分化的歧义句式，变换分析也能分化。问题是，有许多歧义句无法用层次分析法来加以分化，因此变换分析也有其不可替代的价值。而其局限在于只能发现一组短语或句子的结构或语义关系相同或相异，但对造成这种异同的原因却无法提供解释。要解决这个问题，就要使用语义特征分析法了。

三 语义特征分析法

由于变换分析的上述局限性，"语义特征分析"法得到了广泛的研究和运用。语义特征分析法是从语义学中引进的方法（语义学中称为"义素分析法"），是指通过对同一语义场中不同词语的语义特征进行分析来比较词义异同的方法。语法研究中借用这个方法是为了解决两个问题：一是解释造成同形多义句法格式的原因，二是说明为什么某些句法格式对词语具有选择性限制。

我们以袁毓林（1993）的研究为例进行说明，现代汉语里有一种祈使句，它是由形容词带上"（一）点儿"形成的。例如：

> A. 认真点儿！　　客气点儿！
>
> 　　实在点儿！　　利落点儿！
>
> 　　温柔点儿！　　热情点儿！
>
> 　　刻苦点儿！　　专业点儿！
>
> B. 快一点儿！　　慢一点儿！
>
> 　　早一点儿！　　晚一点儿！
>
> 　　重一点儿！　　轻一点儿！
>
> 　　直接点儿！　　现实点儿！

但并不是所有的形容词都能进入这个祈使句格式。例如一般不能说：

> C. *马虎点儿！　　*忙乱点儿！
>
> 　*痛苦点儿！　　*害怕点儿！

*无知点儿！　　　*拥挤点儿！

*傻一点儿！　　　*脏一点儿！

这是为什么呢？原来"形容词＋（一）点儿！"这种祈使句对形容词有一定的选择性，而这种选择性与形容词的语义特征有关。对比 A、B、C 三类，似乎可以认为，褒义形容词和中性形容词能进入"A 一点儿！"祈使句式，贬义形容词不能进入这种句式。不过，进一步考察语言事实会发现，有一部分形容词虽然是褒义的，但也不能进入这一句式。例如"聪明"，虽是褒义形容词，但一般不说"聪明点儿！"（警告他人时只说"放聪明点儿！"）。下面是不能说的例子。

D. *重要一点儿！　　　*伟大一点儿！

*永久一点儿！　　　*奇妙一点儿！

*晴朗一点儿！　　　*景气一点儿！

*知名一点儿！　　　*晶莹一点儿！

比较 A 组和 D 组的褒义形容词会发现，A 组和 D 组形容词存在"可控"和"非可控"的语义特征区别：A 组形容词都具有"可控"的语义特征，D 组形容词不具有"可控"的语义特征。所谓"可控"，是说形容词所表示的性状是人可以控制的；所谓"非可控"，是说形容词所表示的性状是人不能控制的。譬如说 A 组的"认真""客气"等所表示的性状，人是可以进行一定的控制的，可以使自己尽量做到认真、客气，但 D 组的"重要""伟大"等所表示的性状，人是无法控制的，事情"重要不重要"、人"伟大不伟大"，往往不能由自己的主观意愿决定，而需要别人来评价。"形容词＋（一）点儿！"作为一个祈使句式，其功能就是要求听话人做到句中形容词所表示的那种性状，因此这里需要的形容词必须具有"可控"的语义特征，不具有"可控"性状的形容词不能进入该句式。

如此一来，我们可以将形容词的语义特征与能否进入"形容词＋（一）点儿！"句式的关系用表格表示出来，详见表 3-3。

由此可见，语义特征分析法不但可以解释造成同形多义句法格式的原因，而且还可以用来说明句法格式对其内部词语的选择性限制，为语法现象提供深层次的解释。

表 3-3　形容词的语义特征与能否进入"形容词+（一）点儿！"句式的关系

	形容词+（一）点儿！
形 a：［+褒义，-贬义，+可控］	+
形 b：［-褒义，-贬义，+可控］	+
形 c：［-褒义，+贬义，±可控］	-
形 d：［+褒义，-贬义，-可控］	-

本节介绍了层次分析法、变换分析法和语义特征分析法，这些方法有自己适用的范围，也各有局限。对汉语教师来说，掌握一定的理论分析方法有助于对语言现象的分析和把握，增强语法教学的解释力。

第三节　三个平面理论与现代汉语的句式研究及教学

长期以来，汉语的语法研究深受结构主义语法理论影响，重形式、轻语义，更不理会句子进入交际场合以后的语用问题。20 世纪 80 年代初，胡裕树、张斌两位先生发现单纯的句法分析弊端太多，于是两位先生在结合汉语实际的基础上借鉴西方语法理论之长，提出了"语法研究的三个平面"的学说，开创了语法研究的新局面。

一　三个平面理论的内涵

三个平面的语法理论思想最初见于 1981 年出版的胡裕树主编的《现代汉语》教材。该书在讲到语序时指出："必须区分三种不同的语序：语义的、语用的、语法的"，这个提法，澄清了语序问题中语法、语义、语用纠缠不清的模糊观念。三个平面的关系举例如下。

语法平面的关系	客人来了。	来客人了。
语义平面的关系	张三批评了李四。	李四批评了张三。
语用平面的关系	你哥哥来了吗？	来了吗？你哥哥？

"客人来了"和"来客人了"两个句子分别形成了主谓和述宾的语法结构，显示的是语法平面的区别；"张三批评了李四"和"李四批评了张三"语法平面没有区别，都是"主谓宾"结构，其区别体现主要是语义结构不同。① 前句中"张三"是施事，"李四"是受事，而后句则正好相反；"你哥哥来了吗？"和"来了吗？你哥哥？"的区别主要体现在语用平面，前者属于常规语序，后者是因为说话人内心着急，所以先把关心的问题说出来，这种语序是在交际过程中应具体环境的需要而产生的。

三个平面的思想在胡附、文炼（1982）的《句子分析漫谈》一文中得到了进一步的阐释和完善，文章将原来的"语法"改为"句法"，这样句法、语义、语用三个概念同时列入语法研究的范围，这在表述上就更加严密了。接着，胡裕树、范晓（1985）正式将三个平面作为一种语法理论提了出来，并对如何运用这一理论进行语法研究给出了明确的方向："要使语法学有新的突破，在语法研究中必须自觉地把三个平面区别开来，在具体分析一个句子时，又要使三者结合起来，使语法分析做到形式和意义相结合，动态和静态相结合，描写性与实用性相结合。"这篇论文的发表，标志着汉语语法研究的三个平面理论已初步形成。

根据三个平面理论，语法研究包括句法、语义和语用三个平面。

句法分析以句法结构内部的成分（如主语、谓语等）为核心，向内分析充当句法成分的词的功能类别，如名词、动词、形容词等，向外分析各成分之间的句法关系，如主谓结构、动宾结构、偏正结构等。此外，句法分析还包括句子结构类型的分析，如单句、复句、主谓句、非主谓句等。

语义分析是指对语词在句法结构中获得的意义的分析。这个语义不是具体的词汇意义，而是更高层次的、与句法结构相关的意义，包括以下七个方面的内容（胡裕树、范晓，1985）。

（1）动核结构，是指以动词为核心的深层语义结构，是对应不同句法

---

① 此处"语义结构不同"的说法引自胡裕树、范晓（1985）。但实际上，这两个句子的语义结构并没有什么不同，二者都是"施动受"结构，这两个句子的具体意思发生了变化，是由于施事和受事所对应的具体的人发生了变化。

形式的语义结构。

（2）动词的"价"（也称"向"）。

（3）名词的"格"，即名词在语义结构中所充当的语义角色，如施事、受事、与事、工具、处所、时间等。

（4）语义指向。

（5）歧义，这是指语义平面的同形多义现象。

（6）词的语义特征，即在词语搭配中显示出来的词语的类别性意义。

（7）语义的选择限制，即不同的句法格式对其内部词语的选择性限制，这种选择限制一般是基于词的语义特征考虑的。

语义分析可以帮助人们更精确地理解和分析句子的意义。而语用分析，是研究语言在实际交际中具体的使用情况，是一种动态的分析。语用分析的研究内容非常广泛，不同学者的关注点也有所不同。如胡裕树、范晓（1985）认为其内容包括语用结构、主题、述题，还有表达重心和焦点、语气、口气、评议、句型或句式的变化等。范开泰（1985）认为，语用分析主要表现在话语结构分析、心理结构分析、信息结构分析、语气结构分析及言外之意分析几个方面。邵敬敏（1992）则指出语法研究中的语用平面，主要指狭义的语境，即上下文的制约关系。除此之外，焦点的移动、预设的作用、话题与述题、语气与口气、语用成分及非语用成分、上下文的制约与照应、省略与空位等都是与句法结构体密切相关的语用因素。

总而言之，句法平面研究的是词语与词语（即符号与符号）之间的关系，是对句子表层结构进行的分析。语义平面关注的是词语与客观事物（符号与内容）之间的关系，是对句子深层结构进行的分析。语用平面探讨的则是句中词语与使用者（符号与人）之间的关系，也就是说静态的句法结构如何因人的运用而形成了表达中的变化。三个平面都很重要，缺一不可。

二　三个平面之间的区分和联系

传统语法对句法、语义、语用都有所涉及，但是往往混为一谈，互相纠缠，人们尚缺乏将三者明确区分的意识，历史上出现的主语和宾语的大讨论就与此相关。正因为如此，施关淦（1993）指出，"要把句法、语义、语用这三个平面切实区分开来，只有切实把它们区分开来了，又搞清了它们之间的错综复杂的关系，才谈得上结合"。

句法、语义和语用虽然各有各的内容，彼此相互区别，但又是密切联系着的，一个具体的句子，总是包含句法、语义和语用这三个不同的平面。在研究语法时，既要注意区分三个平面，又要注意把三个平面结合起来。不过不同的学者对句法、语义、语用研究的侧重点各不相同：胡裕树、范晓（1985）认为三个平面中，句法是基础，是核心，他们把句法和语义、语用分别比作躯干和两翼，更强调句法（躯干）的中心地位，而徐通锵（1997）、马庆株（1998）、邵敬敏（2004）针对汉语语法的特点提倡从语义出发进行语法研究，强调语义的重要性；刘丹青（1995）则持语用优先的汉语语法观。

三　三个平面理论与汉语作为第二语言的句式教学

我国以往流行的一些语法理论，偏重于静态的句法分析，忽视语法的语义平面和语用平面，因此面对灵活的语言现象时往往捉襟见肘，无法给出合理的解释。例如：

⑰我们打败了敌人。
⑰我们战胜了敌人。

从句法平面分析，这两个句子结构相同，句子整体语义也相同，似乎应该存在相同的变换结构。但实际上，例⑰可变换成"我们把敌人打败了""敌人被我们打败了"，例⑰却不能做这样的变换。这是为什么呢？仔细观察、对比两句，可以发现句中动词后边的补语语义指向不一样：例⑰中的补语"败"语义上指向宾语（是说"敌人败"），例⑰中的补语"胜"语义上指向主语（是说"我们胜"）。可见，分析句子除了着眼于句法平面外，也不能忽略语义平面。

而且，仅有句法分析和语义分析，仍然不能全面掌握一个句子传达的所有信息。例如：

⑫门口站着一群人。

⑬一群人站在门口。

从句法平面分析，这两句的句法结构不一样，它们分属不同的句式。但从语义平面分析，这两句内部成分的语义关系是一样的："一群人"都是动词"站"的施事，"门口"都是动作的处所。我们设想一下，这两句也许描述的是现实生活中的同一个现象，但用不同的方式表达具有不同的语用价值。例⑫的主题是"门口"，句子传达的信息是要说明"门口"这个处所存在什么事物，或是这种事物以什么方式存在；例⑬的主题是"一群人"，句子传达的信息是要说明"一群人"（施事）发出了什么动作行为。这种区别是"高层次语义"不一样，所谓"高层次语义"，实质上就是语用意义。

从上面的分析可以看出，在语言教学中，只有把句法分析、语义分析和语用分析结合起来，全面地看问题，才能真正理解一个语言现象，才能克服以往语法教学的弊端。三个平面理论不仅在母语教学和研究领域促进了形式与意义、静态与动态、描写与实用的结合，而且在汉语作为第二语言的教学与研究中也得到了广泛的应用，包括句式研究、虚词研究、近义词辨析、偏误分析等多个领域。在句式研究方面，一些学者对"把"字句、受事主语句和反问句进行了探讨，如任玉华（1998）对"把"字句教学的研究、齐建涛（2007）对受事主语句的研究及何杉（2011）对四大类型反问句的研究等。这些研究的共同特点是建立了三个平面理论和方法的自觉，从而拓宽了研究的思路、提出了一些新的见解，但美中不足的是有些研究对句法、语义、语用三者的互动关系缺乏讨论，甚至存在三个平面各行其是、互不相干的现象。这其实是没有领会到三个平面理论的精髓，因而其应用只是停留于表面而未能深入下去。在这样的背景下，构式语法被引入汉语语法研究中来，其理论的系统性和完备性对句式研究更具有指导意义，因而逐步取代了三个平面理论，成为更具有影响力的句式研究方法。

第四节　构式语法理论与现代汉语的句式研究及教学

一　构式语法理论概说

20 世纪 80 年代，由于对生成语法的核心词投射规则产生越来越多的怀疑，Lakoff、Fillmore 等学者开始探索新的思路来解释语言现象。研究发现，某些构式所具有的一些特征并不能从核心动词上预测出来，因此应考虑从整体角度对这些结构进行系统考察。具有整体意义，而且这一意义不能从其组成成分推知出来（Goldberg，1995/2007），对构式的这一认识使其产生了独立于组成成分的实体价值，因而受到了学界的普遍关注。

经过三四十年的发展，构式语法研究取得了显著的成绩，主要体现在理论体系的构建和具体构式的个案分析两个方面。以在我国影响比较大的 Goldberg 的观点为例，最初其对构式的定义是："如果 C 是一个形式—意义对（pairing），其形式或意义的某些方面不能从 C 的构成成分或其他原先已有的构式中得到完全预测，那么 C 就是一个构式。"这个定义揭示了构式的两个基本属性：①构式是形式—意义对；②构式的形式或意义的某些方面不能由其构成成分得到完全预测。后来，Goldberg（2006、2013）放松了对构式不可预测性的要求，认为"不可预测性并非设定构式的必要条件"，只要出现的频率足够高，即便是完全可预测的结构形式，这些语言形式也能够以构式的方式存储。因此，有独特形义的、有能产性的表达式都是构式。这样，Goldberg（2006、2013）就将构式研究深入一些基本的论元结构，而不仅限于习语，连语素和词也包含在构式内，构式逐渐被当作语言的基本单位。对具体构式的个案分析，目前主要集中于习语性构式和句法格式（包括句型、句式和句类），其中以构式多义性和构式压制（constructionalco-ercion）的研究最受关注。

二　现代汉语本体研究中的构式研究

我国国内的构式语法研究，经历了引介、应用、深化等发展阶段，正逐步融入国际主流共识中。目前的研究集中在以下两个方面。

（一）构式语法理论体系的引介和拓展

对国外构式理论的系统引介，专著成果主要有王寅（2011a）的《构式语法研究（上卷）：理论思索》、牛保义（2011）的《构式语法理论研究》等。除此之外，还有很多研究对构式语法的主要理论观点及特点（纪云霞、林书武，2002；董燕萍、梁君英，2002）、构式义的来源（陆俭明，2008、2009a；张伯江，2009）、构式义与成分义的互动（陆俭明，2009a；陈满华，2009）、构式生成机制（熊学亮，2009；张韧，2007；刘大为，2012）、构式压制（袁野，2010、2011；王寅，2011a；施春宏，2012、2014、2015b；宋作艳，2015）等问题进行了详细讨论，做出了非常系统的分析。

构式理论作为一个"舶来品"，其对汉语构式研究是否具有适切性也是学界关心的问题，相关研究有王寅（2011a）的《构式语法研究（下卷）：分析应用》、朱军（2010）的《汉语构式语法研究》等。有些学者还在对经典构式理论反思的基础上，尝试构建新的构式理论，如陆俭明（2011）提出了构式语块分析法，后来进一步调整为构式—组块分析法（陆俭明2016b）；施春宏（2014、2015b）提出了构建"互动构式语法"的设想。

（二）现代汉语具体构式的个案分析

虽然构式理论引入汉语语法研究的时间不长，但发展势头迅猛，不但在理论研究方面取得了一些进展，而且在对汉语事实进行观察、分析和解释的个案研究方面也是成绩斐然。这些个案研究主要包括三方面的内容：一类是特殊句式，即传统的句型、句式、句类所涉及的内容，如双及物构式、"把"字句、"被"字句、存在句、祈使句等；一类是可以在空缺处填装合适词语的框式结构，如"越……越……""连……都/也……"等；还有一类是习语性构式，包括成语、惯用语、俗语等实体性成分。

1. 特殊句式

我们将近十年来现代汉语句子层面构式的部分研究成果梳理如表 3 - 4 所示，以对相关研究进行一个概要性的总结。

表 3 – 4　近十年来现代汉语句子层面构式的部分研究成果（国内）

构式名称	作者 + 时间	主要内容及观点
双及物构式	张伯江（1999）	认为双及物构式的语义核心为"有意的给予性转移"
	刘利民（2009）	分析了双及物构式的"零给予"和"负给予"问题
	张伯江（2009）	讨论了"索取类双宾语句"，认为它们和双宾语构式有着不同的论元关系，人们将二者并列，其依据"或许并不在语法关系上"，"而在于韵律方面的原因"
	苏佳佳、于善志（2010）	分析了可进入双及物构式的动词的语义特点，认为构式的典型性存在等级之分
"把"字句	张伯江（2000）	认为"A 把 B + VC"构式表示"由 A 作为起因的、针对特定对象 B 的、以 V 的方式进行的、使 B 实现了完全变化 C 的一种行为"，论文借助认知心理学的"顺序原则"、"相邻原则"和"数量原则"对这一语义的理据性进行了说明，并着重讨论了"把"字句中宾语的自立性特征、位移性特征和主语的使因性特征
	吴建伟、张晓辉（2010）	重点考察了表示运动事件的"把"字句，认为此类"把"字句表现出更高程度的有界显性和有定显性
	田靓（2012）	拟建了六类"把"字构式的构式义，为"把"字句的教学实践提供了具有立体感的教学内容，并做出了全面的、有等级的分层、分级安排
"被"字句	朱义莎（2005）	从主观性、受影响性方面对"被"字句构式的语义进行了详细阐述，认为它表示"主观受影响"，其中动词是说话人认定的有意识动词
	张明辉（2010）	认为汉语中新兴的"被××"构式具有评判义，表示"否认"，既包括对事实的否认，也包括对能愿性的否认
	张建理、朱俊伟（2010）	认为汉语中新兴的"被××"构式表示两种语义："相关主体被谎称实施了××行为"和"相关主体被迫实施了××行为"，两种语义的形成源于对先前的"被"字句构式的仿拟和引申
"连"字句	刘丹青（2005）	对非典型"连"字句（如：连大气都不敢出）进行了研究，认为其构式性更强，构式义更加明显
	李文浩（2010a）	研究了动词拷贝型"连"字句（如"连想都不敢想"），利用认知扫描和隐喻理论解释了其语义和句法的理据性

续表

构式名称	作者 + 时间	主要内容及观点
比较句	肖奚强、郑巧斐（2006）	讨论了"A 跟 B（不）一样（×）"中"×"的隐现规律，即如所在语境能体现×，×的隐现比较自由，如没有上下文语境，则×的隐现与 B 的特征义是否单一、A 和 B 二者的相似度是否超出常识范围有关。汉语教学中不应简单地将"A 跟 B 不一样"作为"A 跟 B 一样"的否定式，以减少留学生出现偏误
重动句	姚水英（2005）	认为重动句构式表达"S 在 VO 方面怎么样"的语义，使用重动句是为了表示对 S 在 VO 方面的评价或处于什么样结果的一种看法，"非持续性瞬间动词"也可进入其中
中动句	许艾明（2006）	认为中动构式是主动形式表达"状态意义"，但又隐含"动作意义"，其根本原因在于使用了"动作代结果"的转喻迁移；转喻思考是造成"主动形式表达被动意义"问题的途径
	黄冬丽、马贝加（2008）	将中动构式"S + V 起来 + AP/VP"的语义概括为"S 在实施 V 的情况下，具有或呈现某种性质或特征"的特性，指出其中 S 和 V 存在多种语义关系，构式整体具有高度复杂性
双主语构式（即主谓谓语句）	文旭（2008）	认为该构式是一种参照点结构，NP$_1$ 为整个小句的参照点，NP$_2$ 是内在小句的主语。该构式的语义来源于"不可让予的领属关系"，NP$_1$ 是领属者，NP$_2$ 是被领属者，身体部分关系是这一关系中的典型
领主属宾句	刘国辉（2007）	剖析了"王冕七岁死了父亲"类构式的认知基础，认为其生命力在于"死"前后的微观论元组合，其语义内涵在宏观构式中更加明确
	徐丽（2009）	从构式的角度论证了领主属宾句的整体语义，将这类构式称为"经历"构式，构式义为：X 经历失去（获得）Y

2. 框式结构

所谓的"框式结构"是指具有特殊的语法意义和特定的语用功能的框架式结构，它由前后有两个不连贯（中间有空位）的词语组成，这两个词语相互照应、相互依存，如果去除其中一个，该结构便会散架；使用起来，只要在空位处填入合适的词语就可以了。

框式结构主要包括以下几种类型。

A. 传统理解的固定格式，如"一……也……""以……为例""V 归

V"等；

　　B. 关联词语的配合使用，如"因为……所以……""宁可……也……"等；

　　C. 介词性框式结构，如"在……前""对……来说"等；

　　D. 具有离合性质的短语词，如"占……便宜""帮……忙"等。

　　其实在构式语法引入之前，学者们对这类结构就已经有了不同程度的研究。人们认识到这些结构往往在字面意思之外还有其他含义，其意不是内部结构成分语义的简单相加，而是发生了"语义增值"。这在以往研究中没有得到足够重视的特征，恰恰就是"构式"概念的本质特征。因此可以说，运用构式理论进行框式结构研究再合适不过，一方面，在构式理论的指导下，框式结构研究的路径和方法可以更加明晰，避免走不必要的弯路；另一方面，这些框式结构的个案研究也可以对构式理论起到补充和细化的作用。

　　目前研究比较充分的框式结构有以下几类。

　　（1）含有否定词的框式结构

　　关于"不 A 不 B"结构的研究有邓英树、黄谷（2002），罗耀华（2002），郝立新（2007），甘莅豪（2008），魏红、马秋燕（2014）等。相关的还有对"没 A 没 B"结构、"无 A 无 B"结构的研究，如邵敬敏、袁志刚（2010），邹秋珍、胡伟（2012）等。

　　关于"非…不可"及相关结构的研究主要有张谊生（1992）、唐贤清、李振中（2012）和李振中（2013）等。

　　（2）含有数词的框式结构

　　主要包括邵敬敏、崔少娟的《"一 A 一 B"框式结构的位序原则及语义》（2010），邵敬敏、黄燕旋的《"半 A 半 B"框式结构研究》（2011）等。

　　（3）含有介词的框式结构

　　主要包括刘丹青的《汉语中的框式介词》（2002），李红梅、曹志希的《汉语方所框式介词的句法推导》（2008），王世群的《现代汉语框式介词研究》（2013），张云峰的《近代汉语比况框式介词及其概念叠加》（2013），王磊的《现代汉语框式介词的隐现规律考察》（2014）等。

　　（4）带有口语色彩的框式结构

　　主要包括吴长安的《"大……的"说略》（2007），王晓凌的《"好

个……"结构探析》（2008），郑娟曼、邵敬敏的《"责怪"义标记格式
"都是 NP"》（2008），郭圣林的《"爱 V 不 V"句式的语篇考察》（2009），
丁倩、邵敬敏的《说框式结构"想 X 就 X"》（2009），邵敬敏的《新兴框
式结构"X 你个头"及其构式义的固化》（2012），邵敬敏的《框式结构
"A 了去了"》（2013），唐贤清、李振中的《框式结构"想……就……"的
语义特点》（2013）等。

此外，还有邵敬敏、周有斌的《"宁可"格式研究及其方法论意义》
（2003），邵敬敏的《"连 A 也/都 B"框式结构及其框式化特点》（2008），
李文浩的《"再 XP 也 VP"构式分析》（2010b）等。

3. 习语性构式

主要包括各类固定用语，如成语、惯用语、俗语和"总而言之、好的、
不好意思、问题是"之类实体性成分。这类构式由于其构成完全实体化，
因而个体性很强，学界对这些实体性表达的个例化研究非常多，其中充当
话语标记的构式近年来成为研究的热点。相关研究成果如，李胜梅
（2004），高增霞（2004），李宗江（2008），郑娟曼、张先亮（2009），侯
瑞芬（2009），董秀芳（2010），李治平（2011），李慧敏（2012），李绍群
（2013），王凤兰、方清明（2015），吕为光（2015）等。

总体来说，上述三类构式中的第一类一直受到语法研究的重视，可以
说是语法研究的核心论题，也是汉语作为第二语言教学的重点；第二类在
新的理论背景下得到了重新解读，它往往结合词类、句法成分及复句等语
法知识点教学展开；第三类构式因个体性较强，基本上跟词汇教学放在一
起，在口语、听力教学中受到的关注度相对高一些。

三　面向第二语言教学的现代汉语构式研究及教学

（一）关于句型、句式的研究

与英语等印欧系语言相比，汉语形态不发达，因此，在一个句式中，
论元的角色以及成分之间的关系很难通过形式标记得到区分。句式意义，
尤其是特殊句式的意义很难从句式成分中推知。这与构式意义的不可预测

性正好不谋而合，因此构式观念的引入和构式分析的展开或许能够为汉语特殊句式的教学提供更为有效的思路。

在汉语作为第二语言的习得研究中，句型和句式一直是核心和重点。这方面的研究成果主要表现为以下几个方面。

1. 对现代汉语基本句型、重点句式的专题性系统描写

这方面的成果以对外汉语教材和语法等级大纲中句型、句式的归纳为代表，众多的教学参考语法著作也对其进行了全面的归纳和总结，如刘月华等（1983），李德津、程美珍（1988），房玉清（1992），齐沪扬（2005），陆庆和（2006），卢福波（2011），吕文华（2014），吴勇毅等（2016）等。

2. 现代汉语句式的习得研究

汉语构式习得研究主要是基于特定语料库的特定构式习得考察，在已有成果中，偏误类型和原因、习得难度和顺序的研究占比最高。其中句法的偏误研究以周小兵等（2007）、赵金铭等（2008）为代表，习得难度和顺序的系统研究以施家炜（1998）、肖奚强等（2009）为代表。除系统研究外，还有不少学者专注于某一特殊句式，针对特定对象的习得过程展开研究。我们将部分有代表性的成果总结如表 3 - 5 所示。

表 3 - 5　近 20 年现代汉语句式习得研究部分成果（国内）

构式名称	作者 + 时间	研究对象	研究方法
"把"字句	〔美〕靳洪刚（1993）	英语母语背景学习者	语言测试
	熊文新（1996）	不同母语背景的学习者	语料库研究
	高小平（1999）	英、日、韩母语背景学习者	测试 + 问卷调查
	余文青（2000）	日、韩、欧美留学生	情境表演
	〔韩〕林载浩（2001）	韩语母语背景学习者	语言测试
	刘颂浩（2003）	中国学生和外国学生	口头调查
	崔永华（2003）	不同母语背景的学习者	语料库研究
	黄月圆、杨素英（2004）	英语母语背景学习者	语言测试
	张武宁（2007）	韩语母语背景学习者	问卷调查
	张宝林（2010）	不同母语背景的学习者	语料库研究
	黄自然、肖奚强（2012）	韩语母语背景学习者	语料库研究

续表

构式名称		作者＋时间	研究对象	研究方法
被动句	"被"字句	吴门吉、周小兵（2004）	不同母语背景的学习者	测试＋自然语料
		吴门吉、周小兵（2005）	不同母语背景的学习者	语言测试
		黄月圆、杨素英、高立群、张旺熹、崔希亮（2007）	英语母语背景学习者	语言测试＋作文语料
		周文华、肖奚强（2009）	不同母语背景的学习者	语料库研究
存现句	存在句	〔美〕温晓虹（1995）	美国学生和中国留学生	问卷调查
		杨素英、黄月圆、高立群、崔希亮（2007）	英、日、韩母语背景学习者	语言测试＋自然语料
		黄自然（2008）	不同母语背景的学习者	语料库＋语言测试
双及物构式		李昱（2014、2015）	不同母语背景的学习者	语料库＋语言测试
"有"字句		董小琴（2008）	不同母语背景的学习者	语料库研究
比较句		王建勤（1999）	英语、日语母语背景学习者	语料库研究
		陈珺、周小兵（2005）	不同母语背景的学习者、中国学生	语料库研究
连动句		孙晓华（2008）	不同母语背景的学习者	语料库研究
		刘燕（2010）	韩国留学生	语料库＋问卷测验
兼语句		周文华（2009）	不同母语背景的学习者	语料库研究
中动句		于芳芳（2007）	不同母语背景的学习者	语料库研究

这些研究各有侧重，因理论背景和研究目标的不同体现出不同的观察角度。有些基于认知语言学/功能语言学对学习者的习得过程进行描写，并试图做出一致性的解释。有些具有类型学背景，从语言共性与汉语个性的相互关系方面思考汉语作为第二语言教学的针对性与前瞻性，这些成果对汉语的句式教学与研究具有一定的推动作用。

（二）关于介词性框式结构的研究

介词性框式结构指的是像"在……上""从……到……"这样，由前置词加后置词配合而成、使介词支配的成分夹在中间，前后两个部分合起来整体充当类似"介词"（adposition）功能的一种框式结构（刘丹青，2002）。

介词性框式结构在传统教学和研究中关注得不够充分，近年来，在构式语法的理论框架下，介词性框式结构获得了新的理论增长点。如黄理秋、施春宏（2010）以汉语中介语语料库为基础，对外国留学生在使用介词性框式结构时产生的偏误类型及其原因做了比较系统的分析，其中既有句法结构方面的偏误，又有语义方面的偏误，并从以下五个方面说明了其产生的原因：对"框"的结构特征了解不充分；对框式结构"式"的特征把握不到位；中介语可渗透性特点的影响；中介语发生的认知基础；教学材料和教学过程中语言知识说明的失误。而杨圳、施春宏（2013）则将汉语准二价动词（如"见面、比赛；保密、请假"）和准三价动词（如"表白、介绍、讨论"）的句法表现放到框式结构（如"跟……见面"、"为……保密"和"向……表白"）系统中来分析特殊动词的习得问题；蔡淑美、施春宏（2014）将汉语二价名词（如"好感，意见、印象"）的句法表现也放到框式结构（如"对……有印象、对……的印象、关于……印象很深"）中来系统考察，开启了研究的新思路。

（三）关于构式性语块的教学研究

构式语法理论引入国内以后，学界开始探讨将其应用到二语教学中的可行性（陈满华，2009），结合语块理论的构式教学更是受到了较多的关注。

语块是一种预制的语言单位，它是由两个或两个以上的词构成的、连续的或不连续的序列。语块整体储存在记忆中，使用时整体提取（钱旭菁，2008）。语块属于结构高度凝固的实体性组块，它可以独立使用，也可以作为更大结构体中的组构成分，也是构式的一种。

从语块的角度进行二语教学和习得研究，成为近年研究的一个新思路。如刘晓玲、阳志清（2003）认为词汇组块教学将是二语教学的一种新趋势；周健（2007）、亓文香（2008）阐述了语块理论在汉语教学中的实践价值；钱旭菁（2008）、吴勇毅等（2010）根据语块习得的层级性分析了汉语语块的类型及功能；陈满华（2009）强调应充分重视具有语块性质的习语和准习语教学；薛小芳、施春宏（2013）对语块的性质做了重新界定，并进一步梳理了汉语语块系统的层级关系。

结合语块理论进行的构式教学研究，影响较大的是陆俭明和苏丹洁的系列成果（陆俭明，2010、2011；苏丹洁，2010、2011；苏丹洁、陆俭明，2010）。两位学者将构式和语块结合起来，提出了"构式—语块"① 分析法和"构式—语块"教学法，借此改进汉语教学中某些句式的教学模式。该研究认为，"语块"（chunk）指的是一个构式中以一定的句法形式相对独立地承载该构式的一个语义单元的句法语义聚合体。例如，"门口站着几个孩子"中，"门口"、"站着"和"几个孩子"就分别是一个语块。"语块"是认知心理层面的"组块"（chunk）在语言句法层面的体现，反映了人类信息处理能力的实际运用单位。研究认为，传统的语言教学一般要分析到词为止，但构式理论指导下的语言教学可以改变操作方法，第一步直接把语块作为组成构式的部分来教授，待学习者掌握后，再分析语块本身的构成。如，苏丹洁（2010）在"构式—语块"教学法中对存现句的语块进行了如下切分（见图 3 - 1）。

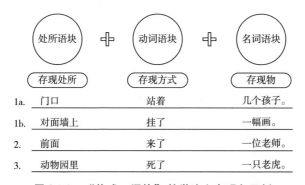

图 3 - 1 "构式—语块"教学法之存现句示例

① 关于"构式—语块"分析法和教学法的基本内涵和概念使用，还有需要进一步讨论的地方。薛小芳、施春宏（2013）指出，陆俭明、苏丹洁的系列研究对"构式"及"语块"这些核心概念的理解跟构式语法理论及语块理论对它们的理解并不一致。据苏丹洁（2010），存现句这一构式包括"NPL"、"V着"和"NP"三个语块。其实，这样来理解语块，会模糊对语块性质（作为信息加工的预制单位）的认识。这里的语块本质上应该理解成"组块"。也就是说，这种认识本质上还是基于构式和作为构件的组块之间关系的认识。为此，陆俭明（2016）将"构式—语块"分析法调整为"构式—组块"分析法。相应地，"构式—语块"教学法应调整为"构式—组块"教学法。这里为尊重原文，仍然使用"语块"的说法。

其具体的讲练步骤是：①借助场景导入教学，引出句式实例；②激发学习者认知共性，理解所学句式的意义；③引导学习者理解并掌握其结构：该句式由哪几个语块组成，其顺序和关系怎样，每一块内部的规则是什么；④引导学习者根据语块链输出正确的句式实例。

这样讲授，实际上对学习者既教授了句式的形式，也传授了句式意义及内部的语义配置。苏丹洁（2010）指出，"构式—语块"教学法的基础是人类头脑中存在的认知共性，以此作为汉语语法教学的切入点，能够自然地把学习者的注意力从认知共性引向语言个性，帮助学习者更高效、快捷地掌握汉语的句式。

"构式—语块"教学法是将构式语法理论应用于汉语作为第二语言的句式教学的一种有益尝试，这种方法对于某些较易进行语义和结构切分的特定句式来说，应该是可行的。不过，目前基于"构式—语块理论"进行的应用研究还处于探索阶段，理论和方法的结合还不够成熟，"构式—语块教学法"的适用面仍有待时间的检验。目前已有的成果除苏丹洁对存现句、兼语句、"V 起 NP 来"的研究外，还有杨露（2012）对"比"字句的研究，田靓（2012）、刘玥（2014）对"把"字句的研究，唐奇彦（2014）对双宾构式的研究，张馨忆（2015）对"被"字句的研究，洪嘉毓（2016）对"连"字句的研究等。

第四章　当代语法理论与汉语词类和句子成分研究及教学

第一节　配价理论与动词、形容词和名词的相关研究及教学

一　配价理论概说

（一）配价的概念

语法研究中的"配价"概念，实际上来源于化学中"价"（Valence）的概念。化学中"价"的概念意在说明在分子结构中各元素原子数目间的比例关系。如水的分子式 H_2O 中，一个氧原子总是跟两个氢原子结合，所以氧的原子价是二价。

把化学中"价"的概念明确引入语法研究中的是法国的语言学家特思尼耶尔（Lucien Tesnière）。他在语法学中引进"价"这个概念，是为了说明一个动词能支配多少种不同性质的名词性词语。动词就好比是带钩的原子，它能钩住（即支配）几种不同性质的名词性词语，就是几价的动词：一个动词如果不能支配任何性质的名词性词语，那它就是零价动词；一个动词如果能支配一种性质的名词性词语，那它就是一价动词；一个动词如果能支配两种性质的名词性词语，那它就是二价动词；一个动词如果能支配三种性质的名词性词语，那它就是三价动词。

在我国，朱德熙先生率先将"价"的概念引入汉语语法学。朱德熙在《"的"字结构和判断句》（1978）中根据与动词发生联系的名词性成分的

数目把动词分为单向动词、双向动词和三向动词，因此在后来的研究中，"价"也被称为"向"，二者所指相同。按照吴为章（1996）的说法，德、法的语言学家一般用"价"，英、美的语言学家一般用"向"。

配价语法的本质是谓语动词中心论，它认为动词是句子的中心，动词支配着别的成分，而它自身却不受其他任何成分的支配。在配价语法中，主语和宾语都置于动词的支配之下，处于同等地位，因而主语失去了在传统语法中的优势地位。这也构成了与传统语法的根本区别。

（二）配价的性质

关于汉语配价的性质，语法学界曾存在激烈的争论。分歧主要在于配价究竟属于语义范畴还是句法范畴。

认为配价属于语义范畴的代表人物有廖秋忠、范晓、周国光等。如张国宪（1994）指出：就实质而言，配价仍属于语义范畴，配价由语义决定，是价载体在各种场合具体运用时所具有的一种语义功能。

认为配价属于句法范畴的代表人物有朱德熙、袁毓林等。如，袁毓林（1989）指出，"向"是一种建立在句法基础上的语法范畴，是动词的组合能力的数量表征。但他同时也承认，动词的"向"有相当的语义基础。

后来，人们越来越清楚地认识到，对"价"概念的不同理解和解释并不是互相矛盾、互相排斥的抉择，因此较多学者倾向于认为配价属于句法—语义范畴，代表人物有吴为章、韩万衡、金立鑫等。如，吴为章（1993）指出："任何句法的'向'都是'形式—意义'的结合体，它是逻辑—语义的'向'在具体语言结构中的实现……语法学引入'向'的目的既然主要是为了说明动词的支配功能以及句法和语义之间的复杂关系，那么它对'向'的解释，就应当是'句法—语义'的。"邵敬敏（1996）提出了"语义价"和"句法向"的概念，认为语义价是有可能和这个词发生语义联系的成分的总和，这是一种潜在的可能性，而句法向是则指进入句子中的一种现实性。

由单纯认为语义范畴或句法范畴到句法—语义范畴，由简单对立的二元模式到多面立体的二元模式，这说明人们对配价性质的认识逐步深化了。

（三）配价的确定方法

如何确定"价"是配价语法中的关键问题。最初认为凡是跟动词发生联系的名词性成分都属于配价成分，不过后来人们认识到这些名词性成分的地位和作用并不能等量齐观，因为有些成分是强制性的，有些是非强制性的（朱德熙，1978；文炼，1982）。而且，不仅名词性成分是动词的配价成分，在某些句法条件下谓词性成分也可以充当动词的配价成分（文炼、袁杰，1990）。人们注意到"价"似乎不是一成不变的，在不同的句法条件下表现并不相同，那么到底该如何确定配价？学者们对一些原则性问题学界展开了热烈的讨论。

1. 必有补足语、可有补足语、说明语是否都计入配价成分

文炼（1982）、吴为章（1982）、范晓（1991）等研究认为，与动词发生联系的名词性成分有两种：强制性和非强制性的。所谓"强制成分"是指"构成一个最小的意义自足的主谓结构所不可缺少的"成分，所谓"非强制的成分"是指"去掉它也不影响主谓结构的成立"的成分。由于理论上"非强制的成分"可以无限添加，因此决定汉语动词"价"的是"强制成分"。

文炼、袁杰（1990）进一步提出了必有补足语和可有补足语的概念，文章认为词的价数由必有补足语和可有补足语的数目相加而成。"必有补足语"是指结构上必需、在语句中始终与谓语动词同现的从属成分，而"可有补足语"是指结构上必需，但在语句中可以出现也可以删除的从属成分。例如，"我知道"与"我知道这件事"中的"知道"都是双价动词，其中一个配价成分是必有补足语（"我"），而另一个配价成分则是可有补足语（"这件事"）。

对上述两种意见，邵敬敏（1996）指出，无论是强制成分、必有补足语还是非强制成分、可有补足语的确定，都带有极大的主观任意性。这些概念对形式标记明显的印欧语或许是适用的，但对缺乏形式标记的汉语来说，标准却比较难以把握。

为了解决这一棘手的问题，学者们提出多种方法，其中张国宪（1994）

借自德国语言学家的消元法得到了很多学者的认可。如："他（下午）（在宣纸上）（用这支毛笔）（替我）写字。"括号中的成分均可省略，剩下的"他写字"不能再缩略了，可见动词"写"要求有两个必有补足语，而可省略的属于说明语，不计入配价成分。这样就可以确定，"写"是个二阶动词。

2. 介词引进的语义格是否计入配价成分

对这个问题的看法主要有两种：一是认为介词后词语不看作配价成分（吴为章，1982/1993；朱景松，1992 等）；二是认为某些介词后词语应看作配价成分（袁毓林，1989；韩万衡，1996 等）。

吴为章（1982/1993）的观点有两条理由：一是如果把介词的宾语也看作动词的"向"，其结果不仅"向"的数限难以确定，而且也影响到句型系统的归纳；二是在底层结构中，主语和宾语是初始的语法关系。把"向"限制在主语和宾语位置上，便于在不同语言之间进行沟通和比较，使"向"理论的研究更具有实用价值。

袁毓林（1989）则采取了变通的策略，将"要求两个名词性成分与它发生强制性的句法联系，并且当这两个名词性成分与之同现时，其中有一个名词性成分必须用介词来引导"，这样的动词称为"准双向动词"。"准 X 价（向）动词"的提法既能如实反映动词所联系的语义—句法成分，又能兼顾"用介词来引导"的特殊情况，作为一种恰当的处理方式，这一术语在后来的研究中得到了沿用，如赵旭、刘振平（2014）、施春宏等（2017a、b）、李劲荣（2018）等。

二 词语的配价类型

（一）动词的配价类型

现代汉语的动词按配价理论可大致分为四类。

A 类：刮风、下雨、打雷、地震

B 类：跑、睡、出发、胜利、游泳

C 类：看、买、打扫、研究、表扬

D类：给、送、通知、退还、奖励

A类动词不强制要求与任何名词性词语关联，因而被称为"零价动词"，"零价动词"大多是反映自然现象的动词。汉语表达这类自然现象一般使用无主句，而不需要像英语那样加上"it"作主语，因而这类动词是零价的。

B类动词强制要求与一种性质的名词性词语关联，因而被称为"一价动词"。"一价动词"大体上相当于传统语法中的不及物动词。

C类动词强制要求与两种性质的名词性词语关联，因而被称为"二价动词"。"二价动词"大体上相当于传统语法中的及物动词。

D类动词强制要求与三种性质的名词性词语关联，因而被称为"三价动词"。"三价动词"大体上相当于传统语法中带双宾语的动词。

或许有人认为，零价动词"地震""下雨"好像也总要跟某个名词一起出现的，并非不联系名词性的词语。例如：

①昨天地震了。

②汶川地震了。

③北京终于下雨了。

观察例句可以发现，与"地震""下雨"等动词一起出现的名词只限于表示"时间"或"处所"的名词，因为任何行为动作的发生或进行总是带有"时间"或"处所"信息的，一方面它们可以与任意动词共现，另一方面它们也可以通过消元法被删除，因此这些"时间"或"处所"名词不应计算在动词的价成分之内。

（二）形容词的配价类型

随着研究的深入和推进，人们发现不仅动词有配价，形容词和名词也有配价，也可以做配价分析。与动词的情况类似，形容词也分为一价、二价、三价，"价"的数目主要决定于其语义上强制要求与几种性质的名词性词语相关联。具体类型详见表4-1。

表 4－1　形容词的配价类型

配价类型	语义类型	例　词
一价形容词		美　难　干净　齐全　清楚　方便
二价形容词	情感态度类	冷淡　热情　耐心　友好　严格　气愤　客气
	经验认知类	内行　外行　精通　陌生　熟悉　生疏
	有用无益类	有效　无用　无益　有利　不利　重要
三价形容词	具有精确计量特征	高　矮　大　小　宽　窄　厚　薄　深　浅　贵 便宜　粗　细　冷　热　长（cháng）　短　重 轻　快　慢　早　晚　远　近　多　少

　　现代汉语中一般的形容词都是一价形容词，而二价形容词是指那些能受介词结构"对……"修饰，由介词"对"引入一个配价成分的词。根据谭景春（1992）的研究，二价形容词根据具体意义不同可分为情感态度、经验认知、有用无益三类，其共性是可以通过"对（于）……"这一介词结构引入强制成分，例如：

　　④老师对学生很耐心。
　　⑤他对这些电子设备特别精通。
　　⑥抽烟对身体有害。

　　有些形容词具有多个义项，那么这个形容词的价也会因意义不同而有所不同。举例来说，形容词"冷"有三个典型的义项。

　　A. 感觉温度低。如：你冷不冷？
　　B. 灰心、失望。如：（看到他那副样子，）我的心彻底冷了。
　　C. 不热情。如：他这人挺冷的。

　　属于义项 A、B 的"冷"在语义上只跟一种性质的名词性词语关联，所以属于一价形容词，而义项 C 的"冷"在语义上要求跟两种性质的名词性词语相关联，所以属于二价形容词。例如：

　　⑦他对谁都挺冷，你别往心里去。

根据张国宪（1993）的研究，双价形容词分为两类：一类带两个必有补足语，另一类带一个必有补足语和一个可有补足语。带两个必有补足语的如：

⑧这首曲子我很耳熟。

⑨她忠诚于教育事业。

带一个必有补足语和一个可有补足语的如：

⑩他（对我）很客气。

⑪这姑娘（学习）很刻苦。

括号里的词是可有补足语，可以看到，二价形容词可以受介词结构"对……"的修饰，但介词结构"对……"不是必须出现的。

汉语中还有少量的三价形容词，这类形容词的共同特性可以概括为：①量性特征上其自身表现为零赋值；②均可用数值的方式来精确计量（张国宪，1993）。其可能出现的框架有四种。

⑫姐姐大我三岁。

⑬姐姐比我大三岁。

⑭姐姐大三岁。

⑮姐姐大。

（三）名词的配价类型

虽然名词一般是作为动词和形容词的配价成分存在，但其实名词也有配价。名词的配价表现为某个名词与其他某个名词在语义上构成必然的依存关系，比如我们说到"丈夫"这个名词，一定有"妻子"这个名词跟它相对，或者说作为丈夫一定是"某人（的）丈夫"，可见这两个名词具有不可分离的依存关系。再如"兴趣"这个名词，一定与"某个人"和"（对）某件事"这样两个名词构成依存关系，实际上"兴趣"与另两个名词之间隐含着一种谓词性的配价关系，因为我们也可以说"某人（对）某件事有兴趣"。通过这种变换可以发现,名词的配价关系与动词和形容词的配价关系实际上具有共同的性质。

跟动词和形容词的情况类似,名词可分为"零价名词"、"一价名词"和"二价名词"。根据袁毓林(1992、1994)的考察,我们将现代汉语中的名词配价及其下位类型总结如表4-2所示。

表4-2 名词的配价类型

配价类型	语义类型	例词
零价名词		大海 天空 空气
一价名词	亲属称谓类	爸爸 爷爷 姐姐
	属性类	质量 脾气 价格
	部件类	手 脚 抽屉 锅盖
二价名词	态度、情感类	感情 兴趣 反应 态度 敌意 戒心
	见解、论点类	看法 见解 结论 印象 感想 说法
	作用、意义类	作用 意义 效果 好处 害处 吸引力
	方针、政策类	方针 政策

观察表4-2中的例词可以发现,一价名词实际上都是具有某种"领属关系"的名词性词组的中心语,而二价名词则主要是双音节的抽象名词。二价名词的两个配价成分,一个可以独立出现,而另一个往往需要通过"对(于)……"这一介词结构引入,例如:

(他们)对(于)这件事的反应

(人们)对(于)垃圾分类的看法

(运动)对(于)健康的好处

(政府)对(于)农村工作的方针

从配价的角度来观察不同名词的特点和用法,语义类型和语法表现井然有序,可见配价分析法对词汇分析的解释力还是很强的。

三 配价理论与汉语作为第二语言的语法教学

配价语法理论引入汉语语法学界以后,不仅在理论语法中显示出旺盛的生命力，而且在语法教学中也表现出其适用性，不少研究（陆俭明，1997；张健军，2006 等）都论证了在教学中引进配价语法理论的必要性；石东方等（1999）、冯丽萍等（2006）通过实验研究发现在心理词典中存储的除词汇的语义信息外，还包括与之相搭配的词汇的句法信息，从而证明了配价的心理现实性；还有些研究（邵菁，2002；顾英华，2004 等）提出了在教学中运用配价理论的一些基本原则和方法，对汉语作为第二语言的教学实践具有重要的参考作用。

（一）汉语作为第二语言教学中运用配价理论的基本原则

邵菁（2002）结合中级汉语教材的编写和使用情况，提出了在教学中运用配价理论的一些基本原则和方法，主要包括以下几点。

1. 语义和句法兼顾

"价"属于句法—语义范畴，既要了解语义结构中语义角色的数量，又要引导学生认识到句法的强制性，不能随意堆砌语义成分。

比较典型的例子是"见面""问好"等准二价动词的使用规则。这类动词在语义上要求至少出现一个施事和一个与事（或对象），这个语义在很多不同语言中是共通的，而体现汉语个性特点的是，这类词还需要用一个介词短语来引出与事（或对象），而不是直接将与事（或对象）作为句子的宾语安置在动词之后。这恰恰是教学的难点和重点，因为外国留学生很容易造出"*我见面朋友""*（替）我问好你妈妈"这样的错误句子。教师应在语义共性基础上向学生强调这类动词的句法强制性：要求其中的一个参与者必须用介词"跟、同、和"等引出。

2. 价质和价量兼顾

邵菁（2002）以陈灼先生主编的《桥梁——实用汉语中级教程》为例，分析了教材编写中价质和价量的安排和设计问题。邵文肯定了教材中"词语搭配与扩展"栏目的设置，认为这有助于学生获得关于这个词的更多的义项和用法，但同时也认为某些词汇的价质、价量呈现还有待商榷。以"骗"这个词的搭配与扩展为例，《桥梁——实用汉语中级教程》上册第254 页（四）原文如下：

【~宾】～钱　～东西　～孩子　～吃～喝

从事件构成上看，除施事以外，与"骗"构成语义关联的词语有两个，一个是受事：孩子、老师、父母等，另一个是骗取的目标：钱、东西、吃的等。因此，"骗"这个动词所需要的补足语有：施事、受事（受害者）或者目标（获取物）。那么在具体的语言产出中，选择受事作宾语还是选择目标作宾语，以及选择它们的条件，就是学生必须掌握的，当然这也就成了教师课堂教学中的重要内容。然而，这一点在《桥梁——实用汉语中级教程》中并没有充分体现出来。至少这两种宾语应该分别举例说明，以便于学生学习掌握。例如：

⑯他骗你！

⑰他骗了 100 块钱！

⑱他骗了你 100 块钱！

例⑯的宾语是受事，例⑰的宾语是目标（获取物），例⑱是双宾语：受事＋目标（获取物）。这些宾语从不同的角度对动词"骗"的语义做了延展，如果能够做类似的分类和举例，学生就不仅能从中理解这个动词的语义内涵，还能学到这个动词的句法使用规则。

3. 区分句法的一般规则和配价的特殊要求

在上文"骗"的"词语搭配与扩展"中，还有这样的举例。

～的结果│　～的时间│　～的方式

这里"～"可以替换为很多动词，如：

讨论的结果　　比赛的结果　　查的结果

讨论的时间　　比赛的时间　　查的时间

讨论的方式　　比赛的方式　　查的方式

可见这个结构和用法并非"骗"使用上的特殊要求。类似"行为动词放在名词前作定语"这样的规则具有相当的普遍性，我们认为不必把普遍的句法规则纳入每个词的配价框架，以使系统获得简化。当然，前提是教师已经通过句法规则把这些组合关系教给学生，学生通过句法规则的内化能够举一反三、活学活用。

（二）配价理论在汉语作为第二语言教学中的具体应用

1. 偏误分析

学生的口语表达和家庭作业中经常出现这样的句子：

⑲ * 我明年寒假回去韩国。

⑳ * A：我真想中国朋友来帮我复习。

　　B：别靠了，快复习吧。

㉑ * 快来听上课！

㉒ * 我去美国旅游，顺便买了你礼物。

㉓ * 中国的手机没有英语，我还是想一个丹麦的手机。

上述例句从配价的角度看各有问题，例句⑲中"回去"是一价动词，而误句把它当作二价动词来用了，应把"回去"替换为"回"；例句⑳与此相反，"靠"（依靠义）是二价动词，却被当成了一价动词来用，祈使句中主语可以不出现，但动词的另一个补足语必须出现，应该为"别靠别人了"；例句㉑中"听"要求的价质是名词性的"课"，而不是动词性的"上课"；例句㉒中"买"是二价动词，如果要说礼物是为谁买的，应用介词结构"给……"，显然误句把"买"当作三价动词来使用了；例句㉓中的"想"（希望义）是二价动词，要求一个补足语是动作行为的发出者，而另一个必有补足语必须是动词性的，即"想做某事"，而例句㉓使用名词性成分来充当第二个补足语，造成了偏误，应改为"我还是想买一个丹麦的手机"。

造成这些偏误的原因很复杂，有的与母语负迁移有关，有的与不适当的类推有关，但无论是何种来源的偏误，最终都必然要纠正为正确形式。如果不对这些正确形式的构成规律加以概括总结，就只能得到"散沙一盘"，相反，帮助学生了解词语的配价类型以及词语对补足语的配置要求，就能够降低偏误的发生率，从而提高汉语教学的质量。

2. 同义词辨析

词义相近但在用法上存在差异，往往给学习者带来困难。陆俭明先生在《当代语言学理论与汉语教学》（2009）一文中曾提到这样一个实例："为什么可以说'他是王刚的老师'，却不能说'*他是王刚的教师'？"

这个问题可以用配价理论来解释："老师"和"教师"虽然是近义词，但配价数量并不一样。"老师"是一价名词，而"教师"是零价名词，也就是说"教师"并不要求与某一具体的人在语义上构成依存关系，因而不能说"*他是王刚的教师"，而"老师"作为一价名词，与具体的某人在语义上构成依存关系，因而可以说"他是王刚的老师"。

在辨析同义词方面，方绪军（2003）运用配价理论做出了有益的探索。在方绪军（2003）研究的基础上，我们认为可以从以下几个方面考察近义动词的配价差异。

（1）能带补足语的数量

如果一组近义动词在配价数量上存在差异，那么虽然它们的语义相近，但在句法形式上仍然会体现出明显的差异。如下例（画线的词语为句中动词的补足语）：

㉔a. 现在人们的观念变化了。

　　b. 他突然改变了主意。

㉕a. 去年有超过一百万的游客到千岛湖观光。

　　b. 这些孩子在京期间，还将游览长城、颐和园等地。

在例㉔中，"变化"和"改变"词义相近，但"变化"是一价动词，只能带一个补足语，即主语，不能带宾语，而"改变"是二价动词，可以带包括主语和宾语在内的两个补足语。例㉕也是如此，"观光"是一价动词，不能带宾语，其配价成分为"游客"，"千岛湖"是"到"的配价成分而不是"观光"的配价成分，"游览"则是二价动词，其后可以跟地点名词作配价成分。

类似的例子还有一些，如"说"（二价）和"告诉"（三价），"辞"

（二价）和"辞职"（一价）等，都因能带补足语的数量不同，形成了面貌不同的句子。

（2）补足语的句法性质

从句法性质来看，补足语有名词性的、代词性的、动词性的、形容词性的，还有介词短语和小句等。有些偏误就是由于对动词所带补足语的句法性质缺乏了解造成的，例如：

㉖ ＊我对中国的旅游产业有关心，希望学习旅游专业。

"对……有……"中"有"后面带的补足语包括"兴趣""信心""意见""了解"等名词，而"关心"不在此列，因而句子出现了偏误。虽然粗看起来，"关心"也可作名词，如"谢谢你的关心"，但它与充任名词的"了解"并不一样，"我对他有一些了解"中的"了解"前面可用数量词修饰限制，而"关心"却不能，这说明"关心"的名词性不够强。

又如：

㉗ ＊有的同学进行劝同学们不要参加这个活动。

"进行"是形式动词，要求后面跟双音节的动词作宾语。而例㉗中"进行"后面跟的是单音节动词"劝"，不符合要求，应改为"劝说"，由于宾语位置已被"劝说"占据，应使用介词"对"将"同学们"提前，即"对同学们进行劝说"，后面的句子相应改为："让他们不要参加这个活动。"

补足语句法性质的区别在"埋怨"（带表人的补足语或小句补足语）和"抱怨"（带小句补足语），"愿意"（带动词性补足语）和"同意"（带动词性补足语或名词性补足语均可），"显得"（带形容词词性补足语）和"像"（带名词性补足语），"信任"（带名词性或代词性补足语）和"相信"（带名词性或代词性补足语、小句补足语均可）等近义词对中都有所体现。

（3）补足语的句法位置

补足语句法性质的不同往往伴随着句法位置的差异，例如：

㉘a. 他远离家人，告别<u>妻儿</u>，从北京来到了香港。

b. 他跟女朋友分别了几个月，很想念她。

例㉘中，a 句中的"告别"和 b 句中的"分别"都可以带两个补足语，但补足语的性质并不完全相同。除了补足语"他"以外，"告别"带的是一个名词性补足语"妻儿"，"分别"除了补足语"他"以外，带的是介词短语形式的补足语"跟女朋友"。"告别"的名词性补足语与"分别"的介词短语形式的补足语不但句法性质不同，而且句法位置也不同，一个在动词后，一个在动词前。

又如：

㉙*在国际社会上为了以知识来竞争别的国家，电脑教育是不可缺少的。

"竞争"所带的补足语需要由"跟"引进，形成"跟……竞争"的结构，学习者以为它跟普通的二价动词用法相同，因而造成了偏误。

还有一些句法位置的差异与离合词有关，例如：

㉚*我从未见过爸爸对妈妈说"我爱你"或接吻妈妈。

例㉚中"接吻"和"吻"都可以带一个受事补足语，但由于"接吻"是一个离合词，其受事补足语通常出现在"跟……接吻"的中间，而不能出现在其后。此例中由于强调"爸爸"的施事行为，也可以直接改为"吻妈妈"。

上述这些介词短语形式的补足语，一般出现在动词之前，其句法位置与一般出现在动词之后作为受事的名词性补足语明显不同，例如"道歉"（准二价"向……道歉"）和"抱歉"（一价），"问好"（准二价"向……问好"）和问候（二价），"打招呼"（准二价"跟……打招呼"）和"招呼"（二价），"着想"（准二价"为……着想"）和"考虑"（二价），"见面"（准二价"跟……见面"）和"遇见"（二价），"打听"（准三价"跟……打听"）和"问"（三价）等都存在这方面的差异。

以上分析说明，近义动词在配价方面的差异可能导致句子基本格局的不同，学习者如果不明确这些近义动词两两之间在补足语的数量、句法性质和句法位置等方面的差异，在造句时就容易产生偏误。教学中教师应注意向学生提示近义动词在配价方面存在的差异，以提高其语言运用的准确性。

3. 分化歧义句

配价理论也可用于分化歧义句。陆俭明（2009a）提到过一个歧义的实例："张三，认识的人很多"，这句话既可理解为"张三所认识的人很多"，也可以理解为"认识张三的人很多"。那么，为什么会有歧义呢？怎么解释这种歧义现象？

从配价语法的角度考虑，因为"认识"是一个二价动词，其带有的两个补足语可以都是指人名词，如分别是"张三"和"别人"；由于汉语没有主宾格的语法标记，那么"张三认识别人"和"别人认识张三"都是可以的，因此"张三"置于句首，作为话题后，句子就有歧义了。

又如，"对老师的态度""对日本的政策"这样的结构也有歧义。这类例子之所以会产生歧义，是因为"态度""政策"属于二价名词，"态度"既可以看作"老师对别人的态度"，也可以看作"别人对老师的态度"，同样，"政策"既可以看作"别国对日本的政策"，也可以看作"日本对别国的政策"，因而整个结构就产生了歧义，例如：

㉛现在学生对老师的态度跟我们那时候真不一样。

㉜家长们对老师的态度很气愤，这样的老师有师德吗？

综上所述，在汉语教学中可能会遇到一些很难解释的语法现象，而配价理论的应用为此提供了独到的解决办法，有助于提升汉语教学的时效性。

第二节　语法化理论与现代汉语虚词研究及教学

虚词是与实词相对的词类概念，"实"和"虚"指的是意义的实在和空灵。我国的虚词研究有悠久的传统，早在公元100年时成书的东汉许慎的《说文解字》，已能初步把虚词和实词分开。后来，《马氏文通》参考西方语法，第一次把汉语的词从语法意义上分为"实字"和"虚字"两大类。

从数量上看，虚词要比实词少得多，但其重要性并不亚于实词。这是因为汉语属于孤立语，实词缺乏表示语法意义的形态标志和屈折变化，在其他语言中可以通过实词的形态变化来表达的语法意义，在汉语中只能依靠虚词来实现。汉语语法的这一特点，一方面使虚词的作用得到了充分的发挥；另一方面在语言长期的演化中，也使虚词系统愈加丰富和完善起来。

一 现代汉语的虚词系统概说

（一）现代汉语虚词的分类和性质

早期实词和虚词的划分依据意义标准。《马氏文通》第一次提出词分实词和虚词，主要依据意义标准。此后一些代表性的语法著作也都是如此，如黎锦熙的《新著国语文法》、王力的《中国语法理论》等。

随着对词类划分本质认识的深入，语法研究者意识到不能完全根据意义来划分实词和虚词，而应该根据它们的语法功能进行划分，比如能否承担句法成分、能否单用、在句中可以出现的句法位置等。根据这样的标准，典型的实词包括名词（普通名词、抽象名词、处所词、方位词和时间词）、动词、形容词（含区别词）、代词、数词和量词等，它们意义实在，可以充任主语、谓语、宾语等主要句子成分。介词、连词、助词、语气词属于虚词，它们意义虚泛，本身没有具体意义或者只表示某种逻辑意义。拟声词和叹词比较特殊，既不属于实词，也不属于虚词。

无论是采用意义标准，还是功能标准，或者意义和功能兼顾的标准，实词和虚词的划分都存在一定的分歧。也许我们需要用更新的理论或方法来处理这个问题，比如以范畴化的眼光看待词类划分问题：实词和虚词的分类是一个连续统，存在典型的实词和典型的虚词，也存在半实半虚的词。正如赵元任（1979）所指出的，汉语实词和虚词的分别，在一定范围内是个程度问题。

虚词的共性主要包括意义比较虚、句法功能相对单一、句法位置相对固定、使用频率较高等。不过，这些共性只存在于某一层级。在更低一级或者某类词的内部，不同词类之间又存在极大的个性。不仅不同类的虚词之间存在巨大差异，即使是同类虚词内部也存在巨大差异，同类虚词中每一个具体成员之间仍然存在巨大差异。以副词为例，内部又包括程度副词、范围副词、语气副词、关联副词、频度副词、方式副词等，每个具体的词用法又各不相同，因而学习时必须分辨相似、易混的一些虚词的细微差异，逐个记住它们的个性和共性。这些都是汉语学习者普遍感到虚词难学的原因。

（二）现代汉语虚词的功能

对汉语来说，虚词的作用特别重要。汉语主要依靠虚词和语序两种语法操作手段来实现语义的表达。有了实词，可以输出一些简单的句子，但是要想传达更复杂、更精密的信息，就需要虚词的辅助了。具体地说，虚词在语言系统中可以起到语法标记、语义标记、语用标记的作用（邵洪亮，2011）。

1. 语法标记功能

结构助词"的、地、得"在句中能起标记语法关系的作用，如"的"连接名词中心词和它的修饰成分，如"舒缓的音乐、金灿灿的玉米"等，标记定中关系；"地"连接状语和动词性中心语，如"认真地阅读""熟练地掌握"，标记状中关系；"得"连接中心语和补语，如"跑得飞快""打扫得很干净"，标记述补关系。

2. 语义标记功能

虚词的语义标记功能主要包括以下几类。

首先是题元标记功能。所谓的"题元"，即一个名词性成分在句中承担什么语义角色。能够作为特定题元义的标记成分的，主要包括：①前置介词，如"在、从、被、把、对、为了、按照"等；②一些词汇意义虚化了的方位词，如"上、中、里"等；③个别助词，如比况助词"似的"，以及被悬空的"被、把、给"等。

其次是时体标记功能。汉语中，"时"主要通过词汇手段体现，包括时间名词、时间短语等，个别时制助词（如"的、来着、以来、来"等）和一些时间副词（如"曾经、一度、业已、从来、终于、至今、迟早"等）也具有时的标记功能（陆俭明、马真，1999）。通常所说的时间副词，大多不表示时，而表示体。能够作为"体"意义的标记成分的，主要包括：①时态助词，如"着、了、过"等；②时间副词，如"将要、正在、一直、曾经、已经"等；③一些意义虚化的趋向动词，如"起来、下去、下来"等。

再次是数量标记功能。数量范畴包括"数量"和"级量"两个次范畴，具体包括程度副词、范围副词、表数助词等。

最后是否定标记功能。主要指否定副词，如"不、没（有）、别、非、勿、甭"等。

3. 语用标记功能

语用标记功能是虚词在语用方面的功能，它们本身不影响句子的真值条件意义，但影响语句的表达效果，主要包括关联标记功能、语气标记功能、话题标记功能等。

关联标记功能主要由连词来完成。如"和、跟、及、或"主要连接词与词、短语与短语的关系，"而、而且、并、并且、或者"主要连接词语与词语、分句与分句的关系，"不但、因为、所以、于是"等连词主要连接分句与分句、句子与句子以及语段与语段之间的关系。有些副词，特别是关联副词，也能作为连接词与词、短语与短语的手段，如"也、又、就、再"。还有一部分副词形成的固定格式也可以起关联作用，如"越……越……""一 A 就 B"等。

语言不仅传递信息，而且表现说话人的语气，如肯定、疑问、祈使、感叹等。语气标记功能主要由语气词来实现，"难道、究竟、何必、反正"等语气副词也具有这一功能。

另外，语气词还兼有话题标记功能。有的语气词可以用在句中表达停顿，充任话题标记，引起听话人对述题的注意。例如："这种手机吧，女生拿着太大了""今天啊，咱们就玩个尽兴。"

二 汉语作为第二语言的虚词研究与教学

虚词在汉语中占有非常重要的地位，要学好、教好汉语，就不能不重视对虚词意义和用法的学习和研究。陆俭明（1980）曾对在北大中文系汉语专业学习的 15 名外国留学生在一个学期里所做的作文、练习中出现的有语法错误的 1464 个病句进行了统计分析，发现其中由于虚词使用不当而造成的病句多达 952 个，占全部偏误的 65%。这说明虚词的确是外国学生学习汉语的难点，教和学双方都应该给予足够的关注。

在第二语言的教学实践中，学者们通过变换角度，逐渐发现了一些母语者没有注意到的虚词使用上的规律，并摸索出相应的教学方法，这些研究成果对提高汉语教学的质量和效率起到了积极的促进作用。

（一）虚词的意义研究

虚词的意义比较空灵，不容易把握，如何在教学中帮助学生理解虚词的意义成为首要的问题。

徐晶凝（1998）、李顺群（1999）对语气助词"啊""吧""呢""啦""嘛""吗"的意义进行了具体描写，并根据教学和习得情况提出了教学设想；吴中伟、傅传凤（2005），孙颖、郭继懋（2011）对语气副词"倒"的意义和在交际中的使用规律进行了研究；郭继懋根据教学实践的需要，先后对"怎么""于是"与"所以""因为……所以……"和"既然……那么……"等虚词进行了系列研究（郭继懋，2002、2006、2008），对汉语教学具有直接的参考意义。

（二）虚词的隐现及位置研究

虚词在什么情况下该用、什么情况下不该用，什么情况下用在什么位置，是一个既重要又难以说清的问题。现代汉语虚词在实际使用中的隐现存在四种情况：①强制必须出现，如"我的书"；②强制不能出现，如"高速公路"中不能用"的"；③可以出现，也可以不出现，意思一样，如"我爸爸"和"我的爸爸"；④可以出现，也可以不出现，但意思不一样，如"北京大学"和"北京的大学"。虚词大部分都存在隐现问题。虚词隐现的规则、原因很复杂，涉及语用、语义、修辞等多个方面（谭傲霜，1999）。

虚词隐现中最复杂也最值得探讨的是"的"和"了"的隐现问题。

张敏（1998）总结的规律具有一定的普遍意义：受距离相似动因影响，表属性的定语大多有能力直接修饰中心语，"的"可以隐去；表性状及表原型领属关系的定语都必须带"的"。

"了"的隐现问题较为复杂。李兴亚（1989）提出影响"了"自由隐现的两个因素：动词前面有表示过去时间的词语、后面有表示连续动作的后续小句；宋春阳、李琳（2003）讨论了"别 + V + 了 + NP"句式对"了"隐现的影响；金立鑫、于秀金（2013）讨论了"就 + 才"句法构式与"了"的兼容性问题；杨凯荣（2013）认为汉语可以根据功能的不同来确定是否使用句末"了"，比如说话人旨在报告事件的发生时句末就需要用"了"。刘勋宁（1999）总结出了"了"的两条应用规则：①几个小句合成一个连续谓语句，词尾"了"只用于最后一个小句；②汉语的一个句子中可以同时容纳几件事，这时候，也可以有几个"了"。

李晓琪（1991）对关联词的位置分布问题进行研究，认为关联词可分为三类：①只能出现在主语前的前置定位关联词；②只能出现在主语后的后置定位关联词；③既可出现在主语前又可出现在主语后的非定位关联词。

刘富华、祝东平（2009）研究了时间词语与范围副词"都"的相对位置问题，发现时间词既可以在"都"的左边，也可以在"都"的右边，但是，"都"作为句中新旧信息的界限，标示着不同的信息状态。

（三）虚词的语篇研究

现代汉语的虚词多具有语篇功能，在词汇和语法教学中，有必要让学生了解虚词的语篇结构，以便更好地运用所学的虚词。不过目前语篇的教学研究在汉语教学领域才刚刚起步，有关的研究只是个案性的，还未形成系统。如：祖人植、任雪梅（1997）归纳了语气副词"毕竟"所出现语段的语义结构模式；彭小川（1999）将副词"倒"的语篇功能归纳为四种基本模式；张雪平（2009）在分析"万一"语篇功能的基础上强调，语言研究应结合语篇和语境进行动态考察，这样才能发现在孤立句中看不到的事实，也能更好地服务于汉语教学。

（四）　虚词的对比和偏误研究

对比是语言研究的重要方法，虚词的对比研究既包括语际对比，也包括语内对比。

李茉莉（1990）、顾顺莲（1999）、韩在均（2003）分别对动态助词"了"与日语"た"、结构助词"的"与日语的领格助词"の"、汉语"了"和韩语"았"进行了对比，针对它们的异同分析了学习者的偏误原因，强调教学应有针对性，以尽量避免母语的干扰。

丁安琪、沈兰（2001）、李金静（2005）分析了介词"在"使用的偏误，由此总结出一些卓有成效的教学要点。

对比还包括语内对比，如白荃（2000）对"不"和"没（有）"，范开泰、沈敏（2007）对"眼看"和"马上"，盛丽春（2008）对"大概"、"也许"和"恐怕"的对比分析，对教学都有直接的指导作用。苏英霞（2010）还从语法、语义、语用三个层面归纳出虚词辨析的九个基本视角。此外，金立鑫等的《对外汉语教学虚词辨析》（2005），杨寄洲、贾永芬的《1700 对近义词语用法对比》（2005），李晓琪的《现代汉语虚词讲义》（2005）等书籍也对虚词以及近义虚词、近义实词进行了比较研究。

（五）　虚词的教学研究

虚词是汉语作为第二语言教学的重点和难点所在，多年以来，虚词的教学效果一直不太理想，这也促使很多学者就如何提高虚词教学的效率这一课题展开了研究。

龙青然（1990）认为，在虚词教学中首先要注意加强比较和辨析，其次还要注意虚词的使用范围和使用的限制条件；李小荣（1997）进一步从虚词的意义、适用环境以及科学的教学方法三个方面阐述了汉语虚词教学的基本要求；陆俭明（2000）指出，虚词的个性很强，常用的、重要的虚词不能只讲类的特点，必须一个一个地教；杨惠元（2003）认为虚词的讲练在初级阶段可以采用分散的随机教学，而到了中高级阶段则应进行系统的集中式教学。

在具体的教学内容和教学安排方面，赵立江（1997）指出，"了"是外国学生学习汉语"难点中的难点"，对"了"的解释不应该只集中在初级阶段，在中高级阶段也应适当增加，并且要把最新的研究成果体现在教材中；韩国学者韩容洙（1998）建议把汉语介词作为对韩汉语教学的重点，认为教学必须兼顾系统性和针对性，既要做到脉络清楚、长于辨析，又要注重韩汉对比，设法将母语干扰有效排除。

上述研究既有宏观的虚词教学总体构想，也有面向某一类虚词的微观教学建议，为进一步完善虚词教学提供了有益的参考。

三　语法化理论与汉语作为第二语言的虚词教学

（一）语法化的概念

现代汉语的虚词，绝大部分是从实词语法化而来的。语法化是指语言中意义实在的词在历史的长河中逐渐转化为只具有语法功能而无实在意义的词这样一种现象或过程。这与中国传统语言学中所称的"实词虚化"有很大程度的相似性，不过传统语言学所谈的虚化注重意义方面的探讨，而语法化既注重意义的虚化，也注重词类功能的转化，即一个实词演化为一个纯粹的功能词的过程。

目前国内对"语法化"比较通行的定义是：某个实词或因句法位置、组合功能的变化而造成词义演变，或因词义的变化而引起句法位置、组合功能的改变，最终失去原来的词汇意义，在语句中只具有某种语法意义，变成了虚词，这个过程可以称之为"语法化"（刘坚等，1995）。

（二）语法化理论在虚词教学中应用的可行性

随着语法化理论在汉语语法研究中的引入，越来越多的文章开始探讨将语法化理论引入第二语言教学中的可行性。不但外语教学界有学者（刘利红，2007；薛芬，2008）提出这种设想，在汉语作为第二语言教学中，也有一些学者主张引入语法化理论来解决教学问题，如高顺全（2006、2007）、李计伟（2007）、管春林（2008）等，这为汉语作为第二语言的语法教学注入了新的理论元素。

不过，由于对汉语作为第二语言的语法教学本质及特点的认识存在差异，人们对语法化理论在汉语教学中如何应用的问题意见并不统一。下面我们介绍三种比较有代表性的观点。

1. 积极引入派

积极主张将语法化研究成果运用于汉语作为第二语言教学的学者主要以高顺全和管春林为代表。高顺全（2006）、管春林（2008）认为，汉语中的一些语法项目比较复杂，往往在同一个语法项目内部还存在下位类型，由于这些下位类型的意义、结构和用法不尽相同，因而理论上它们之间存在习得顺序的先后。然而习得顺序的研究目前还处于探索阶段，不但相关的研究成果不多，而且结论也不一致，实际上并不能为教学提供一个可靠的排序方案。在这种情况下，语法化顺序就显得特别具有参考价值。

由于语法化顺序和习得顺序都受认知规律影响，在不考虑使用频率的情况下，语法化程度一般和习得顺序呈正相关，即语法化程度越低越容易习得，语法化程度越高越难以习得。从这个角度说，应首先教授那些语法化程度低的项目。不过，如果把使用频率纳入考虑的范围，情况就要复杂一些。按照"急用先学"的原则，应优先教授使用频率高的项目，但这些项目恰恰是语法化程度比较高、习得难度比较大的类型。综合考量以上两种因素，积极引入派认为，对那些语法化程度比较高、已经成为语法标记的项目，可以优先考虑使用频率，在初级阶段的教学中不考虑语法化顺序，但到了中高级阶段的教学，应向学生介绍同一虚词不同意义和用法之间的语义关系；而对那些语法化程度比较低、尚未成为语法标记、使用频率不高的项目，应该优先考虑语法化顺序，按照语法化的程度安排教学。这样，由实到虚，由具体到抽象，符合语言学习从易到难、循序渐进的内在规律，有助于学生提高学习效率，克服虚词学习的困难。

管春林（2008）还指出，了解虚词的语法化过程有助于在教学中解释某些语法错误产生的原因，帮助教师更有效地指导学习者的汉语学习；另外，将语法化研究成果运用于汉语作为第二语言的教学，还有利于打通古今，帮助学习者更好、更全面地掌握中国语言和文化。

2. 慎用派

与上述主张不同，孙德金（2011）认为对外汉语语法教学应慎用语法化理论。他的观点主要基于以下几点考虑。

首先，作为理论语法的语法化理论旨在"明理"，而教学语法以"致用"为目标。语法化研究的主要目标是揭示语言演化的规律，对共时状态下的语法面貌做出合理的解释。而汉语作为第二语言的语法教学需要的是旨在"致用"的教学语法，借以呈现共时平面的语言规则，它并不需要解决语言何以如此的历时过程问题。例如，学生要掌握汉语中表达处置意义的形式——"把"字句，只需学习"把"字句的结构规律、语用功能和使用条件等，并不需要了解"把"是怎么从动词"把"演化为介词"把"的过程。

其次，教学语法对理论语法的选用是有条件的。

我们知道，理论语法是教学语法的基础，其研究成果为教学语法提供基本的支撑，教学语法有赖于理论语法研究成果的滋养。但是，教学语法不能脱离学习者的实际需要，一厢情愿地把理论语法所有的内容都引入教学语法中来。语法理论发展史上曾先后出现过许许多多的流派，但迄今能够应用于教学语法的仍然十分有限，其根本原因就在于教学语法实践性与理论语法探索性的矛盾。换句话说，教学语法需要成熟、稳定、便于应用的具体规则，而理论语法大多具有假说的性质，难以直接指导语言教学。语法化理论也是如此，它主要关注语法的历时演化规律，而对语法规律的共时描写缺乏深入的探讨，因此在考虑其在教学中的应用价值时还需慎重。

再次，语法化理论的不当引入反而使问题复杂化，造成学习者的困惑。

例如，有些"积极引入派"的研究（高顺全，2006）根据"了"的语法化顺序提出了"了 1"的语法教学顺序：

可能式结果补语（如"吃不了"）＞完成体＞减类动词后结果补语＞持续体

不可否认，完成体标记"了"与"了"（liǎo）存在同源关系，但在共时的现代汉语体系中，无论是语音形式还是语法功能，二者已不具有同一性，要求留学生把它们联系起来学习，既无必要也无益处。如果像上面那样把不同层面的语言成分混在一起，就会使原本已十分复杂的完成体标记"了"的教学更加复杂了。

又如，管春林（2008）为"所"排出的教学顺序。

实词义"所"（如"派出所"）>所以>"所"字结构>"所"+动+者>"所"+介+为+所

这一安排存在的问题与"了"相似，具体分析可参考孙德金（2011），这里就不赘述了。总而言之，这样的安排非但无益于教学效率的提高，反而会使问题复杂化，造成学生的困惑。

3. **合理吸收派**

从上面两个实例中可以看出，语法化理论不宜直接照搬到汉语作为第二语言的语法教学中来。但这不意味着语法化研究的成果在汉语语法教学中就完全没有用武之地，事实上，如果在语法教学中合理吸收语法化研究的相关成果，是能够对教学起到促进作用的。在具体操作方面需要注意两个问题（孙德金，2011）。

第一，教学阶段与教学策略。

对任何教学来说，不同的教学阶段都需要有不同的教学策略，语言教学也不例外。在基础阶段，应以共时语法规则的具体呈现为主，不必解释来源，更不必介绍演变的过程。那么是否到了中高级阶段就可以加入解释性内容了呢？其实仍然是尽量不要"讲知识"，尤其是不宜占用课堂上的大段时间来引经据典、"贯穿古今"。

不过，教学中难免会有喜欢刨根问底的学生，或许有人会问"'我要咖啡'的'要'和'明天要考试'的'要'有什么关系"一类的问题，对此，教师可以在课下予以解答，因为这一问题已经远离了语言技能课的教学目标，属于语言知识课的范畴了。

第二，教师知识与教学设计。

教学语法的内容虽然不能是历时的，但这不是说在语法教学过程中完全排斥历时的"知识"。以动结式教学为例，可以有意识地将汉语语法史中关于动结式形成过程的"知识"转化成教学设计，即含有动结式的句子实际上是由两个表述整合而成的，例如"她哭红了眼睛"包含"她哭"和"眼睛红了"这两个表述。教师把这个"知识"设计成易于理解的教学方案，将会大大降低学生习得的难度，而教学过程中并不出现任何对"知识"的讲述。

综上所述，无论是语法化理论还是其他的语言学理论，都有可能对教师提高教学水平产生积极作用，但在对待理论成果的具体应用问题上，要尽量避免直接将其照搬到教学语法和语法教学中来，而需要对它们进行合理的选择和恰当的转化。

第三节 语义语法范畴理论与词的下位类型研究及教学

传统语法分析语法现象时主要从意义出发，但当时的研究还远远称不上科学和系统；后来的结构主义语法则较为忽视意义对语法结构的制约，偏重于对语言结构作单一的形式描写，这又使得意义成为语言研究中的一个短板。

20 世纪八九十年代，随着三个平面语法理论的不断深化，一些语法学家明确提出应该以语义平面为起点进行语法研究。如邵敬敏（2004）指出，汉语语法研究的最终目的应该是揭示"语义的决定性、句法的强制性、语用的选择性以及认知的解释性"。其中"语义的决定性"是汉语语法研究的出发点和重点，鉴于长期以来句法结构中的语义研究没有得到足够的重视，现在需要特别强调这一方面的研究。陆丙甫、曹德和（2005）认为，句法、语义、语用三个平面中，语义是最基本的，也是最深层的；语用是最浅的；而句法是对语义功能和语用功能的形式编码，是联系语义和语用的中介面，是最复杂的。所以三个平面的现象，按照基本性和复杂性来说，是先语义，再语用，最后是句法。人类语言的差别，不在于功能而在于语法形式，从这个角度来说，语言研究很难以语法形式为起点来进行演绎推导。

从语义出发来探讨汉语的语法，可以发现和解释以句法为切入点很难解决的语法问题，为语法研究提供新的视角，这成为很多语言学家的共识。

在此期间，胡明扬、徐通锵、马庆株三位先生相继提出了"语义语法"的主张，初步建立了现代汉语的语义语法范畴。

一　语义语法范畴理论概说

不同流派的语法学著作，凡对语法意义进行概括的，一般都会讲到"语义范畴""语法范畴"。语义范畴或语法范畴的类型有两种：一种是由词的形式变化表示的语法意义，一般称为"词法范畴"；另一种是由句法结构形式表示的语法意义，一般称为"句法语义范畴"。印欧语的传统语法主要是词法的体系，因为在这些语言中，词类与它们的句法功能之间呈现一一对应的关系，凭词类范畴与层次就可以控制句法结构（朱德熙，1985）。但汉语缺乏形态，因此我国的语言学家在构建范畴时自然地考虑到词汇语义的因素，如吕叔湘先生的《中国文法要略》（1942）中范畴论与表达论的研究。这种范畴思想打破了形态范畴一统天下的局面，在方法论上取得了突破，但它不可避免地带有时代的局限性，即单纯倚重词汇意义来研究词类范畴，而缺乏具有可操作性的形式标准及验证手段。

随着语言研究的发展，80 年代以后，语言学家们在建立范畴时开始将语义内容和语法形式联系起来，从而表现出与传统语法范畴研究有本质区别的创新与发展。

胡明扬先生首先开启了语义语法范畴研究的先河，他于 1987 年提出"语义语法范畴"这一概念，后来又进一步阐述道："任何语法范畴都是由一定的语法形式和相应的语法意义相结合而构成的，都和一定的语义内容有联系，在这个意义上，所有的语法范畴说到底都是语义语法范畴。""把一部分语法范畴称为语义语法范畴是为了强调这部分语法范畴和语义之间特别明显的联系，也是为了从语义内容着手去寻找相应的语法形式，从而确立新的语法范畴。"（胡明扬，1992、1995）

徐通锵（1991）在提出字本位的同时，正式提出了语义语法的概念。文章把汉语这样不受类似一致关系制约、完全以语义规则为基础生成句子的句法叫作语义语法；而把像英语那样受一致关系制约、有丰富形态变化的句法叫作语形语法。徐通锵（1997）指出，在以语形语法为主的印欧语中，表层形式构成的语法范畴是很重要的概念，而在以语义语法为主的汉语中，语义范畴是最重要的概念。当然，强调汉语中语义范畴的重要性并不是否定语法组合关系层面的存在，而是说汉语更偏重语义组合关系。例如：

吃的是鸡

这个结构有歧义，原因是"吃"既可以带施事也可以带受事，并且这两个格都可以是有生命的动物。在这里除了表层的结构关系外，还有深层的语义组合关系。这种深层的语义组合关系在汉语中不可能通过结构关系和层次分析得到解释，而只能通过语义特征和语义组合关系加以分析。如果把"吃的是鸡"变换成"吃的是肉"就没有歧义，因为"吃"的施事不可能是没有生命的东西。这个歧义的例子如果翻译成印欧语也没有歧义，因为在印欧语中，名词是施事还是受事的信息可以通过"格"或其他语法形式来表现。而汉语由于显性标记少，组合关系必然要偏向语义，必须充分利用语义和语用信息来分析句子。

徐通锵（1997）还指出，以语义为基础的句法结构，最重要的特征是独特的语义范畴、语序以及与此相关的一系列语义特征。徐文提取了"离散/连续""定量/变量""肯定/否定""有定/无定""有生/无生""自动/使动"等汉语中独特的语义范畴，认为通过对语义范畴的提取，汉语中的很多组合规则可以得到简化。比较下面两组例句。

㉝a. 狼孩被人们发现时，已经不能直立行走，生活习惯完全跟狼一样。

b. 他被组织上派到银川当代理市长。

c. 他被车撞了。

㉞a. 经费被削减了。

b. 他的家产被儿子们分光了。

c. 人间的污秽，似乎已全都被雪花洗净了。

例㉝的受事都是有生性名物，而例㉞的受事都是无生性名物。受事有无生命对"被"字句的结构有深刻的影响，例㉝中各例的"被"字都不能省略，不然施事就失去了它的特定标记，无法与有生的受事相区别。例㉞各例中的受事成分是表述的对象，不能省略，而"被"所标记的施事成分的省略却不会给句子的结构带来什么影响；甚至"被"字本身在一定条件下也可以省略，这"一定条件"就是"被"字后的施事必须是有生的事物，这种情况下句子仍然成立（如例㉞a）。

语义范畴的提出对认识汉语的组合关系具有重要的方法论价值，这方面的研究以马庆株先生为代表。马庆株（1998）超越具体的词汇语义，根据词汇的类聚性意义提出并论述了动词的自主/非自主、持续/非持续、指称/陈述等范畴、形容词的可控/非可控范畴、数词的次第范畴、量词的次第范畴、范围范畴、名词的顺序范畴、绝对义/相对义范畴等多个范畴，这就把分布特征与语义特征结合起来，使显性语法形式和隐性语法形式与语义的对应关系得到全面考察，使语法结构模型更加精密化了。

二 词的语义语法范畴

由于动词在句法结构中的中心地位，语义语法范畴研究对动词与动词性结构的范畴研究做得较为具体和系统，同时对其他词类范畴类别也开展了研究。这里我们主要介绍一下谓词和体词的语义语法范畴。

（一）谓词的自主/非自主范畴

动词和形容词合称谓词，这里我们将动词和形容词一起讨论。

1. 自主动词和非自主动词的概念

自主动词，从语义上说，是表示有意识的动作行为的动词，即能由动作发出者主观决定、自由支配的动作行为。其语义特征可以标记为"［＋自主］，［动作］"。相应地，非自主动词表示无意识的动作行为，即动作行为发出者不能主观决定、自由支配的动作行为。因为无意识的动作行为也可以看作变化或属性，所以也可以说，非自主动词是表示变化或属性的，其语义特征可以记作"［－自主］，［变化］［属性］"（马庆株，1992）。

马庆株（1988a）一文以语义特征分析与分布特征分析相结合的标准来确定汉语的自主/非自主范畴。文章从语义差异入题，同时强调应该找出可以把两类区别开来的语法特征，提出自主动词、非自主动词的鉴定格式为：来/去 + V + O + 来/去。在这一格式中，除动词本身外，其余各项都是可选的，不强制出现。如果动词前后"来/去"都不出现，则动词就独立构成祈使句。如果动词前后能出现一个或两个"来/去"，则不一定是祈使句。因此，鉴定格式实际上有以下两大类。

$$I \quad I_a: V + \{祈使\} \qquad I_b: V + O + \{祈使\}$$

$$II \begin{cases} II_a: V + 来/去 \qquad\qquad II_b: V + O + 来/去 \\ II'_a: 来/去 + V + 来/去 \qquad II'_b: 来/去 + V + O + 来/去 \\ II''_a: 来/去 + V \qquad\qquad II''_b: 来/去 + V + O \end{cases}$$

至少能进入上面一个格式的动词是自主动词，上面所有格式中都不能出现的动词是非自主动词。自主动词进入上面鉴定格式的例子如：

I_a　看！听！说！写！来！去！

I_b　吃糖！喝茶！洗手！看书！

II_a　看来！拿来！买去！玩去！

II_b　看电视来！办手续来！

II'_a　来看来！去买去！来问来！去学去！

II'_b　来看电影来！去买菜去！去问他去！

II''_a　来看！来玩！来拿！去办！去买！

II''_b　来看电影！来办手续！去交作业！去买菜！

II_a、II_b 都能单说，II'_a、II'_b 前面加上主语或状语才比较自然，如"你来看、快去办"。能这样进入鉴别格式，也算可以进入。上面格式中的"看、听、说、写、来、去"是自主动词。而"懂"，不能命令别人"懂""懂外语"，也不能说"懂来""去懂"，因此"懂"是非自主动词。

自主动词数量很大，例如：

帮 看 瞧 听 闻 尝 问 答 说 谈 骂 夸 讲 读 念 抄 写 画 演 唱

学习　讨论　调查　研究　分析　考虑　商量　比较　处理　参观　访问　介绍　批评

非自主动词单音节的数量不大，如：

病　颤　懂　输　塌　瘫　缺　枯　亏　少　漏　淋　获　惊　患　浮　裂　涝　死

非自主动词双音节的数量不小，可以列举出很多：

爆发　包括　包含　到达　堕落　陷入　成为　破裂　发抖　恶心　流行　感染　知道　遗忘　倒闭　倒塌　获胜　耽误　枯竭　误解　坠毁　脱落　好转　形成　及格　涌现

有些双音节动词仅看其构成语素就可以判定是非自主动词，如包含下列语素的动词都是非自主的：

得：得到　得逞　得胜　得手　得以　取得　获得　觉得　记得　认得　懂得　晓得

失：失败　失察　失传　失火　失礼　失利　失灵　流失　迷失　丧失　损失　消失

遇：遇到　遇见　遇救　遇难　遇险

着：着慌　着忙　着迷

损：损害　损伤　损坏　损耗

衰：衰落　衰败　衰退　衰竭　衰亡

犯：犯罪　犯法　犯规　犯病

后一个字是"生、见、于"的：

生：出生　诞生　降生　产生　发生　滋生　派生　丛生

见：看见　瞧见　瞅见　窥见　瞥见　听见　梦见　碰见　撞见

于：属于　乐于　急于　等于　便于　处于　陷于　位于　在于

濒于　善于

按照分类标准，形容词基本上可以划入非自主动词，只有"快、慢、小心"等是自主的。非自主的形容词又可以根据是否能单独接受"别"的否定，进一步区分为可控/非可控两类。例如：

可控：慌　愣　急　美　勉强　得意　顽固　傲慢　骄傲　无聊
大意　谦虚　客气　紧张　奇怪　热情　虚伪　高兴　认真　悲观
非可控：阴　晴　干旱　冷　暖　熟　烂　焦　糊　坏　错
对　晕　瘸　瞎　聋　哑　肿　胀　痒　困　累　乏　饿　饱
醉　疼　穷　富　好　苦　甜

2. 自主动词和非自主动词分布特征的差异

（1）自主动词用"不"和"没"否定均可；非自主属性动词一般用"不"否定，非自主变化动词一般用"没"否定。例如：

自主	非自主属性	非自主变化
不去　没去	不是　*没是	*不死　没死
不吃　没吃	不记得　*没记得	*不输　没输

马庆株（1988a）还谈到自主动词与非自主动词对"甭""别"的不同反应："甭"可以与自主动词组合，而不能和非自主动词组合；"别"与自主动词和非自主动词都能够组合，但实现的条件不同："别"后面的自主动词带不带"了"是自由的，而非自主动词一般必须带上"了"。

袁毓林（1993）对上述结论提出了修正，认为"别"既可以带自主动词，又可以带非自主动词，所举非自主动词的例子是：①别落（东西）！②别忘（关门）！③别误会！④别失望！⑤别耽误（时间）！⑥别错怪（好人）！

邵敬敏、罗晓英（2004）又进一步对袁毓林（1993）的结论做出了修正。邵文指出，单个动词进入"别"字句需要满足一定的条件。因为"别"

的功能是"表达否定性意愿",即阻拦对方不要做某件事情,所以就要求动词必须具有〔+可控〕这一语义特征,如果具有的是〔-可控〕语义特征,就是非可控性动词,不能单独进入"别"字句。例如:*别打雷,*别地震。邵敬敏、罗晓英(2004)还指出,一般自主动词都是可控的,但值得注意的是,一部分非自主动词也具有可控性,如马庆株(1988a)举的双音节非自主动词的98个例词中,"发抖、堕落、感染、遗忘、耽搁、耽误、误会、误事、漏掉、脱销、害羞、着急、入迷"等少数动词是可控的。可见,"自主"和"可控"是两种不同的语义特征,应该加以区分。〔+可控〕这一语义特征是对汉语自主范畴研究的补充,使人们对动词语义的认识更加细化了。

邵敬敏、罗晓英(2004)认为,凡是跟人的属性有密切关系的,虽然非自主,却可控;凡是跟人类无关的,不但非自主,而且非可控。

可控的如:

> 勉强　得意　顽固　骄傲　大意　谦虚　客气　紧张　热情　大胆　认真　悲观　火　急

不可控的如:

> 大　小　多　少　长　短　粗　细　高　矮　远　近　香　臭好　坏　伟大　精明　巧妙　危险　秘密　肮脏　轻松　温暖　贤惠出色　英俊　丰富　高贵

此处邵敬敏、罗晓英(2004)的表述稍有疏忽,即"凡是跟人的属性有密切关系的,虽然非自主,却可控"的结论不够严密,因为有些跟人的属性有密切关系的词,也属于不可控的。我们以杨寄洲的《汉语教程》(第三版)(二上)第二课的作业为例,说明这个问题。课文原文如下:

> 罗兰:玛丽,你怎么哭了? 病了吗?
> 玛丽:不是。想家了。因为感到寂寞,所以心情不好,很难过。

罗兰：别难过了。

玛丽：你不想家吗？

罗兰：我也想家，但是不感到寂寞……今天晚上礼堂有舞会，我们一起去跳跳舞，玩玩儿就好了。

学完课文后，我们给学生布置作业，要求："模仿课文中的对话，安慰别人。"有些同学的作业是这样的。

㉟我：昭真，你怎么了？病了吗？

同屋：不是。我饿了。

我：*别饿了。我们一起去吃饭就好了。

㊱吉娜：你怎么了？病了吗？

杰夫：我头疼。

吉娜：*别头疼了。我们出去玩玩就好了。

这里"饿""头疼"都是跟人的属性有密切关系的，但都是不可控的，也正是因为其不可控，它们不能进入"别"字句，由此造成了偏误。邵敬敏、罗晓英（2004）所举的不可控的例子中"精明""贤惠""卑鄙""勤劳""机灵"等词语也是与人的属性有密切关系的，可见以是否与人的属性有密切关系为判定可控/非可控的标准不够严密。

不过幸好邵敬敏、罗晓英（2004）文中也指出，"如果不同时具有［＋人类］、［＋可控］的这两种语义特征，就不可能单独进入'别'字句"，这样就比较全面地给出了形容词进入"别"字句的条件，也能够圆满解释例㉟、例㊱的偏误问题，不致引起误解。

（2）自主动词有不少能受方式副词修饰，而非自主动词一般不能受这类副词修饰。如：

自主动词	非自主动词
公然宣称	*公然流传
悄悄议论	*悄悄误解

连忙摇头	*连忙发抖
稳步提高	*稳步流行

其他能修饰自主动词的方式副词还有"亲自""擅自""猛然""特地""特意""专程""肆意""大力""赶紧""暗暗""偷偷""暗地""默默""单独""好好""草草""死死""埋头""阔步"等。

（3）自主动词后面可以带表示不定短时量的"一下"，非自主动词一般不能。如：

自主动词	非自主动词
你记一下	*你忘一下
你来一下	*你到一下
你看一下	*你看见一下
你找一下	*你发现一下
你想一下	*你明白一下
你休息一下	*你康复一下
你照顾一下	*你担心一下

（4）"加以""予以""进行""给以"等双音节谓宾动词，能够带双音节动词充当的宾语。而充当其宾语的一般是自主动词，不能是非自主动词。如：

自主动词	非自主动词
加以关照	*加以忽视
予以信任	*予以疑惑
给以支持	*给以附属
进行竞选	*进行当选

严格说来，上述自主/非自主、可控/非可控的组合限制只是体现出一种倾向性，难免存在个别的例外。虽然目前学界关于这些语义范畴的知识还不完备，但这种探索深化了我们对汉语语法一些基本问题的认

识，也为汉语作为第二语言的教学工作积累了理论、方法上可资借鉴的经验。

（二）体词的顺序范畴

马庆株（1991）全面讨论了现代汉语体词的顺序范畴，考察了顺序义对于词的小类分布的影响，揭示了含顺序义的体词和不含顺序义的体词之间的语法差异。通过对以名词为主的多种体词及体词性短语的全面考察，马庆株发现一部分体词（主要是绝对时间词、绝对处所词、衔位名词）含有顺序义这一语义特征。含有顺序义的体词具有明显的不同于不含这一义素的体词的许多语法表现，如含有顺序义的体词可以充当谓语，能在其后加助词“了”，能在前面加时间副词、范围副词，而不含顺序义的体词则没有这些功能。例如：

㊲今天（已经）二十号了。

㊳马上（就）夏天了。

㊴现在都国贸了，过了建国门就东单、王府井了。

㊵她的同学多半教授了。

㊶*已经现在了。

㊷*马上就街道了。

㊸*多半都职称了。

建立顺序范畴还可以解释不同体词性单位组合时的相互位置。顺序义有相对顺序义和绝对顺序义之别，对体词小类彼此组合时的先后顺序有直接影响，一般情况下，有相对义的词位于有绝对义的词的前面。在相对时间词和绝对时间词组合形成主谓结构和同位结构同形的格式中，总是相对时间词在前，绝对时间词在后。例如：

相对＋绝对	*绝对＋相对
今天国庆节	*国庆节今天
明天星期五	*星期五明天

后天元旦	*元旦后天
今天 12 月 10 号	*12 月 10 号今天
现在 8 点 40	*8 点 40 现在

处所词也可以分为相对的和绝对的两类。相对处所词的所指是变化的，绝对处所词的所指是固定的。它们构成同位短语，也是相对义的在前，绝对义的在后。例如：

首都北京	*北京首都
直辖市上海	*上海直辖市
省会济南	*济南省会
母校清华大学	*清华大学母校
界河乌苏里江	*乌苏里江界河

顺序义可使部分体词和体词性短语的语法功能谓词化，"名词要充当谓语，就要有顺序义"（马庆株，1991）。从表达功能上看，没有顺序义的名词只有指称作用，而有顺序义的名词除指称作用外，还有陈述作用。

三　语义语法范畴与汉语作为第二语言的语法教学

汉语作为第二语言的教学应从结构形式入手还是从语义功能入手，曾引起过学界广泛的讨论。赵金铭（1994）提出的教外国人语法的六条指导原则中的第三条指出，语法教学"是从意义到形式，而不是从形式到意义"，然而，有时教学中我们却并没有自觉地遵循语言编码程序，而总是从解码的角度，通过既定的例句给学生分析和讲解语法。

其实，学习者学习第二语言的过程总是伴随着与母语有意无意的比较。不同国家、民族的语言既有共性也有个性，共性指的是各种语义功能，个性指的是与此相对的各种结构形式。在进行第二语言学习时，语言的共性比较容易为学习者所理解，语言的个性则需要学习者克服包括母语负迁移在内的重重困难进行长期的学习（周红，2005）。因此，从语言共性（语义范畴）出发向语言的个性（结构形式）推进，符合人类的认知规律，容易被外国留学生接受。相反，从结构形式出发，学习者往往被复杂多样的结构形式所困扰，陷入机械套用而忽略了语义方面的条件和要求。

而一个范畴所具有的语义与具体的语义又有本质的不同。留学生日常的词汇学习一般仅停留在具体意义和用法的层面，孤立地"学一个、会一个"，学生很可能是"只见树木，不见森林"，系统性不强，学习的效率也不高。而将语义语法范畴的研究成果应用到汉语教学，可以一个小类一个小类地帮助学生认知词汇的意义和使用特点，进而跳出原有层面，从更高层次和更深层次把握汉语的规律。学习者在输出语言时如果能够综合考虑语义范畴的隐性规则和结构形式的显性条件，势必能够更加快捷高效地实现学习目标。

第四节　对比分析理论与现代汉语补语研究及教学

一　对比分析理论概说

对比分析理论是美国语言学家罗伯特·拉多（Robert Lado）在 1957 年提出的假说，准确地说，它不是一种语言学理论，而是一种语言习得理论。

对比分析理论的心理学基础是行为主义心理学的迁移理论。该理论认为跟第一语言习得一样，第二语言也是经过刺激、反应、强化等过程，最终形成习惯来获得的。但与第一语言习得不同的是：学习者在学习时会自觉不自觉地借助第一语言的经验，这样，第一语言和第二语言的相同之处就会产生正迁移，不同之处就会产生负迁移。由此可见，第二语言习得的主要障碍来自第一语言的干扰，因此需要对第一语言和目的语进行语音、词汇、语法等方面共时的对比，从而确定二者的相同点和不同点，预测学习者可能出现的错误和教学中可能遇到的困难，以便在教学中采用强化手段突出这些难点和重点，克服母语的干扰并建立新的习惯。

对比分析理论对学习者可能遇到的难点和产生的错误具有一定的预测性，对教学和习得中所产生的问题能够做出一些合理的解释，因此在教学和研究中受到了人们的重视，得到了广泛的应用。本节我们将运用这一理论探讨现代汉语的补语研究及教学问题。

二　现代汉语补语概说

（一）现代汉语补语的界定和性质

"补语"的概念最早是黎锦熙先生在《新著国语文法》（1924）中提出来的，原文作"补足语"。但其实这个概念与现在一般所说的"补语"并不一致。黎锦熙的"补足语"概念包含的内容很广，既包括系动词"是""成""像"的后附成分（现在所说的"宾语"），也包括宾语补足语（"我爱他诚实"中的"诚实"），还包括谓词后的副词性附加语（"你要说明白"中的"明白"）；而现在对"补语"通行的认识是，补语是动词或形容词后面的连带成分，补充说明动作、行为的结果、状态、趋向、数量、时间、处所、可能性或者说明性状的程度、事物的状态等。

现在我们对"补语"的认识很可能来自赵元任（1948），书中将"我吃饱了""风刮倒了一所房子""飞来""送去""送进来""拿得下来"等结构中动词后面的动词和形容词看作 complement（补语），赵元任（1968）进一步将黎锦熙系动词后面的补足语处理为宾语（他像我），并且将"睡在床上""走到张家""吵得人家睡不着""冷得要命""唱得好听"等结构中动词后的成分都处理为 complement，还将"摆歪了"和"摆不正"分别处理为"结果补语"和"可能补语"。

后来张志公主持制定的《暂拟汉语教学语法系统》全部接受了赵元任关于"补语"的概念，由于《暂拟汉语教学语法系统》在中学语文教学界的影响，"补语"的概念就这样确定了下来。

不过，随着近年来语言学研究视野的国际化，越来越多的学者注意到汉语学界采用的"补语"概念与西方语言学中的"complement"的内涵和外延并不相同。狭义的 complement 只指接在系动词 to be 后面起补足作用的成分，广义的 complement 包括谓语中除动词之外的所有必需成分（沈家煊，2010），在大部分情况下它指的就是宾语，即小句的宾语化及宾语从句标记（陆丙甫，转引自邵菁、金立鑫，2011）。而汉语的"补语"恰恰是指动词后的一切非宾语成分，包括补充说明动作、行为的结果、状态、趋向、数量、时间、处所、可能性或者说明性状的程度、事物的状态的成分。

这种概念错位在汉语教学和研究中造成了一定的混乱，因此，有学者对此提出了针对性的解决方案：金立鑫（2009）建议把汉语的"补语"分化为"后置状语"和"次级谓语"，以便与普通语言学实现对接；沈家煊（2010）认为这是用印欧眼光看待汉语现象，不符合汉语实际；刘丹青（2005）也认为，在汉语研究内部形成的"补语"概念，有其自身的合理因素，不能简单地用"后置状语"这类名称来取代补语，因为现代汉语中的"补语"有不少成分不具有状语的性质，还有些成分充当状语和"补语"时语义作用甚至真值语义存在明显不同，且不是简单的前置状语和后置状语之别。

我们认为，汉语的"补语"概念已经通行了近七十年，在人们的心目中已形成稳固的观念。在这种情况下，还是应尊重历史传统，不妨承认这种动词后的非宾语位置是一种或数种具有独特句法语义属性的句法成分。

（二）现代汉语补语的类型

一般认为，汉语的补语可以根据是否带"得"分为黏合式补语和组合式补语。这个分类标准具有形式上的判断依据，便于操作，但纯形式的分类无助于揭示汉语补语的本质，因此语法学界对补语的分类多采用意义兼顾形式的做法。朱德熙（1985）把补语分为 5 类，王还（1995）分为 8 类，刘月华等（1983）分为 6 类，不同学者对汉语补语区分出的类别数量和名称不尽相同，而且类别名称与内容上相互交错。汉语国际推广领导小组办公室编制的《国际汉语教学通用课程大纲》把汉语补语分为时量补语、动量补语、结果补语、趋向补语、程度补语和可能补语 6 个基本类别，还有结果补语的可能式、趋向补语的可能式等补语的变式。

这些分类对动补结构做出了具体的描述，但未免有些纷繁、琐细，因此自 20 世纪 90 年代以来，国内外不断有人提出重构汉语述补结构系统的设想，如柯彼德（1991）、张旺熹（1999）等。张旺熹（1999）对汉语动补结构系统的进行了反思和整合，把"VC""V 得/不 C""V 得（很）C"三种结构看作动补结构的典型形式，其中"VC"是基础形式，其他两种都是扩展形式。这三种句法形式是动词所引发的结果范畴在未然、或然和已然三个表达层面投射的结果。"VC 结构表现的是一个以预期目标为参照的原型范畴系统，其扩展形式'VC 了'结构表现的是动作行为结果的现实性范畴，'V 得（很）C'是结果范畴的程度式"，"V 得/不 C"则是结果范畴的评估式。刘丹青（2005）则认为，"补语"主要由两种语义语用功能在一定程度上语法化了的成分组成，而这两种成分内部性质相当不一致。一种是象似性认知原则的句法化，补语位置用于放置根据时间象似性原理适宜在谓语之后的成分，如表示结果、行为主体或客体在事件后到达的终点等类成分，动结式、动趋式即属此类。另一种是焦点居后的话语语用规则的句法化，带"得"的补语属于此类。

张旺熹（1999）、刘丹青（2005）从不同的角度对汉语的补语系统进行了重构，可以说两个方案均实现了系统的简明性和自洽性。

三　基于汉外对比的汉语动结式教学

（一）是否其他语言中都没有"补语"

在汉语语法研究中，补语一直占据非常重要的地位。不少学者指出，补语反映了汉语语法的特点（吕文华，1995；范晓、张豫峰等，2003），很多其他语言中都没有这种类型的句法结构（陆俭明，1990；石毓智、李讷，2001）。因此，"补语"是外国人较难掌握的一个语法点，所有的汉语教材都把"补语"作为重要的教学内容之一。

那么，是否其他语言中都没有"补语"呢？这种说法有一定根据，但不够严谨。准确地说，这里的"其他"主要指的是非汉藏语系语言，因为"述补结构是汉藏语中普遍存在的一种句法结构类型"（黎意，2004）。除汉藏语系语言外，还有一些其他语系的语言也有补语或类似的成分，如泰语和越南语（柯伟智，2013；马雪燕，2013），虽然内部结构及具体成分与汉语并不一一对应，但其意义和功能与汉语补语非常相近。这种相近性使其具有"最近发展区"的特征，成为学习者学习汉语补语时可以借力的支架。

而很多汉语学习者母语占比相对较高的语言，如韩语、英语、俄语、日语、印尼语等，都没有补语或类似成分的存在，表达相近的意思，需要运用其他句法手段来实现。本书主要关注这类语言中与补语的意义和功能相对应的替代方式及其对学习者补语习得的影响，而对泰语和越南语这类语言本身既含有补语及类似成分的情况暂不做考察。

（二）"补语"概念在不同语言中的对应物

第二语言习得的过程总是伴随着目的语与母语的比较，外语学习者会自觉不自觉地在媒介语或自己的母语中寻找与目的语相对应的语言形式。那么，在教学大纲及通行的教材中，"补语"是怎么翻译的呢？

我们查阅了《汉语水平等级标准与语法等级大纲》（1996）和几种影响较大的初级汉语教材及中英对照的汉语语法书籍①，发现"补语"一词无一例外地被英译为"complement"。

前文我们已经阐述过，现代汉语中的"补语"概念并不对应于普通语言学的"complement"，既然如此，"补语"又该对应于什么呢？我们亟须找到"补语"在学习者母语中的对应物，才能有的放矢地为"补语"定位，帮助学生理解"补语"的语法意义。

如上文所述，现代汉语补语类型丰富、用法复杂，为使研究更加同质化，本书以动结式作为动补结构的典型代表，考察汉语补语的意义在其他语言中是如何表达的。本书以中国知网上的上百篇期刊论文和学位论文为依据，辅之以对母语者的语言调查，就汉语动结式在英语、俄语、意大利语、韩语、日语、印尼语等语言中的替代方式进行了考察和分析。语料显示，英语中对汉语动结式的替代方式基本可以涵盖其他语言中主要的替代方式，对个别未能涵盖的类型我们将利用其他语言的材料进行补充。篇幅所限，表4-3仅具体呈现英语中对汉语动结式的替代方式。

---

① 所参考教材包括杨寄洲编著《汉语教程》第二册（上）、徐桂梅、陈满华编著发展汉语系列《初级汉语》（下）、鲁健骥主编《初级汉语课本》、北京语言文化大学速成学院编《速成汉语初级教程》综合课本2、吴中伟主编《当代中文》2；所参考中英对照的语法书籍包括李德津、程美珍编著《外国人实用汉语语法》和徐晶凝编著《汉语语法教程》。

表 4 – 3 汉语动结式在英语中的替代方式

汉语			动结式		
			例：找到、加宽、学会、用光、打破、喝醉、洗干净		
英语	以词对应结构	单纯式	一个词即涵盖"动 + 补"的意义：found（找到）、see（看见）、meet（碰到）	遗漏	负迁移
		词根式	一个词即对应于"动 + 补"这个结构的意义，该词的词根意义主要对应于动词或补语其中的一个：①动词：learnt（学会）、broke（打破）、drunk（喝醉）②形容词：widen（"使宽"表示"加宽"）、sharpen（"使锋利"表示"削尖"）、clean（"使干净"表示"洗干净、打扫干净"）		
	以结构对应结构	动宾式	动词 + 宾语：finish + n. / doing（做完某事）		
		宾补式	动词 + 宾语 + 补足语：dye sth. red（染红）、paint sth. green（刷绿）	错序	
		动介式	使用表时间先后、逻辑因果的介词连接动作与结果：tired after running（跑以后累了）、wet because of rain（因为雨湿了）	误代	
			使用表结果的介词连接动作与结果：beat to death（打死）、tear to pieces（撕碎）		
		状动式（后置状语）*	hear clearly（听清楚）、hold tightly（握紧）	正迁移	
		固定短语	动词 + 副词小品词/介词：use up（用光）、hold on（抓住）		

注：我们没有在英语中发现以前置状语对应动结式补语的情况，但俄语、意大利语、韩语、日语、印尼语中均存在这种对应。

由表 4 – 3 可见，英语对动结式的替代主要有"以词对应结构"和"以结构对应结构"两种方式。"以词对应结构"是指外语只用一个词就能对应汉语动结式整体的意义和功能的情况，又包括"单纯式"和"词根式"两种类型："单纯式"指使用一个词全面覆盖"动 + 补"这个结构的意义，这个词作为一个不能进一步切分的整体，不能与动结式中的动词和补语一一对应。"词根式"也是一个词对应于"动 + 补"这个结构的意义，但其词根意义主要对应于动词或补语中的某一个。

"以结构对应结构"是指用其他结构来对应汉语动结式的意义和功能，包括以下几种情况。

1. 动宾式

这类成员目前只发现一个，即"finish + n./doing"，可以直译为"完成某事"。从结构上看，其为"动词+宾语"结构，语义与汉语动结式相近。

2. 宾补式

这是一种很常见的结构，其语言形式为"动词+宾语+补足语"，其语义与汉语动结式基本一致，只是在"动"和"补"中间插入了名词，体现出与汉语动结式语序的差异。

3. 动介式

动介式一般是"动词+介词+名词/动名词"的形式，其标志性的介词分为两类，一是表时间先后、逻辑因果的介词，如"after""because of"，另一类是引向结果的介词"to"。第一类句子分别陈述两个事件，然后使用"之后""因为"等词语将两个事件联系起来，以时间先后关系、逻辑因果关系来替代汉语动结式的语义关系。第二类句子中用"to"所引出的名词表示动词的结果，整个结构的意义与动结式相当。

4. 状动式

在普通语言学中，凡修饰限制动词的成分，无论出现在动词前还是出现在动词后都称为状语。而只有汉语把动词后补充说明的成分称为补语，因此在其他语言中，以状语来替代补语就是很自然的了。这其中又分为前置状语替代汉语补语和后置状语对应汉语补语两种情况。

5. 固定短语

动词与其后副词小品词或介词的组合已趋于固化，整个结构成为一种固定短语。其内部构成和整体意义都与动结式非常相近，对动结式的习得具有正迁移作用。

（三）现代汉语动结式的偏误类型分析

学界普遍认为，学习者在习得第二语言时不可避免地要受到母语的影响，其影响既包括正迁移，也包括负迁移。我们发现，上述五种替代模式对学习者动结式的输出具有重要影响。具体说，"以词对应结构"和"以结构对应结构"中的1类、2类、3类以及4类中的前置状语替代汉语补语的模式，通常带来的是母语负迁移，而5类和4类中的后置状语对应汉语补语模式，对动结式的习得具有正迁移作用。

以鲁健骥（1994）确立的偏误类型为基准，汉语动结式的偏误主要表现为遗漏、误代和错序三种类型，这三种偏误类型与学习者母语中对动结式的不同替代模式呈现清晰的对应关系。

1. 遗漏

遗漏是指句子结构因缺少了必要的成分而不合语法。有关研究表明，动结式中补语的遗漏偏误在留学生的语料中占了很大的比例（肖奚强，2009），例如：

⑭ *现在我找工作，所以我<u>看</u>十二月十五号《人民日报》上的招聘启事的时候很高兴。（遗漏补语"到"）

⑮ *不知不觉我<u>学</u>了他的正直和帮助别人的精神。（遗漏补语"会"）

⑯ *因为丈夫肯定不想让自己的妻子死，而希望<u>治</u>她的病。（遗漏补语"好"）

⑰可是他父母离婚以后，那个男孩儿好像<u>变</u>了另一个人。（遗漏补语"成"）

我们也观察到，补语出现而遗漏动词的情况也比较普遍，例如：

⑱ *山上水桶里随时都<u>满</u>水，这是肯定的。（遗漏动词"装"）

⑲ *我年轻的时候，由于不听大家的话，<u>错</u>了许多许多的事。（遗漏动词"做"）

上述两种偏误与学习者母语中对动结式"以词对应结构"的对应方式有关。学习者习惯于用一个词去表达动结式（两个词）的语义，因此有时遗漏了补语，有时遗漏了动词。

还有一种情况与动词遗漏有关，那就是动宾式“finish + n. /doing”。虽然它是“以结构对应结构”，但学习者往往将汉语的“完”当作及物动词使用，因而造成了偏误。例如：

㊿* 我三天以前完了那个工作。（遗漏动词“做”，转引自李大忠，2007）

2. **误代**

误代，是指在对语言形式进行选择时，该用甲却用了乙。与动结式有关的误代分为两种情况，一是该用补语甲却误用成补语乙，二是该用动结式却误用了其他结构。第一种情况是补语运用是否准确的问题，第二种情况则是是否该用补语的问题，这里我们讨论第二种情况。观察下面的例子：

(51)* 我天天上课以后，就马上帮他赚钱。

(52)* 抽烟的人抽以后，把烟头随地乱扔。

这类偏误用“动词 + 以后”来替代“动词 + 完”，很可能与学习者母语中的表达方式有关，如：

(53)He is tired after running. （母语者提供例句）

例(53)直译为汉语是“他跑以后累了”，这种表达方式与例(51)、例(52)极为相近，这类母语负迁移多来自英语母语者和韩语母语者。

韩语和印尼语中还有一种与汉语动结式意义相对应的表达方式，如：

(54)비　때문에　옷이　젖었다 . （转引自李义善，2000）

雨　因为　衣服　湿了

(55)Alat　itu　sudah　rusak　karena　aus. （转引自陈光，2007）

机器 那　已经　坏　因为　磨

例(54)直译为汉语是“因为雨衣服湿了”，例(55)直译为汉语是“机器坏了因为磨”。这两个例子虽然分属不同的语言，但句子内部的组合机制非常相似。不过我们在 HSK 动态作文语料库中并未找到类似的偏误个例，因此暂时还无法就其对汉语动结式习得的影响做出推测。

此外，有些研究发现，学习者有时用句子替代补语（王媚，2008），将动结式的语义分成两个小句表达（刘月华等，1983；梁雪根，2008），例如：

　　㊌*他哭了，眼睛都肿了。（转引自成燕燕，2002）
　　㊍*他听了录音，没懂。（转引自梁雪根，2008）

有人认为这是对动补结构的回避，而我们认为这实际上也是一种误代，是利用两个小句语义的加合来替代动结式的语义。

事件结构理论认为，动结式指称一个复杂事件，该事件由述语和补语所指称的时间上具有先后顺序、逻辑上具有因果关系两个原子事件构成（Rothstein，2004；施春宏，2005；苑晓鹤，2017）。在汉语中，对这种功能的表达已经语法化为"动结式"，而在很多学习者母语中却没有相应的语法结构，因此学习者的语言受母语影响产生了误代偏误。

3. 错序

错序是指句中的某个或某几个成分放错了位置，颠倒了顺序。这里主要包括两种情况。

（1）与"宾补式"相关的错序

如表 4 - 3 所示，学习者母语中的"宾补式"语序与汉语动结式不同，因此带来了偏误。例如：

　　㊎*汉语学到一定程度，就可以跟中国朋友交谈，更加了解中国文化，而且自己对中国五千多年的文化历史感兴趣，<u>听汉语懂</u>，能够帮助我了解中国文化。
　　㊏*我<u>用钱完</u>了。

这两例属于"动词＋宾语＋补足语"的语序，不符合汉语"动词＋补语＋宾语"的语序。

（2）与前置状语相关的错序

很多语言没有补语，当把动结式翻译成这些语言时，一般要用状语来替代。当使用前置状语时，就产生了错序的偏误。例如：

⑥*以后时间过去了有可能我们放心地吃绿色食品，但现在我感觉还是吃绿色食品的时候干净地洗以后再吃。

⑥*这故事教会了我们无论面对多么大的困难，只要共同努力就能好解决。

（四）现代汉语动结式的教学策略探讨

在汉语传统的语法体系中，补语是范围最广、最不科学、在教学中最不好运用的概念（柯彼德，1991），补语系统类别多、范围大、形式各异、用法复杂（吕文华，1994），因此一直以来都是教学的难点和重点。根据上文汉外对比以及留学生动结式习得的情况，我们提出以下的教学策略。

1. 从语言知识教学到认知方式教学的转向

遗漏偏误、误代偏误虽然表面上看并不相关，但实际上它们与动结式处在同一个认知连续统的不同阶段上。郭继懋、王红旗（2001）在讨论黏合式补语和组合式补语的差别时认为，黏合补语将原因与结果合并起来作为一个单一的完形（一个整体）以"总括"式的扫描方式来认知，而组合补语将原因和结果作为两个单独的事件以"次第"式的扫描方式来看待。

我们认为，"总括"与"次第"性质的判定可因对比项的不同而存在相对性。例如，以一个词对应动结式整体的语义，那么这"一个词"就属于"总括"的认知方式，动结式属于"次第"的认知方式；而如果以时间先后关系句、逻辑因果关系句（以下简称"关系句"）或原因和结果两个小句的加合来对应动结式的语义，则动结式又相对具有"总括"的性质。这样，上述三类表达方式就构成了"总括—次第"的扫描方式连续统：

总括————————————————————次第
一个词　　　　词＋词（动结式）　　　　"关系句"/小句＋小句

从深层次上讲，不同语言对"动作—结果"意义的表达方式与认知方式有关。谢信一（1991）曾谈到，汉语发明了一套真实、推断、想象的时间系统，并在此基础上创造了基于事件的时间顺序的临摹原则。例如"走进来""走出去"，它们是否表示按时间顺序做了三个动作呢？其实所做的动作可能只有一个，不是三个。汉语为了描写这个复杂的动作创造了一个场景，它展现为不以真实时间而以想象时间来界定的几个阶段。换句话说，"走进来"这个概念有三个成分，即走、进、来。三部分同时出现，并无明显的时序。但是选用临摹的办法把它们表示成线性的序列，我们必须假装它们包含三个相继展开的阶段。

由上文的"扫描方式连续统"可以看出，相对于"以词对应结构"，汉语动结式采用的是"次第式扫描"的方式，而发生遗漏偏误的汉语学习者采用的是"总括式扫描"的方式，无论是遗漏补语还是遗漏动词，实际上都是"整体认知"的表现，从根本上说，学习者并没有习得把"动作"和"结果"划分成两个阶段的认知方式。而相对于"关系句"/"小句＋小句"模式，汉语动结式又带有总括的特点，发生误代偏误的汉语学习者虽然同样把"动作"和"结果"划分成两个阶段，但过于强调二者的独立性，对相关性则认识不足。因此，教学中教师应该对偏误的认知动因进行分析，并在此基础上，帮助学习者建立汉语动结式的认知坐标，从而把抽象的语法规则与具体的事件认知关联起来，使学习者更好地理解语法项目。

2. 从理论语法到教学语法的转向

理论语法，也称"科学语法"，是指语法学家按照自己的语言观和方法论，对某种语言的语法所做的分析和描述。教学语法，是指利用理论语法的研究成果专门为教学目的服务的语法系统。教学语法重在应用，理论语法重在理论的提高，教学语法固然要从理论语法中不断汲取营养，但没有必要将理论语法的研究成果原封不动地照搬到教学语法中来。

（1）动结式的分阶段处理策略

动结式，在理论语法中是作为一个语法结构出现的。对外汉语语法教学体系也延续了这一思路，将结果补语作为一个语法项目放在某一阶段统一处理，但其结果并不十分理想（朱其智，2006；胡清国、张雪，2017）。因此不断有学者尝试提出新的思路以改变教学现状，海外专家一般将动结式处理为词法结构（柯彼德，1991；吕文华，2001），国内一些专家（胡清国、张雪，2017）指出教学中应凸显动补结构的"词块"性质，有些教材（康玉华、来思平，1999）在新版修订时把原来列为两个词条的"打开"修订为一个词条。

这些主张和举措充分考虑到学习者的习得特点，不仅能够解决遗漏偏误的问题，对"宾补式"的错序偏误也具有较强的针对性。然而，这种处理方法又很难为国内汉语学界大多数人所接受。因为动结式组合十分灵活、高产，又可以扩展，与一般的动补复合词存在明显的区别。如果都处理为"词"，那么词典以及教材里的生词表将不堪重负。而且，即使是从学习者角度考虑，整体认知策略也会带来如下偏误：

　　⑥²* 我们听见完了这个报告。（转引自陆世光，1997）
　　⑥³* 黑板上的字我看见得很清楚了。（转引自陆世光，1997）

出现这类偏误的原因主要是学习者不了解这些动词的内部构造是动补关系，其后面一般不能再有补充成分。

这里我们看到理论语法与教学语法的某些矛盾之处。教学语法必须依托于理论语法，脱离了理论语法，教学语法就成了无源之水、无本之木，不过另一方面，出于某些特定的教学需要，教学语法也不必墨守成规，可以进行一些合理的创新。以动结式教学为例，既然整体认知策略在帮助学习者避免遗漏偏误和错序偏误方面效果显著，就可以大力推广；但它只适用于汉语学习的起步阶段，学习者仅掌握了简单的"主谓（宾）"句，还没有产出复杂句子的愿望，此时将"听懂""看见""打开"当作一个词去教授可以降低认知难度。而当学习者语言水平提高、进入结果补语的学习阶段时，教师就要从"整体认知"策略转向"拆分和替换"策略，将"听懂"拆分和替换为"听＋懂""看＋懂""读＋懂""弄＋懂""搞＋懂"等动结式组合，这样才能发挥语法结构的能产性优势，帮助学生以倍速扩充语言储备。

（2）补语位与状语位的语义对比策略

有些语言中没有补语，学习者习惯以前置状语来表达补语的语义，有些语言语序比较灵活，修饰限制成分在动词前后都可以出现，这些都是造成补语错序偏误的重要原因。虽然理论语法对汉语补语的概念进行了深刻的反思，但教师并不能因此将补语解释为"后置状语"。因为语序是汉语重要的语法手段，不同的句法位置具有各自的"句位义"，不可混同看待。

"句位"的概念早就有学者提出（金立鑫，1988；张国宪，1998；朱文文，2008 等），而所谓"句位"义，是指"语法位置除了凝结着句法信息之外，还集结着丰富的语义信息和语用信息"（张国宪，2006），杨静（2017）进一步指出句位在汉语中具有构式地位，特定的句法成分占据特定位置，该句法成分若长期与某些语义角色联系，就会逐步抽象出自己的原型意义。由于句法成分的位置是固定的，因此，该意义也可视为句法位置的原型意义。

那么，补语位和状语位的句位义分别是什么？二者能否相互替代呢？多数学者认为，补位表示动作行为的结果，状位表示动作行为的方式，如刘松汉（1990）、张旺熹（1999）、石毓智（2002）等。石毓智（2002）指出，汉语句子信息的组织原则是：伴随特征 + 谓语动词 + 结果特征，这一原则所影响的词类很广，不管是什么样的语言成分，如时间词、介词短语、程度词等，只要它们是表示谓语中心结果的成分，都必须出现在谓语中心之后，而表示伴随特征的往往出现在谓语中心之前。这一规律也体现了认知上的时间顺序原则，状语所代表的情状倾向于出现在动作发生之前，补语所代表的情状倾向于出现在动作发生之后。与此相呼应，徐采霞（2016）将状、补性质的差别概括为状语的主观性和补语的评价性。我们可以这样理解，状语所代表的情状由于尚未出现，因而更多地体现为施事者的主观意愿，而补语所代表的结果因为已经出现，更多地含有评价的意味。

上述观点和思路可以为前文中的错序偏误提供恰当的解释：例⑩中，"干净"是"洗"的结果，自然应出现在"洗"之后，即使是"洗"的动作还没有发生，"干净"作为"洗"的预期结果，也应占据补位而非状位；例⑪中，"好"表示动作实现了比较完善的结果，应置于动词之后，占据补位，而只有凸显施事者积极的主观态度时，才应把"好"（准确地说是"好好"）置于动词之前。

　　本书对汉语动结式在其他语言中替代方式的考察和分析还比较粗疏，篇幅所限，对一些低频的替代方式没有进行穷尽式列举。但我们认为，目前的归纳基本能够反映出汉语及其他语言在"动作—结果"事件表达方面对应的概况，希望本书提出的观点能够对汉语动结式的教学有所启发。

第五章　当代语法理论与现代汉语语序研究及教学

任何语言都有语序，但语序的作用和重要程度并不相同。有些语言词的形态变化比较丰富，可以用于表达各种各样的语法意义，但有些语言却较少形态变化，因而需要其他手段来表示语法意义，语序就是这些手段之一。汉语即是这种情况，由于缺乏形态变化，特别需要依靠语序这种语法形式来表达意义。

第一节　现代汉语的语序系统与汉语作为第二语言的语序教学

一　语序的内涵

（一）语序的含义

在汉语语法研究中，对语序含义的理解一直存在分歧。简要地说，主要存在"狭义/广义""词序/语序"的不同说法，吴为章（1996）和范晓（2001a、b）的观点比较有代表性。

吴为章（1996）提出，狭义语序指语素、词的排列顺序，广义语序指各个层面、各种长度的语言单位和成分的排列顺序。广义语序既包括语言单位的排列顺序（简称"单位序"），如语素序、词序、词组序、句子序、句群序等，也包括结构成分的出现顺序（简称"成分序"），如构词成分（词干、词缀）序、句子成分（主语、谓语）序、句法成分（述语、宾语、补语、中心语、状语、定语）序、分句序、句群序等。狭义语序是包含在广义语序之内的。

另一种常见的提法是"词序"和"语序"。一般人都以为二者只是说法不同，而所指相同。但实际上，词序不等于语序，应该把词序和语序严格地区别开来。范晓（2001a、b）指出，"词序"有广、狭两种含义，狭义的词序是指语法结构中词的排序，广义的词序是指语法结构中语素、词、短语、分句的排序（即"单位序"）。"语序"是指语法结构内部的结构成分的排序（即"成分序"），如构词成分（词干、词缀）序、句子成分（主语、谓语）序、句子序等。可见，词序是语法单位（或词语）的序列，语序是结构成分的序列，二者属于不同的层面，表示两个不同的语法概念。它们的区别具体表现在：

1. 词序不同，语序不一定不同。例如：

①我爱他→他爱我（词序不同，但语序相同：都是主动宾、施动受）

②传奇人物→人物传奇（词序不同，但语序相同，都是定中结构）

2. 词序变，句法结构也随之变化，但语序没变。例如：

③资源紧缺→紧缺资源（词序变化，句法结构也随之变化：主谓→定中）

④认真学习→学习认真（词序变化，句法结构也随之变化：状中→主谓）

3. 有些副词、虚词变动词序，但不影响语序，例如：

⑤他是去年来的中国。→他是去年来中国的。（助词"的"位置变动不影响此句的语序）

虽然语序和词序存在上述差异，但二者也有紧密的联系。首先，语法结构中词序的变动往往会引起语序的变化，而语序的变化也必须通过词序来表现。其次，有些语法现象既可从语序角度去研究，也可从词序角度去研究（范晓，2001a、b）。

吴为章（1996）和范晓（2001a、b）都从"单位序"和"成分序"的角度分析了语序的概念，但两位先生的概括又各有侧重，适合不同的研究需要。我们认为，就汉语作为第二语言教学而言，范晓（2001a、b）对"词序"和"语序"概念的界定在教学实际中更易于操作：汉语学习者需要重点掌握词作为句法单位在句子中的排列顺序，即主、谓、宾、定、状、补等句法成分的排列的相对顺序，同时也应明了这里具有概括性的"语序"概念与具体的"词序"概念不是一回事。厘清"词序"和"语序"的关系，能够澄清学习者头脑中的模糊观念，为进一步分析和解决问题奠定基础。

（二）区分不同类型的语序

1. 区分句法、语义、语用语序

语序包括语法、语义和语用三个层面（文炼、胡附，1984），这三者既有联系又有区别。句法语序是指句法成分的顺序，如主语和谓语的顺序、定语和中心语的顺序等；语义语序是指语义成分的顺序，如施事和受事的顺序、领事和属事的顺序等；语用语序则指语用成分的顺序，如主题和述题的顺序。

语序包括语法、语义和语用三个层面的提法，澄清了语序问题中语法、语义、语用纠缠不清的模糊观念。如，"我爱他"和"他爱我"，词序不同，但语法语序、语义语序都没有变，分别是"主谓宾"和"施动受"。这两个句子的具体意思发生了变化，是由于施事和受事所对应的具体的人发生了变化。语用语序则是在交际过程中适应具体环境的需要而产生的，如"去哪了，你？"是因为说话人内心着急，所以先把关心的问题说出来，它与"你去哪儿了"的语序差别就是语用上的差别。只有像"客来了"和"来客了"，"雨下了"和"下雨了"这样形成了不同的语法结构的差别（前为主谓，后为述宾），才属于语法上的语序变化。

2. 区分静态语序和动态语序

脱离具体的应用环境，抽象地谈句法语序，这时所归纳的语序为静态语序，动态语序则是指从动态的语法结构中归纳概括出来的语序，即说话人根据上下文、对话环境等语用表达的需要选择的语序形式。静态语法结构中的句法语序、语义语序和语用语序是相对固定的，其语序规则具有一般性、普遍性，因此相对容易掌握，而动态语序比较灵活多变，有时跟静态语序一致，有时不一致，外国学习者学习起来有一定的难度。

3. 区分无标记语序和有标记语序

在语言生活中，我们都有这样的经验：对同一个事件的描述，既可以这样说，又可以那样说，从语言形式上看，两种不同说法之间的差别有时仅仅体现在语序以及个别词语的隐现上面。这两种不同的句式有时还能形成有规律的变换关系，例如，某些"主 + 谓 + 宾"句可以变换为"把"字句，某些存现句可以变换为"有"字句，等等。

这些句式虽然语义相近，但在结构复杂性、认知复杂性以及使用频率等方面却存在差别。根据标记理论（详见第七章第一节），那些结构复杂、认知难度大、出现频率低的语序为有标记形式，反之，构造简单、容易认知、出现频率高的语序为无标记形式。对汉语作为第二语言的学习者而言，无标记语序具有"易学常用"的特点，因此应在有标记语序出现之前优先学习。

从以上分析中可以看出，在汉语教学的初、中级阶段，学习者应以学习语法语序、语义语序和静态语序、无标记语序为主，到了中高级阶段，则要着重学习和领会有标记语序、动态语序及语用语序。汉语教学需要尽可能地把这些语序规则和规律揭示出来，并由浅入深、循序渐进地教授给学习者。

二 现代汉语的基本语序

语序在汉语语法中的重要作用，早在《马氏文通》中就得到了重视，《马氏文通》首次归纳、总结了古汉语语序的一些基本规律及变化。后来的一些重要的语法著作，也都谈到了语序问题，如吕叔湘在《中国文法要略》

（1942）里指出：汉语叙事句的"正常顺序"是"起词—动词—止词"，但又指出还有"变次"的情形。

20 世纪 80 年代以来，汉语学界出现了大量关于语序问题的专题文章。关于句法成分的排列顺序，很多学者从不同角度总结出一些规则。

关于名词性成分的顺序，廖秋忠（1992）总结出现代汉语句法结构中并列名词性成分的排序原则：重要性原则、时间先后原则、熟悉程度原则、显著性原则、积极态度原则、立足点原则、单一方向原则、同类原则、对应原则等九条原则。刘宁生（1995）提出，汉语的偏正结构遵循"参照物先于目的物"的语序原则，形成"修饰语"位于"中心语"之前的语序规律。

关于汉语中主题、主语和宾语与各种语义成分的配位规律，陈平（1994）提出了两条语义规则。第一条：充任主语的语义角色优先序列为：施事 > 感事 > 工具 > 系事 > 地点 > 对象 > 受事，反之为宾语的优先序列；第二条：充任主题的语义角色优先序列为：系事 > 地点 > 工具 > 对象 > 感事 > 受事 > 施事。从序列一中可以看出，两个名词性成分哪个作主语、哪个作宾语，主要取决于它们施事性和受事性的强弱，施事性强的语义成分一般充任主语，受事性强的语义成分一般充任宾语。张国宪（2001）也认同这一观点，指出受动性是宾语成分得以实现的内在语义动因，而施事的控制力表现得越充分，就越容易匹配成"主语—动词—宾语"结构。以这一思路考察汉语双及物语义构式，张国宪发现构式中的受事通常实现为直接宾语，而与事的句法实现有两种可能：一是间接宾语，构成双宾语句（双及物 A 式），二是介词宾语，构成与格单宾语句（双及物 B 式）。

关于汉语句子信息的组织原则，石毓智（2002）指出：表示谓语中心结果的成分，不论是时间词语、介词短语还是别的什么，都必须出现在谓语中心之后，而表示伴随特征的成分则出现在谓语中心之前，三者构成了"伴随特征 + 谓语动词 + 结果特征"的语序。石毓智认为这种格局是语言系统内部自组织性的表现，因为谓语中心后面的位置已经被结果成分占据了，所以"伴随成分"只能居于动词之前。

上述前沿研究对加深对汉语语序规律的认识具有重要的作用，不过，汉语作为第二语言的教学更加迫切需要的是能够切合教学语法的实际、对汉语语序进行全面总结、细致描写的基础研究，为此，我们参考范晓（2001a、b）的研究，尝试对现代汉语的基本语序做一个简要的介绍。

（一）汉语的句法语序

1. 主语、谓语和宾语的排列顺序

汉语静态短语中主语、谓语和宾语的语序是：主语＋谓语＋宾语。这种排列顺序是固定的，不能任意改变。如果变动语序、颠倒位置，或者句子不能成立，或者语义不通，或者会改变句子的句法结构。例如：

⑥他学习汉语。　*他汉语学习。（句子不能成立）

⑦小李爱滑冰。　*滑冰爱小李。（句子不能成立，语义不通）

⑧我找到了工作。　工作我找到了。（句子的句法结构改变了）

一般来说，动态句中的语序规则跟静态短语是一致的（此时为"常式主谓句"），但根据表达的需要，也可以突破静态的规则，如有些主语居于谓语之后："去哪儿了，你？"（此时为"变式主谓句"），这种语序属于语用语序，主要是为了突出新信息，或表示急切，或表示惊叹。这类句子的形式特点是：主谓间有停顿，句末多用叹号或问号。

2. 述语、补语和宾语的排列顺序

静态短语里述语和补语的排列顺序是：述语在前，补语在后。这种顺序是固定的，不能任意改变。如果变动语序、颠倒位置，或者语义不通，不能成立（如"说一声"不能说成"一声说"），或者改变句法结构和意义（如"来晚""搬下去"是述补结构，而"晚来"是状中结构，"下去搬"是连动结构）。

动态句里述语和补语的排列顺序一般也是述语在前，补语在后，但为了凸显动作的动量，动量补语在一定条件下也可置于述语之前。例如：

⑨一口吃不成胖子。（定型化的俗语）

⑩一遍记不住，就看两遍。（对举结构，单独说"一遍记"不成立）

如果述语后既有补语，又有宾语，这就涉及述语后补语和宾语的语序问题。汉语中补语和宾语的语序规则包括：

（1）结果补语和宾语排序的一般规则：补语在宾语之前。例如：

　　穿好衣服/打碎花瓶

（2）趋向补语和宾语排序的一般规则：

A. 单纯趋向动词作补语时，补语在宾语之前。例如：

　　开来一辆车/带回一匹马

B. 复合趋向动词作补语时，有三种情形：

a. 宾语在补语之后。例如：

　　开过来一辆车/带回去一箱书

b. 宾语在补语之前。例如：

　　开了一辆车过来/带了一箱书回去

c. 复合趋向动词分化为两个补语，宾语置于两个补语之间。例如：

　　开过一辆车来/带回一箱书去

（3）动量补语和宾语排序的一般规则：

A. 代词作宾语时，补语在宾语之后。例如：

　　踢他一脚/说他一顿/见过他两次

B. 普通名词作宾语时，补语在宾语之前。例如：

　　吃过一次烤鸭/读了两遍课文

C. 地点名词作宾语时，位置相对自由。例如：

去了一趟长城⟷去了长城一趟

3. 修饰语和中心语的排列顺序

这主要包括定语和中心语、状语和中心语的语序两种情况。

（1）静态短语里定语和中心语的排列顺序是：定语在前，其所修饰或限制的中心语在后。这种排列顺序是固定的，不能任意改变。如果变动语序，或者意思不通，不能成立，例如："平板电脑"，不能说成"电脑平板"；或者会改变句法结构及意义，例如："大苹果"（定中结构）说"苹果大"（主谓结构），改变了结构；"网络教学"说成"教学网络"，结构未变（都是定中结构），但改变了意思。

动态句里定语及其中心语的排列顺序，一般和静态短语里的是一致的。但由于语用表达的某种需要，定语有时有后置的情形。例如：

⑪给你会议记录，前天的。

定语后置或是起补充追加说明作用，或是起列举作用。后置定语一般轻读。

此外，动态句里还有定语主题化的情形，即定语置于句首作句子的主题。试比较以下例句，体会其中的差别：

⑫a. 铺面上整齐地码放着绿的、红的、黄的各类蔬菜瓜果。（定语在中心语之前）

b. 铺面上各类蔬菜瓜果码放得整齐有序，绿的、红的、黄的……（定语在中心语之后）

c. 绿的、红的、黄的，铺面上各类蔬菜瓜果码放得整齐有序。（定语特提于句首作主题）

（2）静态短语里状语和中心语的语序规则是状语在前，状语所修饰或限制的中心语在后。这种排列顺序是固定的，不能任意改变。如果变动语序，或者意思不通，不能成立，例如"还要"不能说成"要还"；或者会改变句子的句法结构，例如"努力工作"是状中结构，说成"工作努力"就成了"主谓结构"。

动态句里状语及其中心语的语序规则一般跟静态短语一致，即状语在它的中心语之前。但根据语用表达的需要，有些状语可突破一般规则，出现在它的中心语之后。例如：

⑬当我将来走上工作岗位时，要同他一样，奉我所能，为人民，为国家。

⑭如何让你遇见我，在我最美丽的时刻。

有些状语可以离开动词，出现在句首，即出现在句子的主语之前。例如：

⑮渐渐地，我长大了。

⑯在台阶旁，她踌躇片刻，便转过身，朝外走去。

状语前置也是语用表达的需要，主要原因或是强调突出动作的情状或语气，或是状语主题化。

4. 并列语之间的语序

静态句和动态句里并列语之间的语序规则是一致的：如果并列语在意义上是对等的，一般可以变动语序，例如：爸爸和妈妈→妈妈和爸爸，但是如果并列语的语序已经定型化或理据化（如反映时间先后、逻辑主次等关系），就不能随意变动语序，例如："上下左右""琴棋书画"等都不能变换语序。

（二）汉语的语义语序

语义语序是指句法结构所反映出的语义成分的排列顺序，语义语序和句法语序既有联系，也有区别。在语义语序的学习中，要注意区分无标记语序和有标记语序，有标记语序一般习得难度较大，需付出更多的认知努力。

汉语基本的语义结构主要有两种：动核结构和名核结构。

1. 动核结构

无标记的动核结构一般呈现为"施动受"语序（及其变体），有标记的动核结构则呈现为"受动施"语序（及其变体）。

（1）无标记的动核结构包括以下几类。

A. "施动"语序。例如：

猫叫/小孩哭/她唱歌

B. "系动"语序。例如：

你不像北方人/他成了主演/校长生气了

C. "施动受"语序，即施事在动核之前，受事在动核之后。例如：

孩子弹琴/爸爸修自行车/妈妈做饭

D. "施动与受"语序，即施事在动核前，与事在动核后，受事在与事后。例如：

我给他两张球票/毕业生送母校一座屏风/她还我一百块钱

E. "施与动"语序，即与事在施事和动核之间。例如：

他向您道歉/我为你惋惜

F. "施与动受"语序，即与事在施事和动核之间，受事在动核之后。例如：

我向您请教问题/他跟我打听个事

（2）有标记的动核结构包括"受事在动核前"和"施事/系事在动核后"两种情况，"受事在动核前"含有以下类型。

A. 用介词"把""被""连""对"等将受事提前。例如：

⑰我把花瓶摔碎了。

⑱优盘被他借走了。

⑲这孩子连糖都没吃过。

⑳我对这个人不了解。

B. 某些致使句。例如：

㉑不知哪来的一股烟味呛得他连声咳嗽起来。

㉒钟声把她惊醒了。

C. 受事作描记对象的描记句。例如：

㉓门大大地敞开着。

㉔孩子们得救了！

D. 中动句。例如：

㉕他淋雨了。

㉖这件大衣穿起来很合身。

E. 某些形式动词（进行、加以等）构成的句子。例如：

㉗这些问题要进行重点分析。

㉘这种所谓个性必须加以约束。

F. 强调任指成分的句子。例如：

㉙他谁也不理。

㉚我哪都不去。

㉛他一口水都没喝。

㉜我一个字也不认识。

G. 宾语主题化的句子。例如：

㉝这次的材料你来写吧。

㉞这个问题我们已经讨论过好几遍了。

H. 受事复指句。例如：

㉟这个人，我太了解他了！

I. 某些对举格式的句子（宾语后一般有"也"或"都"）。例如：

㊱他烟也不抽了，酒也不喝了，一夜之间全改好了。

㊲你冰激凌吃了两个，数学题怎么只做了一道？

"施事/系事在动核后"是指施事或系事在相关动作或相关性状之后，包括以下类型：

A. 存现句。例如：

㊳前面开过来一辆空车。

㊴家里来客人了。

B. 领事、系事同现句。例如：

㊵他瘸了一条腿。

㊶孩子哭哑了嗓子。

例㊵中的"他"和例㊶中的"孩子"是领事，"腿"和"嗓子"是系事，领事和系事在一个句子中同现，句义为"领事遭受了系事受损的事件"。

2. 名核结构

（1）名核结构中最重要的是具有领属关系的定中短语，其语义语序规则是：领事在属事之前，例如：

我的眼睛/他的姐姐

（2）多层定语构成的定中短语中语义成分的排列规则

或是：领事 > 处所 > 指示 > 数量 > 来源 > 性状 > 质地 > 名物，例如：

她衣柜里的那件从杭州带回来的精美的真丝睡衣

或是：处所 > 领事 > 指示 > 数量 > 来源 > 性状 > 质地 > 名物，例如：

衣柜里的那件从杭州带回来的精美的真丝睡衣

（三）汉语的语用语序

语用语序是指语用平面的语序，即句子的语用结构中语用成分的排列顺序。句子的语用结构主要有三种：一是主述结构，其中语用成分是主题和述题；二是插心结构，其中语用成分是插语和中心语；三是焦景结构，其中语用成分是焦点和背景。

汉语静态孤立句中语用成分的排列规则有以下三种情况。

1. 在主述结构里，主题在述题之前。

主题和述题分别对应于旧信息和新信息，从根本上说，这样的语序是由信息传递的需要决定的。例如：

㊷这篇文章你写得不错。（"这篇文章"是旧信息）

㊸这个地方我以前来过。（"这个地方"是旧信息）

2. 在插心结构里，插语中的呼应语、感叹语、评议语一般在句首，插语中的注释语一般在被注释成分之后。例如：

㊹老师，您看这样行不行？（呼应语）

㊺哎呀，我忘带手机了。（感叹语）

㊻看样子，这件事成不了。（评议语）

㊼我今年计划要去两个地方：希腊、克罗地亚。（注释语）

3. 在焦景结构里，焦点通常落在句末的句法成分上，也就是新信息上。这种焦点称为常规焦点。例如：

㊽你去哪儿了？（"哪儿"是焦点）

动态句中语用成分的语序有时跟静态句一致，但有时可以突破静态句的语序规则。突破规则的情况主要有以下三种。

1. 当要凸显新信息或急于说出新信息时，可以先出现表新信息的述题，然后再说出表旧信息的主题。例如：

㊾你写得不错，这篇文章。（“这篇文章”是旧信息）

㊿我以前来过，这个地方。（“这个地方”是旧信息）

2. 插心结构中插语的位置可以适当变化。比较以下几句：

(51)a. 看样子，这件事成不了。

b. 这件事，看样子成不了。

c. 这件事成不了，看样子。

3. 通过强调重音或标志词来凸显或强调某个成分，使之成为对比焦点。对比焦点非常灵活，句中的各个句法成分都有可能充当。比较以下句子：

(52)a. 李明上星期买了三本画册。（说明“谁昨天买了三本画册”）

b. 李明上星期买了三本画册。（说明“李明何时买了三本画册”）

c. 李明上星期买了三本画册。（说明“李明上星期对三本画册书怎么样了”）

d. 李明上星期买了三本画册。（说明“李明上星期买了几本画册”）

e. 李明上星期买了三本画册。（说明“李明上星期买了三本什么？”）

上述五个句子从字面上看完全一样，但在实际交际中因重音的不同，表达的意义完全不同，可说是“失之毫厘，差之千里”。

三　汉语语序的稳定性和灵活性

吕叔湘先生《汉语句法的灵活性》（1986）一文中谈及“汉语句法不光

有固定的一面，还有灵活的一面”，文中举了大量例子说明汉语的移位现象。的确，在某些情况下，句子的某些成分可以换位而对句义表达影响不大。例如：

状语和补语换位：我住在学生宿舍。——我在学生宿舍住。

多项定语换位：城市大学的八名学生。——八名城市大学的学生。

多项状语换位：我诚恳地对他说。——我对他诚恳地说。

疑问成分换位：你是不是没吃过烤鸭？——你没吃过烤鸭，是不是？

比较句的成分换位：他跑得比我快。——他比我跑得快。

对汉语句法的灵活性，学界存在不同的理解。有人主张汉语句法以意合为基础，只要语义能互相搭配，语法形式上所受的制约不多；更多的学者认为汉语的句法规则具有柔性，即同一规则可以有不同的表现形式。如，石定栩（2000）提出，汉语的句子结构提供了较多的空位，让某些成分可以在一定条件下移入。与此相适应，句法又提供了较多的指向关系，由上下文或语用因素来决定句子的实际意义，这样就形成了汉语句法的灵活性。

我们也认为，汉语句法的灵活性并非无规则的“灵活”，所谓“灵活”是指备选方案并不是唯一的，而且不同的语序往往在语义、功能等方面存在细微的差别。例如：

(53)a. 来车了。

b. 车来了。

“来车了”中“车”是未知信息，来的是什么车不一定，而“车来了”中的“车”是已知信息，是说话人心目中确定的“车”。

(54)a. 她是第二个邓亚萍。

b. 她是邓亚萍第二。

表示某一团体或事件中一个关键性人物之后能发挥类似作用的人，说

"第二个 N_专", 不说 "N_专第二"。表示未来能接近、达到现有的某一先进组织、团体的水准, 说 "第二个 N_专", 一般不说 "N_专第二"(陈一, 2012a)。

可见, 汉语语序的变化虽然十分丰富, 但这种变化并不是自由、随意的, 不同的语序各司其职、各守其位, 具有不同的交际功能。汉语句法虽然具有一定的灵活性, 但稳定性依然是汉语句法的基本特征, 所谓 "灵活" 是在 "稳定" 的基本框架中运作的。在具体教学中, 不宜对汉语学习者过分强调语序的 "灵活性", 而要有意识对比和揭示不同语序的特定语义和特殊功能, 从而实现对语言的精准把握。

四　汉语作为第二语言的语序教学

(一) 语序的功能

语序是汉语重要的语法手段, 对汉语学习者来说, 汉语语序的功能主要体现在三个方面: 句法功能、语义功能和语用功能。

语序是句子结构的生成手段和表达方式, 不同的语序在多数情况下代表不同的句法结构。而且, 语言表达中还存在一些固定的格式: 不仅成分固定, 而且排列顺序也是固定的。

语序是表达句子成分之间语义关系的重要手段, 不同的语序可以表达不同的语义关系。例如, 语序常用来表达事件在时间或空间上的先后关系和因果关系, 凸显信息状态以及事件的显著性等。

语序还具有语用功能。自然语言中有两种语序: 自然语序和特异语序。自然语序遵循时间顺序原则, 特异语序则体现说话人的主观性选择, 是典型的语用语序。以焦点为例, 常规焦点一般置于句末, 而对比焦点常通过语义成分配位顺序的变化来体现。

(二) 语序在汉语作为第二语言教学中的重要性

正如吴为章 (1995) 所言: 语序重要。其重要性不仅是对母语者而言, 对汉语学习者来说, 语序更是学习的重点和难点。

汉语学习者的偏误中相当一部分都属于错序偏误（misordering）（鲁健骥，1994）。错序偏误指的是由于句中的某个或某几个成分排错了顺序而造成的偏误，包括状语的错序、定语的错序、词组内部成分的错序、并列成分的错序、基本语序错序等。例如：

⑤ * 我学习汉语在中国。（状语错序）

㊄ * 我是学生的美国。（定语和中心语错序）

㊄ * 办公室有下楼。（词组内部成分的错序）

㊄ * 你说错了，再一次练习！（补语错序）

㊄ * 我一个面包吃了。（宾语错序）

外国学习者学习汉语时的语序偏误是多发的、有规律的，特别是在学习初期，学习者的偏误一般都与母语负迁移有关。如来自英语母语学习者的例㊄、例㊄、例㊄，来自韩语母语学习者的例㊄、例㊄等。而在中高级阶段，虽然来自母语负迁移的错序偏误有所减少，但体现学习者共性的一些错序偏误依然存在。面对这种情况，加强对汉语语序规律的揭示以及对汉外语序规律的比较，将有助于防止此类偏误的发生。

第二节　语言类型学理论与现代汉语语序研究及教学

一　语言类型学理论概说

语言类型学是当代语言学的一个重要分支和学派，它采用跨语言比较的研究方法来分析人类语言的共性和个性。语言类型学兴起于 18 世纪，其发展进程分为传统语言类型学和现代语言类型学两大阶段。传统语言类型学根据词法结构将世界上的语言分为孤立语、屈折语、黏着语和复综语，在语言研究中产生了很大的影响。1963 年，美国语言学家 Greenberg 发表了《某些主要跟语序有关的语法共性》一文，将跨语言比较的内容从词法结构扩展到句法结构，标志着现代语言类型学的诞生。

二 现代汉语的语序类型研究

在语言学中，一种语言的基本语序主要是指句子主语、谓语和宾语之间的线性排列顺序。Greenberg（1963）将人类语言的基本语序类型进行了分类。从逻辑出发，下面 6 种类型的语序能够涵盖人类绝大多数语言的语序。

① SOV（主·宾·谓）　 ② SVO（主·谓·宾）
③ VSO（谓·主·宾）　 ④ VOS（谓·宾·主）
⑤ OVS（宾·谓·主）　 ⑥ OSV（宾·主·谓）

世界上多数语言的语序，都不外乎这几种类型，而且由于受到句中其他参数的影响，实际语言中的优势语序并没有那么多。作为优势语序出现的类型只有三种：SVO、SOV 和 VSO。

那么，汉语属于哪种呢？关于汉语的基本语序到底是什么，是 SVO 还是 SOV，学界一直存在争论。一些学者主张汉语是 SOV 语言，如 Tai（1973）提出的汉语是 SOV 语言的证据。

A. "形容 + 被形容"语序：

形容词 + 名词：粗笔

副词 + 动词：逐渐减少

前置词片语 + 动词：在北京工作

关系子句 + 名词：去年毕业的学生

B. 比较句型：上海比北京暖和

C. 数词 + 量词 + 名词：一杯茶

D. 动词 + 词尾：吃了晚饭

E. 句尾疑问标记：你们学校放暑假了吗

F. "把"字句：我把衣服洗干净了

G. 后置词：住在东边

Tai（1976）进一步指出，汉语的语序经历了由 SVO 语序到 SOV 语序的转变过程。观察可见，北方方言有很多 SOV 特征，而在南方方言（如闽南语、粤语）里没有。例如：

北方方言：公鸡/母猪	南方方言：鸡公/猪母
北方方言：我比你高/*你高比他	粤语：我比较你高/我高过你

James Tai（1976）认为，这种语言现象是汉语北方方言受阿尔泰语的影响，采用"修饰词在被修饰词之前"原则的结果。这个原则首先影响了名词短语，后来又影响了动词短语，由于副词必须出现在动词前面，所以前置词片语也移到动词之前了。

其实，在 Tai（1976）之前，Li 和 Thompson（1974）已提出汉语由SVO 语序向 SOV 语序的演变的观点，其理由主要有以下两点：第一，在古代汉语中，动词出现在介词词组之前，而这正是 SVO 语言的一项特征（如"青出［于蓝］而胜［于蓝］"）；在现代汉语中，介词词组则移到了动词的前面（如"［从北方］来"）。第二，汉语的"把"字，从唐代以来由动词虚化为了一个宾格标记，"把"字句的产生和形成也是汉语从 SVO 语言向SOV 语言转变的一个证明。

之所以会出现这种假设，与汉语语序在次结构层级上存在的复杂性有关。Greenberg（1963）曾经以 4 种语序标度为准，列举了 24 种可能的语言类型。这四个标度是：①单句的语序 VSO/SVO/SOV；②位置词的前置和后置 Pr/Po；③所有者与中心词的词序 NG/GN；④形容词与中心词的词序 NA/AN。在这 24 种可能的语言类型中，Greenberg 认为实际上只有 15 种，而且在这 15 种中只有 4 种所包含的语言最多。这 4 种类型是：①VSO/Pr/NG/NA；②SVO/Pr/NG/NA；③SOV/Po/GN/AN；④SOV/Po/GN/NA。按照以上语序的标度来划分汉语的类型，汉语的语序类型为：SVO/Pr/GN/AN，虽然汉语是一种 SVO 语言，但它在很多方面与 SOV 语言有更多共同点：如领属定语只能前置、介词短语状语以前置为主、几乎所有状语前置，比较基准前置于形容词，关系从句前置于核心名词……应该说，汉语是一种非常不典型的 SVO 语言，因此才会产生上文的 SVO 和 SOV 之争。

面对汉语这种复杂的情况，多数学者倾向于认为现代汉语属于 SVO 语言，不过其在次结构层级上的特征不够典型。其语序变异是由语言的内部规律所决定的，而并非受外来语语序结构影响的结果，汉语也并没有经历或正在经历从 SVO 语言向 SOV 语言转变的过程。持此种看法的学者包括邓守信、黎天睦、梅广、李孟珍、屈承熹、孙朝奋、Givón 等。关于汉语中 SVO 语序和 SOV 语序并存的现象，学者们倾向于以无标记形式和有标记形式对其进行定性。如，Teng（1975）和 Timothy（1979）等指出 SVO 语序是汉语的无标记形式，而 SOV 语序是具有对比意义的有标记形式。对 Li（2000）提出的“把”字句问题，Mei（1978）、Li（1980）、屈承熹（1984）等都认为“把”字句和“被”字句在现代汉语中属于特殊的有标记形式，它们的出现并不足以说明汉语正在演变成 SOV 语言。

三　现代汉语的语序类型与汉语作为第二语言的偏误类型

根据语序类型学的研究，SVO、“定语/状语 + 中心语”语序是汉语无标记的优势语序，即主语在谓语之前，谓语在宾语之前，定语、状语在中心语之前。这是汉语句法排列最基本的规则，其他一切语序规则都以这一规则为基础。而对那些母语语序与此不同的学习者而言，语序之别就成了学习的难点。外国学习者在学习汉语时（特别是在初级阶段），极易按其母语的基本语序排列句法成分，出现母语的负迁移。例如：

(60)* 我常买东西在我的手机。（英语母语者，状动位置颠倒）

(61)* 我以前的专业是俄语，但是我觉得汉语会说容易找工作。（韩语母语者，动宾位置颠倒）

(62)* 他是老师的二班。（印尼语母语者，修饰词与中心词位置颠倒）

由此可以看到，语序偏误与学生各自母语的语序关系紧密：例(60)偏误出现的原因是“谓语 + 状语”是英语的基本语序特征；例(61)偏误出现的原因是韩语的基本语序为 SOV；例(62)偏误出现的原因是印尼语中心语在前、定语在后。

外国学习者学习汉语时语序偏误的多发性和规律性，使教学人员从类型学角度预测学生的语序偏误成为可能，特别是在初级阶段，由母语负迁移造成的语序偏误极为常见，主要包括以下几种类型。

（一）宾语置于动词前的错序

常见于母语为 SOV 型语言的学习者，如韩语母语者、日语母语者、蒙古语母语者。例如：

⑥³*同学们有的<u>音乐学习</u>，有的<u>历史学习</u>。

⑥⁴*由于工作，我<u>中国来过</u>两次。

⑥⁵*为了<u>汉语水平提高</u>，她来中国留学。

（二）中心词置于修饰语前的错序

常见于母语语序为"中心词＋修饰语"的学习者，如英语母语者、印尼语母语者、泰语母语者。例如：

⑥⁶*我想要<u>房子附近地铁的</u>。

⑥⁷*<u>里边房间</u>很干净。

⑥⁸*泰国有<u>水果很多</u>。

（三）差比句内部成分的错序

差比句表示两个对象在某一属性上的程度差异，它在不同语言中具有不同的句法表现形式，因而成为语序类型学的一个重要参项。差比句内部成分的错序常见的有两种。

1. "形容词＋基准"的错序

例如：

⑥⁹*汉字很难，<u>我们练习的时间多比日本人</u>。

⑦⁰*我们国家的年轻人觉得<u>汽车好比房子</u>。

Greenberg（1966）基于 30 种语言得出的 45 条蕴含共性（implicational universals）中的第 22 条指出：如果差比句的唯一语序或语序之一是"基准—比较标记—形容词"的话，那么该语言为后置词语言；如果唯一语序是"形容词—比较标记—基准"时，那么该语言一般为前置词语言（除了极个别的例外）。Dryer（1992）基于 625 种语言的统计发现，可以把差比句的语序进一步简化为两个要素：形容词和基准。他发现 SOV 型语言基本上都取"基准 + 形容词"的语序，SVO 型语言则一律用"形容词 + 基准"的语序。在他的语种材料中，汉语是唯一作为 SVO 语言却使用"基准 + 形容词"（比小王高）的语言。我们认为，"形容词 + 基准"的高发错序正是与汉语在类型学上的这种独特性有关。

2. 表示具体差异的数量词语置于谓语前的错序

例如：

⑦ *这件衣服比那件<u>30 块贵</u>。

⑦ *汉语比英语<u>一点儿难</u>。

在很多语言中（既包括 SOV 型，如韩语，也包括 SVO 型，如英语），表示具体差异的数量词语都置于谓语前，母语负迁移的作用使学习者的语序容易发生偏误。

（四）时量补语、动量补语置于动词前的错序

例如：

⑦ *我觉得<u>半天学习</u>了，但实际上只<u>一个小时学习</u>。

⑦ *只要<u>几个月在中国工作</u>，我的汉语水平一定能很快提高。

⑦ *我<u>很多次去过法国</u>。

（五）状语置于动词后的错序

根据郭风岚、刘辉（2017）对主谓、述宾、定语、状语、补语等几种偏误进行的统计，状语的偏误率最高。学习者的状语偏误表现为三种情况：状语误置前型、状语误置后型、多项状语错序。例如：

⑦ *<u>先我</u>去了故宫。（状语误置前）

⑦ *今天冷，你要<u>穿多一点儿</u>。（状语误置后）

⑱*朋友在飞机场已经等我了。（多项状语错序）

　　（四）（五）两类错序，在不同母语背景的学习者身上都有较为突出的表现，而且存在多种不同的下位类型，这些不同类型的错序又与不同的母语背景息息相关。但当前的问题是，对此针对性的研究还不够深入和全面，远远不能满足实际教学的需要，这方面还有许多工作需要去做。

（六）介词短语错序

1. 动前前置词的错序情况

　　根据周文华（2014）的研究，初级阶段的学习者，不论母语是 SVO 型语言还是 SOV 型语言，在学习"动前前置词"短语时都容易发生错序偏误，不但错序的频率相近，而且错序的形式也基本相同：都是误将介词短语后置。例如：

　　　　⑲我有兴趣对这个工作。
　　　　⑳我有时候他们跟聊天。

　　到中高级阶段，母语为 SVO 型语言的学习者只是偶尔会发生错序，而母语为 SOV 型语言的学习者虽然也在逐步调整其语序策略以适应汉语的语序规则，但其适应的速度相对于 SVO 型语言的学习者来说比较慢。

2. 双位前置词的错序情况

　　"双位前置词"是指由其构成的短语一般情况下应置于动词之前，但也可有条件地置于动词之后的介词，如"在""给"等。其错序如：

　　　　㉑*我以前做经理在服装公司。
　　　　㉒*我想介绍给你一个朋友。

　　不难想象，双位前置词与 SVO 型语言和 SOV 型语言的介词短语语序都有对应的一面也有不对应的一面。但从长期来看，母语为 SVO 型语言的学习者在中高级阶段的错序大大减少，而母语为 SOV 型语言的学习者并无明显变化。

正如对比分析理论所证明的，母语语言类型与学习者的语序偏误量高度相关，母语语言类型与目的语相同的学习者语序偏误量小，与目的语差异越大语序偏误量也越大。SVO 型语言与汉语都是前置词语言，其动宾语序和介词语序跟汉语的基本语序一致，学生调整其语序策略的难度较小，语序策略的调整较顺利。而 SOV 型语言与汉语分属后置词语言和前置词语言，其动宾语序和格助词语序跟汉语的基本语序差别较大，学生调整其语序策略的认知难度较高，语序策略调整的速度相对缓慢。这提示我们，教学中要有意识对不同母语背景的学习者展开具有针对性的训练。通过汉外对比揭示两种语言的个性与共性，对学习者出现语序偏误的深层原因做出合理的解释，有助于培养学习者举一反三的能力，提高课堂教学的效率。另外，鉴于汉语在类型学参项上的复杂性，教师不但要注重句子层级规则的教学，同时也要注意次结构层级规则的教学。

第三节　认知语法理论与现代汉语语序研究及教学

自索绪尔明确提出语言的任意性以来，大多数语言学者都把语言看作独立于人类其他认知形式之外的自足的结构系统，只能从系统内部做出解释。因此，长期以来，语言形式特征的研究取得了许多成果，形成了一些著名的学说和流派，与之相比，语义和语言理据性方面的研究明显滞后，直到近年来情况才有所改变。

实际上，语言作为人类认识世界、表达思想的工具，不可能不带上人类认知的印记。任何语言表层的形式背后，都有深层次的认知动因，有怎样的认知经验，便会有怎样的语言表达。认知语言学研究证明，在抽象的任意性之外，语言结构还体现了象似性（iconic）的性质，而且与印欧语相比，汉语的象似性更为突出。文旭（2001）总结 Haiman、Givón、Landsberg 等人的观点后指出，汉语的语序（原文为"词序"）受到图象序列原则、与说话人接近原则、邻近拟象原则以及文化规约拟象原则等四个原则的支配；曹地（2011）在讨论汉语语序的理据性时提出了时间顺序原则、空间范围原则、感知顺序原则、与人近似原则、图式突显原则、文化规约原则、距离相似原则、词法句法平行原则等八大原则，其中前七条都与象似性有关。在前贤研究的基础上，本书将语序的象似性原则简要概括为以下四种类型：顺序象似性原则、距离象似性原则、凸显象似性原则和文化象似性原则。

一　顺序象似性原则

（一）时间顺序原则

汉语语序对客观现实世界的临摹突出地体现在时间顺序原则上。在汉语研究中，戴浩一（1988）、谢信一（1991）开创了该领域研究的先河：戴浩一（1988）提出了时间顺序原则（The principle of tempore sequence，简称PTS），谢信一（1991）指出了汉语时间顺序的特点并描写了其认知意象：两个句法单位的相对顺序取决于它们所表示的概念领域里的状态的时间顺序。时间顺序原则得到了汉语中许多句法现象的印证，因而被称作汉语的"肖像性特征"。

这方面的例证有很多，如名词性凝固词语一般按照时间上先出现的事物在前、后出现的事物在后的顺序排列：

早午晚/春夏秋冬/起承转合/现在与将来

含排序义的动词性短语，如连谓短语、动补短语、递系短语也遵循同样的原则，如：

上网聊天/结婚生子/看懂/洗净/借书看/请他来

短语之间的排序和单句间的排序也遵循时间顺序原则，当两个汉语句子由时间连接词，如"再""就""才"等连接起来时，第一个句子中事件发生的时间总是早于第二个句子。例如：

㉘你吃完饭再给我打电话。

㉙装修完就搬进去。

⑧⑤做完作业才能出去玩儿。

如果调换前后句的顺序，句子是不合汉语语法的。但如果译成英语，则不必遵循时间顺序原则，甚至时间上后发生的事件反而会出现在句子的开头。

汉语中还有些句子的内部组成成分前后顺序可以变化，变化后语法也说得通，但表意却不同了。例如：

⑧⑥我坐地铁到西单。

⑧⑦我到西单坐地铁。

例⑧⑥中，“我”的目的地是“西单”，例⑧⑦中的“西单”则是坐地铁的出发地。两个谓词短语因为时间顺序的不同而出现两种顺序，语义也有两种不同的解释。

石毓智（2002）曾指出，汉语的时间词语遵循“时间位置 + 谓语动词 + 时间称量”的分布规律，处所成分的排列顺序则表现为“处所原点 + 谓语动词 + 处所终点”，例如：

⑧⑧a. 我六点钟起床。（“六点钟”表示时间位置）

b. *我起床六点钟。

⑧⑨a. 我已经学习了三个小时了。（“三个小时”表示时间称量）

b. *我已经三个小时学习了。

⑨⓪a. 在地上跳（跳的动作就在地上发生，“地上”表示处所原点）

b. 跳在地上（从别处跳在地上，“地上”表示处所终点）

其实这个规律体现的也是时间顺序原则，动作发生前的时间或地点应置于谓语动词之前，而动作持续的时间或动作完成的终点应置于谓语动词之后。

状动短语也遵循时间顺序原则。状语一般排在动词之前，如：

⑨①她从广州来。（先有出发的起点后有动作的发生）

㉒小姨到云南玩了一个月。（先到目的地后旅游）

这是状语为介词短语的情况，状语表情状的句子如：

㉓病人满意地离开了诊所。（先有工具再做动作）

状语表工具的句子如：

㉔中国人一般用筷子吃饭。（先有状态再做动作）

但状语表示情状时，顺序是可以调换的。如："努力地学"和"学得努力"。用于动词前作状语的形容词主要是表示动作行为进行的方式，用在动词后作补语时则是表示动作所达到的结果状态。二者的区别在于，形容词"努力"位于动词前时表示"学"这一动作的伴随特征，可用在表达未然的语境之中，例如可用"同学们一定要努力地学习"表达说话人的期望；而当"努力"位于动词后时，一般用于对动作行为的评价，多用于已然语境。在汉语教学中，留学生通常不了解这两种表达方式的差异。

状语为比较结构时 PTSC 也同样适用，这体现为先比较后判定结果的认知过程，如"我比她大"。也就是通常人们所说的首先要有比较的对象，然后才能出现比较的结果。可见，现代汉语中"比"字句的语序也是按照时间顺序原则来安排的。

在上述研究基础上，戴浩一（1988）进一步提出了时间范围原则（The principle of temporal scope，简称 PTSC），认为如果 X 表示的时间概念处于句法单位 Y 表示的概念状态的时间范围之中，那么语序是 YX。根据该原则，时距小的成分应该排在时距大的成分之后。这在汉语中是一条更加普遍的原则，即不论在时间上还是空间上，大范围成分总是先于小范围成分。PTSC 可以解释为什么汉语的时间副词和时间状语从句不会出现在动词之后。例如：

㉕a. 北京今天下雨了。

　b. 今天北京下雨了。

c. *北京下雨了今天。

因为动词所表示的动作行为的时距处在时间名词指定的时距之内，所以根据 PTSC，动词应位于时间名词之后。

在对待时间的问题上，谢信一（1991）指出，汉语因发明真实、推断、想象的时间序列而拥有一套十分强大的基于事件时间顺序的临摹原则。事件可以有真实的时间顺序，也可以没有，但都被处理成仿佛按真实的时间发生。真实时间可能是所有语言社会客观的认知对象，但推断的和想象的时间则是说汉语者主观的巧妙发明。例如，动结式短语"撕碎""赶走"，在某种意义上，"撕"造成"碎"，"赶"引起"走"，但是细究起来，虽然动结式所表示的场景涉及真实的时间，但动作阶段和结果阶段并非表现为界限分明的序列，而是时间上有重叠。比如"撕"一张纸使它"碎"了，"赶"一个人使他"走"了，实际上"撕"和"碎"，"赶"和"走"大致是同时发生的，并无可以清晰感知的界限。由于汉语已经选用真实时间来排列场景的各部分，想象时间的序列原则只是真实时间序列原则的简单延伸。这样，说汉语的人就创造了两种时间：真实时间和想象时间。于是戴浩一（1988）的时间顺序原则可以分成三部分：①真实时间顺序原则；②推断时间顺序原则；③想象时间顺序原则。谢信一提出的"推断的"和"想象的"时间概念，对戴浩一提出的时间顺序原则进行了补充，使该原则具有了更强的解释力。

时间顺序原则在一条总原则下概括了大量的语序规则，在汉语语法中具有很高的解释价值，在汉语教学中具有非常重要的指导意义。

（二）空间顺序原则

一般来说，空间比时间更容易被人类感知。因为时间看不见、摸不着，而空间概念往往借由人类对自己身体在物理方位上的认知而形成。如，眼睛能看到的是"前"方，与"前"相反的是"后"，头部所在的是"上"，与上相反的是"下"。上下、前后等空间感知强烈地支配着我们的语言结构语序，与人类的目力范围相适应，"上""前"分别为优先出现的项目，如：

上有天堂，下有苏杭/上知天文，下知地理/上蹿下跳/上下翻飞

一前一后/前呼后拥/前街后巷/前仰后合

与说话人距离近的词语通常在前，距离远的通常在后：

这个那个/这里和那里/这些跟那些

我们在北京的地铁站看见了一个很有代表性的广告：

这么近，那么美，周末游河北。

河北地理位置离北京很近，为了推广旅游自然要说"这么近"，但近归近，毕竟还有点距离，而且"距离产生美"，因而要说"那么美"。

前文提到，戴浩一（1988）在时间顺序原则基础上进一步提出了时间范围原则，由此把汉语中表示范围的成分之间的排列纳入时间顺序中进行讨论，即不论在时间上还是空间上，大范围成分总是先于小范围成分，例如：

2019 年 8 月 3 日/星期五下午一点/去年秋天
北京市朝阳区定福庄南里一号院

蒋平（2004）承认时间顺序原则抓住了汉语语序的一大特点，但认为还存在一些这一原则无法涵盖的内容，因此提出了"语言结构的空间顺序"原则，即语言中的表达成分可以按照内容或概念上的范围大小、程度高低、形状大小、层次或位置的高下、距离远近、关系疏密、分量轻重等形成特定的语序。蒋平分别以名词性的向心结构和动词性的向心结构为例来解说空间顺序的组织方式：

7 栋 3 单元 5 楼左边的人家
人的内心深处的思想变化

这两例中空间范围由大到小依次是"7 栋 > 3 单元 > 5 楼 > 左边 > 人家"，"人 > 内心 > 深处 > 思想 > 变化"。

二 距离象似性原则

"距离象似性"原则,指一个句子中语言成分之间的物理距离取决于该成分所代表的概念之间的心理距离。这一原则来源于隐喻的认知方式,它把形式关系看作对意义关系的临摹,就是说,语言要素之间的表层形式距离越近,其相对应的意义的联系往往也越紧密,反之亦然。

距离象似性原则通常用来考察语言中作为修饰语的定语、状语的内部构成及排列顺序。在汉语研究中,沈家煊(1993)、张敏(1998)先后用"疏密关系的象似"来分析汉语名词短语中"的"字的隐现问题,认为定语和中心语之间的距离取决于它们所表达的概念之间的距离。例如"你妈妈"和"你的衣服"的差异,"你"和"妈妈"这两个概念之间的领属关系不能改变、不可转让,可见非常紧密,要在语言结构上表现出这种紧密的联系,"你"和"妈妈"之间就可以不用"的";而"你"和"衣服"之间的领属关系可以改变、能够转让,因而比较疏远,所以必须插进去一个"的"来临摹这种关系。也就是说,在语言形式上可以利用"的"的隐现来调节定语和中心语之间的距离,以实现形式与内容的象似。

这一规律还可以用来解释定中关系的词和短语之间的区别:概念上体现中心词最稳定属性的修饰语与中心语形成的结构最为稳定,即凝固成词。如:

平房/牛奶/香瓜/蛋糕

我们通常可以说"小平房",但是一般不说"平小房",可以说"甜牛奶",但不说"牛甜奶"等,语序不能随意更换,说明不同概念之间的远近距离不能任意安排。

陆丙甫、郭中(2005)将"语义靠近"的临摹语序从多重定语的语序分析扩展到了多重状语的语序分析:跟核心名词关系越紧密的成分越靠近核心名词,同理,跟核心动词关系越紧密的成分越靠近核心动词。例如:

一个戴眼镜的小男孩儿

刚才在图书馆借的那本精装英语语法书

对于这个孩子，"男"这个性别是最本质、最稳定的属性，所以距离中心词最近，同时年龄也是孩子阶段性固定的属性，其重要性高于穿戴这个可以随时改变的属性，而穿戴上的区别度又高于"一个"这种数量短语，可见，上述修饰语与中心语"孩"语义关系的疏密在语序上得到了象似的体现。同样，"刚才""在图书馆借的""那本""精装""英语语法"与中心语"书"的语序也是由语义关系的疏密程度决定的。

又如：

⑯他七八岁时就能跟外国人用英语流利地交谈。

⑰对方故意从他背后偷袭。

"七八岁""跟外国人""用英语""流利地"对于中心词"交谈"的语义关系，也充分体现在了语序上。"流利地""用英语"分别反映了"交谈"时的语言使用状态和所选择的语言工具，这都是与动词中心语关系最为紧密的，"跟外国人"是"交谈"的对象，重要性仅次于对动作本身的修饰，"七八岁"是对动作发生时间的限定，覆盖的是整个句子，与中心词的关系相对远一些。同样，第二句中"故意""从他背后"与动词"偷袭"的疏密关系也可借由语序体现出来。

由例证分析可见，不同学者采用的"疏密关系的象似性"、"距离象似性"以及"语义靠近的临摹性"等术语，实际内涵相同，本书将它们统称为"距离象似性"原则。

三　凸显象似性原则

凸显观是认知语言学研究的三大路向之一，它以"图形—背景"理论作为理论基础，认为知觉主体按特定的方式把经验材料组织成有意义的整体：如果对某一对象进行"凸显"，该对象就成为"图形"，而视域中其他没有被"凸显"的部分则相应地成为"背景"。

廖秋忠《现代汉语并列名词性成分的顺序》（1992）一文提出了决定现代汉语中并列名词性成分排列顺序的若干原则，其中包括显著性原则、重要性原则、立足点的原则、熟悉程度的原则等；后来的一些研究，如文旭

（2001），张彦群、辛长顺（2002）等将这些原则扩展应用到并列名词性成分以外的更大的考察范围并进行更加详细的解说，但其核心观点并没有改变。我们认为，廖秋忠提到的一些原则可以概括为认知主体对特定对象的凸显操作，包括以下几种情况。

（一）显著项领前

"显著"（saliency）指"某一刺激物或其某一方面的突出性或醒目性"，由于认知对象本身就具有重点突出的客观属性，因而便于成为凸显的对象，如整体相对于局部、包含相对于被包含、地位高的相对于地位低的、数量多的相对于数量少的等。

整体相对于局部：

> 岁月／章节／店铺／都市／乡村

包含相对于被包含：

> 一瓶水／两碗饭／一脸慌张／一身疲惫

主要的相对于次要的：

> ⑱这所学校拥有一流的教学条件，教学楼、实验楼、办公楼、宿舍楼、食堂、健身房，构成了一组现代化的建筑群。

数量多的相对于数量少的：

> ⑲我校现有本科生8000人，硕士生2000人，博士生500人。

（二）无标记项领前

对人的认知而言，无标记项花费的时间和精力更少、使用频率更高、分布范围更广，通常会排在有标记项之前（关于标记理论，参见第7章）。例如：

高矮/远近/长短/厚薄/宽窄/胖瘦/美丑/真伪/优劣

除以上常规语序外，凸显象似性原则在语用语序中也发挥着重要的作用。如，正常语序的无标记默认形式是"你怎么了"，但为了表现问话人的急切心情，可以根据凸显象似性原则采用"怎么了，你?"的有标记语序。

四　文化象似性原则

语言是文化的容器和载体，一个民族语言的词汇系统能够直接或间接地反映该民族的文化价值取向。我国历史悠久，两千多年的封建社会逐渐形成了一个等级分明的社会结构，官僚体制、家族体制对中国文化的影响深远而持久，渗透到人们心理的方方面面。以词序排列为例，一般尊者在前、卑者在后，如："君臣""主仆""师生"，长者在前、幼者在后，如："父子""母女""祖孙"等。传统的"男尊女卑"思想在词汇中也留下了印记，男性（亲属）称谓词通常排在女性（亲属）称谓词之前，如："父母""兄弟姐妹""夫妇""男男女女"等。

文化规约对语序的影响与前述的"顺序象似性原则""凸显象似性原则"多有交叉，说明语序规律既受到人类普遍认知规律的影响，也受到汉文化独有因素的制约。

通过探究人类认知规律对汉语语序的影响，可以看到：人类作为对世界认知的主体，其认知世界的方式影响到语序排列的方方面面。比如连动句对于时间顺序原则的体现、主谓谓语句对于汉民族特有的由整体到局部、从宏观到微观空间认知规律的体现等。在教学中适时、适度地向学习者介绍语序形成的背后动因，能够使语法教学与现实世界关联起来，有助于学习者更好地理解抽象、复杂的语序规则，高效地实现汉语作为第二语言的教学目标。

第四节　话语信息理论与现代汉语语序研究及教学

语言是人类最重要的交际工具，交际的需要促使语言形式做出适当的安排以传递合适的信息。这就是说，人们使用语言时必须从信息传递功能的角度去安排语序，信息组织方式对语序的变化具有重要的影响。

一 话语信息理论概说

布拉格学派最早关注到信息在句子建构中的意义。1939 年，马泰休斯（Mathesius）在《论句子的功能观》一文中提出了句子的实际切分的思想。他把句子切分为主位（theme）、述位（rheme）和连位（transition）三个部分，并指出这种切分的目的是研究句子是如何与上下文语境发生联系的，与从语法角度进行的形式切分迥然不同。主位是位于句首的成分，它是话语的出发点，在交际过程中起引出话题的作用，传递交际双方已知的信息，述位是围绕主位进行的叙述、描写和说明，传递对方未知的信息，连位是把主位和述位连接起来的过渡成分。后来，许多语言学家主张把连位看成述位的一个组成部分，就形成了现在我们熟悉的"主位—述位"格局。

不难看出，马泰休斯的句子切分是以信息传递功能为着眼点的，后来系统功能语言学派的韩礼德继承和发展了这一思想，提出了信息结构理论。信息结构的研究最早以句子为单位，把句子分析为已知信息和新信息。已知信息是指说话人和听话人不必明言而双方共同具有的知识，可以是听说双方一致理解的背景知识、常识公理，也可以是由环境或前面的话语提供了的信息。新信息则相反，是指不能从环境或前面的话语获得的信息。

根据人类的认知规律，人们在传递信息时总是习惯上从已知信息出发，而后引入新信息，因而在正常情况下，"已知信息—新信息"就成为一种最基本的信息结构模式。整个言语交际过程就是这样以已知信息作为表述的基础和出发点，引进新信息并把新信息作为表述的核心，不断地从已知信息向新信息推进的信息交流过程。例如：

⑩甲：你的申请有结果了吗？

乙：已经批下来了。

通常是主语对应于已知信息，谓语对应于未知信息，而信息中心或焦点一般在句子的后半部。例⑩中，对话以"申请"为话题展开，"你的申请"是谈话双方共知的已知信息，由于是双方都已知的信息，乙的答话中还可以把它省略不说；"有结果了吗"是对新信息的询问，"已经批下来了"是"新信息"。

在相当长的一段时期里，国内外的学者对信息状态看法基本上是"两分法"——已知信息和新信息。进入 20 世纪 70 年代，开始不断有学者对已知信息和新信息的界定提出新的主张。Chafe（1976）在考虑了时间因素和意识的动态特征的基础上，提出了已知信息、新信息和可及信息三分论。Prince（1981）从"知"和"传"两个维度将信息分为已引用的信息、未使用的信息、可推知的信息、包含着可推知信息、有依托的新信息和新信息六种状态。国内学者徐盛桓（1996）也提出了"零位信息、已知信息、相关信息、已知信息＋新信息、新信息"等五种信息类型。与之前的简单二分法相比，这些分类更为细致，兼顾到了话语主体在不同阶段意识的动态特征，然而这种通过进一步划分次范畴来完善对信息状态认知的尝试并不能使我们对信息的认识产生质的飞跃，相反，由于不同信息状态之间很难找到明晰而又客观的界限，这些分类的实际应用价值并未得到广泛的认同。不过，这些分类法引入了一种新的思维导向，即更多地考虑到话语主体在信息传递中的作用，"已知信息""新信息"的认定主要取决于话语主体的认知状态。

事实上，Halliday（1994）明确指出新旧信息虽然是以听众为导向的，但也是说话人话语策略的表现，也就是说，说话人的话语策略可以引导听众将某一信息处理为已知信息或新信息。沿着这一方向，屈承熹（2006）提出，"已知信息和新信息的区分应根据信息来源和信息处理方式进行。因为从信息来源层面上说，固然词语本身带有的已知信息或新信息分别与低信息值和高信息值对应，但这种情况并非一成不变，如果在信息处理层面对这些词语进行刻意的组织和加工，则可以使它们呈现出不同的信息值"。也就是说，尽管已知信息与低信息值具有显著的相关性，新信息与高信息值具有显著的相关性，但这两个层次是各自独立的，在必要的情况下，可以做出超常规的安排。话语中的信息并不总是一成不变地按照常规进行组织和包装，相反，说话人可以根据自己的交际意图对已知信息和新信息做出具有主观性的安排。

语言的信息结构研究主要包括两个层面、三个视角。两个层面一是指小句层面，主要是根据词序、韵律等将小句切分为话题、说明、焦点、背景等信息单位，讨论信息的排列与分布等问题；二是语篇层面，主要是与小句信息结构相关的语篇连贯问题，如主位推进模式、文内的衔接手段、篇章结构等。三个视角指对信息组织方式的观察角度，包括已知信息—新信息、预设—焦点、背景化—前景化。上述研究都与语序安排有关，但目前大部分研究还停留在理论语法层面，相关成果尚无法直接应用于教学。目前对汉语作为第二语言的语法教学来说，"已知信息—新信息"的概念比较简单、贴合教学实际，因此本节选取这个视角讨论信息结构与语序教学的关系。

二 信息的"有定/无定""已知/未知"与语序安排

语序安排与信息结构的对应关系在不同语言中差异很大，各种可能实现的语序都是信息结构和句法结构共同作用的结果。在基本意义保持不变的条件下，可以通过改变语序来调整信息结构，或者可以反过来说，信息传达的需要是语序改变内在的驱动力。

"有定/无定""已知/未知"是语言信息结构中的概念，这两组概念既有共同点又有区别，并不总是呈一一对应的关系。"有定/无定"是名词性词语所指的事物具有的一种性质，即根据上下文或说话人及听话人共有的知识判定该事物是不是可以识别的。陈平（1987）对它的定义是："发话人使用某个名词性成分时，如果预料受话人能将所指对象与语境中某个特定事物等同起来，能把它同语境中某个可能存在的其他同类实体区分开来"，这个名词性成分就是"定指的"（identifiable），反之，就是"不定指的"（non - identifiable）。可见，信息的"已知/未知"与说话人、听话人以及语境都有关系，而"有定/无定"只与说话人一方有关。正如范继淹（1985）所指出的："'已知'并不等于'确定'或'定指'。这两个概念不能混淆。"例如"全国思维科学学术讨论会八月七日在北京召开"这样的句子，"每一个名词性成分对读者来说都是未知的，然而又是确定的"。

另外，"有定/无定"主要是对名词性成分性质的区分，而"已知/未知"的考察对象则既可以是名词性的也可以是非名词性的。例如"小李去美国了"，从信息结构上看，"小李"是已知信息，但新信息不是"美国"，而是整个述位部分"去美国了"。专名"小李""美国"都是定指的典型形式，都是已知信息。

同时，"有定/无定""已知/未知"又是关系非常密切的一组概念。赵元任（1968）指出，汉语中的主语都有话题性质，"主语常常表示已知信息，谓语则介绍未知信息。……因此有一种强烈的趋势，主语所指的事物是定指的，宾语所指的事物是不定指的"。这一观点对汉语语法学界产生了很大的影响。朱德熙（1982）也认为，"汉语有一种很强的倾向，即让主语表示已知的确定的事物，而让宾语去表示不确定的事物"。也就是说，已知信息和定指词语之间有很强的相关性，新信息和不定指词语之间有很强的相关性。就陈述句而言，有定成分和已知信息往往位于话语的前部，无定成分和未知信息往往位于话语的后部。

对于以少数非宾格动词为核心的句子而言，当动元是光杆名词时，"有定/无定"与"已知/未知"是基本一致的。如"客人来了"和"来客人了"，动词前的"客人"既是已知信息也是有定的，动词后的"客人"既是未知信息又是无定的。一般非及物动词因其唯一论元不能居后，所以只有有定和已知相对应的情况，而没有无定与未知相对应的情况。如"小红笑了"，"小红"既是已知信息也是有定的。及物动词的情况就比较复杂，动词后也可以接有定的名词，但往往是新信息的一部分（熊岭，2014）。

"有定/无定""已知/未知"概念在句子的编码过程中发挥的重要作用，在语法教学中可以得到很好的应用。例如在存现句教学中，汉语学习者常会造出下面这样的句子：

⑩⑴*那边过来了王老师。

⑩⑵*桌子上放着那本书。

⑩⑶*操场上站着运动员，等着比赛。（转引自程美珍，1997）

存现句的宾语，也就是表示人或事物的名词，一般来说应是不定指的。

由于"定指"的概念汉语初学者可能很难理解,我们可以大致上解释如下:汉语一般将已知的、确定的信息放在句首,新信息放在动词的后面,新信息一般是不确定的。

那么,落实到具体的语言形式上,如何表示"有定/无定""已知/未知"的信息呢?在很多形态丰富的语言里,定指与不定指可以通过冠词来体现。但汉语没有冠词,一般是借助词汇手段来表达。陈平(1987)将汉语名词性结构划分为七类:人称代词、专有名词、这/那+量+名、光杆普通名词、数(量)名结构、一(量)名结构、量名结构。这些结构常用来体现定指与不定指特征:前三组人称代词、专有名词、指量名结构不受句法位置的约束,始终指称定指成分;最后两组一般只用来表现不定指成分,其中一(量)名短语是最典型的不定指;中间两组即光杆名词和数(量)名短语具有灵活性,在不同句法条件下表现出不同的性质。随着研究的深入,人们逐渐认识到"有定—无定"并不是截然割裂开来的,而是呈现连续统的特点。方梅(1993)对定指的成分提出了一个有定性由强到弱的等级序列:代词>专有名词>称谓词>这/那+量+名>领属性定语+名词>光杆普通名词>限定性定语+名词。这些归类也许还不能涵盖某些特殊的语言事实,但对于汉语作为第二语言的教学来说,还是具有一定指导意义的。

所以主语前面经常带表示确定信息的定语,如"这/那"等指示词、领属性定语等,而宾语前面一般带表示不确定信息的定语,如数量短语等。这些词汇手段就像支架一样,可以帮助学习者将抽象的语法规则落到实处,更准确地掌握汉语句子的构造规律。教师还可以将例⑭、例⑮、例⑯进行变换,通过句式变换的练习来加深学习者对语法规则的理解。如:

⑭'王老师从那边过来了。

⑮'那本书放在桌子上。

⑯'运动员站在操场上,等着比赛。

如果我们把视野再扩大一些,观察存现句以外的情况,会进一步发现,有定是汉语话题的基本特征,只有具有定指特征的词语才能比较自由地出现在话题位置上，而不具有定指特征的词语则不允许出现在话题位置上，或要在特定的句法条件下才能充当话题。如：

　　⑩那个纸袋我扔了/那个纸袋扔了/我把那个纸袋扔了/那个纸袋被我扔了。

　　⑩*一个纸袋我扔了/*一个纸袋扔了/*我把一个纸袋扔了/*一个纸袋被我扔了。

　　⑩我扔了一个纸袋。

"一个纸袋"是不定指的，"那个纸袋"是定指的，因而"那个纸袋"可以出现在句首，充当话题，而"一个纸袋"则不行，"一个纸袋"这样的不定指成分一般出现在动词后的宾语位置上。

　　不过，"无定"成分不作主语，也并不是绝对的。如：

　　⑩一盒巧克力都被她吃了/一盒巧克力她也没吃。

　　⑪一位哲人说过，每一个成功的男人背后，都有一位伟大的女性。

　　例⑩中，无定成分"一盒巧克力"充当主语，是在"一……都/也……"特定的句法条件下实现的；例⑪中，"一位哲人"也属无定名词性成分，范继淹（1985）认为这种句子形式可以看作"有指句"的一种变体形式，句首"有"字的脱落导致了无定 NP 主语句的形成。

　　综上所述，"有定/无定""已知/未知"这一组概念，结合语序的动态变化，可以清晰地展现汉语语序的作用，加深汉语学习者对汉语特点的把握。不过，对于信息结构究竟如何影响语序这一课题，目前可直接应用于教学的成果还不够丰富，我们期待未来有更多的理论研究成果能够对实际教学起到指导作用。

第六章 当代语法理论与现代汉语的
语体研究及教学

第一节 现代汉语的语体系统

一 语体的概念

根据《现代汉语词典》（第 7 版）的定义，语体是"为适应不同的交际需要（内容、目的、对象、场合、方式等）而形成的具有不同风格特点的表达形式"。在此基础上，很多学者对"语体"的概念做出了进一步的概括和解说，而由于切入角度的不同，不同研究对语体的概念、性质等问题所做的阐述各有侧重。

目前学界对语体的定义影响较大的有两种。

（一）"语言特点体系"说

最初的研究首先关注到不同语体的特点，如：

说话人根据表达内容、交际目的、听众/读者的特点、交际场合等实际，选择运用民族语言材料（词、句），自然就产生一些特点。这种特点综合而形成的类型就是语体（张弓，1963）。

语体是由于交际方式和活动领域的不同而形成的言语特点的综合（唐松波，1985）。

也有学者采用"语言风格类型"的说法，如：

由于交际的目的、内容、范围不同，在运用民族语言时也会产生一些特点，这种特点的综合而形成的风格类型，叫作"语体"（林裕文，1957）。

所谓"语体风格"实际上就是由于使用语言的交际范围不同、目的不同、内容不同等原因在历史上所形成的某些主要的语言风格。这些语言风格在历史发展中逐渐演变成为几种不同的类型，这种语言风格的类型，一般叫作"语体"（周迟明，1959）。

（二）"功能变体"说

随着研究的推进，人们的关注点开始从语言的内部特点、风格转向语言的外部功能，如下面的这些定义。

语体也就是全民语言在不同交际领域和交际范围内进行功能分化的言语变体，也叫作言语的功能变体（王德春、陈晨，1989）。

语体是语言运用的交际功能变体。人们在运用全民语言进行交际时，由于交际目的、对象、内容、方式、场合等的不同，因而在选择表达方式和运用语言材料等方面形成一些各具特点的言语表达形式，即语言的功能变体，简称语体（李泉，2004）。

语体是运用民族语言共同语的功能变体，是适应不同交际领域的需要所形成的语言运用特点的体系（袁晖、李熙宗，2005）。

语体就是一种类型的言语活动得以实施而必须满足的、对实施者行为方式的要求，以及这些要求在得到满足的过程中所造成的、语言在使用方式或语言形式上成格局的变异在语篇构成中的表现，是一个由特定类型的言语活动对行为方式的要求（功能动因层），以及这些要求在实现的过程中所造成的成格局的语体变异（语言变异层），二者相互制约而形成的双层结构体（刘大为，1994、2013）。

目前关于"语体"最新的定义来自冯胜利、施春宏（2018），他们指出，凡交际，皆有交际内容、场合、对象和态度等的差异，这些基本要素的差异决定了交际距离的远近和高下，在语言上表现为或正式，或随意，或庄重典雅，或通俗随便，即交际语言呈现为一种具有推远或拉近、提高或拉平交际距离的功能的交际体式。因此，语体是实现人们在直接交际中具有原始属性的、用语言来表达或确定彼此之间关系和距离的一种语言机制。

上述两种定义各有侧重，"语言特点体系"说着重从语言本体的角度揭示语体的本质属性，"功能变体"说着重从交际功能角度揭示语体的本质属性。除以上两种定义外，还有研究从语体的形成过程来定义语体。如语体是人们在长期的语言运用过程中，对语言运用与语境之间的选择关系类型化的结果。这种类型化不是一时完成的，而是经历了一个由不确定态到范模化的历时沉淀过程，是具体的、个人的话语反复运用所形成的为特定的语言社群单位全体成员共识的约定俗成的语用范式（丁金国，1997）。这些从不同视角对语体本质属性的探讨，是语体理论不断发展和深化的表现，有利于我们从不同方面理解语体的性质。

二 语体的分类

关于语体的分类，学界一般按照其在不同的社会活动领域所发挥的不同交际功能，首先将语体分为口语语体和书面语体，然后再把书面语体分为四个下位体：文艺语体、科学语体、政论语体和公文语体。这种分类首见于张弓的《现代汉语修辞学》（1963），后来胡裕树主编的《现代汉语》（1980），黄伯荣、廖序东主编的《现代汉语》（1991），张静主编的《新编现代汉语》（1980），宋振华、吴士文等主编的《现代汉语修辞学》（1984）都沿用了这种分类方法。

20 世纪 80 年代以后，很多学者提出了更加细致的语体类别。例如，郑颐寿的《语体划分概说》（1987）将语体首先分为书卷语体和口头语体；然后把书卷语体分为艺术体、混合体和实用体，把口头语体分为演讲体、讨论体和谈话体；第三层次再把艺术体分为韵文体、散文体，混合体分为文艺性科学体、文艺性实用体，实用体分为科学语体、应用语体。常敬宇（1994）把口语语体分为郑重语体、客气语体、熟稔语体和俚俗语体。

这些语体分类由粗疏走向精密，由只重视书面语而扩大到兼顾口语，取得了一些研究上的进展。不过这些分类基本上延续的是同一个研究思路而并没有本质上的不同，即都是从使用域出发对语体进行分类。这种分类方法直观、便捷，得出的结论通俗易懂，符合人们头脑中的印象，因而影响深广，成为长期以来语体分类的主要方法。但问题是，从使用域出发对语体进行的分类不能充分体现语体自身的特点（朱军，2012；刘大为，2013），因为一种语体可适用于不同的使用域，一个使用域也须由多种语体来满足，使用域与语体之间并无直接对应的关系，从使用域出发划分出的不是语体的类，描写的也不是语体类的特征（刘大为，2013）。

由于上述分类的种种弊端，一些学者开始另辟蹊径，重新考虑语体分类的标准问题。越来越多的研究者认识到，面对复杂的语体现象，依靠任何单一的标准把语体做穷尽的分类都是不现实的，多层次、多角度、多序列的分类方法已成为语体研究发展的新趋势。

陈汝东（2004）在《当代汉语修辞学》中提出，从交际方式可以区分出口语语体、书面语体、声像语体；按传播信息的性质，可以区分为实用语体、艺术语体；按照交际领域，则可以区分出文艺语体、科技语体、公文语体、政论语体、新闻语体、广告语体等。陈汝东还指出，语体的划分也不是绝对的，有些语体具有相对独立的区别性特征，比如口语语体和书面语体、实用语体和艺术语体，有些语体则具有交叉性特征，比如政论语体、新闻语体、广告语体等。

陶红印（1999）介绍了当代语言学在语体观察方面的一些新的视角，包括：①传媒和表达方式，传媒即语言表达的工具，包括手、耳、笔、纸、声音、文字等。表达方式指语言特征的选择，口语和书面语是两类典型的表达方式。把媒体和方式两个概念区别开来，可以帮助我们更确切地说明传统意义上书面语内部以及口语内部的不同，例如，作为书面传媒的书信，其内部也有方式的区别，有的比较口语化，有的比较正式；②有无准备，主要指事先投入的思考和组织努力的相对程度。无准备的语体在语言结构方面常表现出的特征是所指成分省略、话题前置、缺少连接词、句法结构简单、指代成分和重复成分多等；③庄重和非庄重，前者涉及距离较远的人际关系，对当前语境的依赖性小，后者涉及距离较近的人际关系，对当前语境的依赖性大。

张伯江（2012）在此基础上进一步指出，以这三对特征各自组合，可以得出以下八种语体可能。

Ⅰ 口头 + 非庄重 + 无准备   Ⅴ 书面 + 非庄重 + 无准备
Ⅱ 口头 + 非庄重 + 有准备   Ⅵ 书面 + 非庄重 + 有准备
Ⅲ 口头 + 庄重 + 无准备   Ⅶ 书面 + 庄重 + 无准备
Ⅳ 口头 + 庄重 + 有准备   Ⅷ 书面 + 庄重 + 有准备

上述每类语体分别举例如下：Ⅰ 类——日常交际中随意的口语；Ⅱ 类——相声；Ⅲ 类——辩论会上的自由辩论；Ⅳ 类——演讲报告；Ⅴ 类——网络聊天；Ⅵ 类——作家模拟口语风格的文学作品；Ⅶ 类——文化人士的网络访谈；Ⅷ 类——大多数"书面语"等。

刘大为（2013）在系统梳理语体研究的现状后提出应根据语体变量及其子变量的不同组配来划分语体的不同类型，所谓"语体变量"是指包括功能意图、传介方式、人际关系等的一系列语体特征。

关注语体的学科不只是修辞学，语法研究为了获得对语法现象更强有力的解释，也表现出对语体越来越浓厚的兴趣。Longacre（1983）根据有无时间连续性和是否关注动作主体这两个标准，把语体分为叙事、操作指南、行为言谈和说明四类。

	时间连续性	关注动作主体
叙事	+	+
操作指南	+	−
行为言谈	−	+
说明	−	−

典型的叙事语体具有时间连续性，关注动作的主体；操作语体具有时间连续性，但是不关注动作的主体；行为言谈不具有时间连续性，但是关注动作的主体；而说明语体既不具有时间连续性，也不关注动作的主体。

在此基础上，陈佩玲、陶红印（1998），方梅（2007），铃木庆夏（2010）分别从不同角度对叙事语体进行了考察，陶红印（2007）对操作语体进行了考察。这些成果大多是围绕语篇差异和语法差异的关系展开的，通过对不同语篇的特征进行提炼，进而探究语篇特征差异和语法差异之间的关系。由此看来，以某些语法特征为线索，为语体提出一定的局部的分类似乎是可行的（应学凤，2013）。

三 现代汉语语体研究概说

我国传统的汉语语体研究基本是在修辞学、文章学的范畴内进行的，现代意义上的语体学研究始于20世纪50年代中期。近年来，受功能主义思潮影响，学者们开始在语法研究中更加重视语体因素的影响，语体研究成为新的热点，语言研究的重心开始向语体逐渐偏移。这一阶段的研究成果主要集中在语体理论的探索和语体与语法的互动关系两个方面。

（一）语体理论研究

1. 语体的性质：典型性与原型效应

语体分类的主要难点在于，语体间的渗透非常普遍，以某一种标准给语体分类是非常困难的，因此有学者主张运用认知语言学的典型范畴理论来分析功能语体的类型（蔡晖，2004），宗守云（2013）进一步分析道：语体是一个范畴，具有原型效应。如果语体的各种制约因素，如文本、场合、目的等协调一致，就是一个典型语体的样本。而上述制约因素的非典型化，会导致语体由中心范畴向外扩展，直到边缘范畴。

2. 语体的成分

袁晖等（2005）提出应区分三种语体成分：通用成分、专用成分和跨体成分。通用成分是通用于大部分语体中的成分，例如，句型中的非主谓句，不管是名词性的或动词性的，都可以出现在不同的语体中；专用成分是只用于或常用于某一语体的成分，例如，名词性非主谓句，在公文语体、科技语体中主要用作标题；跨体成分是在具体的言语作品中出现的非本语体的成分，是本语体的言语成品中引入的其他语体的专用成分，是语体渗透的表现。例如，在文艺语体中，一篇描写公务员生活的小说或报告文学，可能会引用一些办公用语或行文用语。通用成分、专用成分和跨体成分，在词语、句子、辞格、篇章等方面都会出现，是一种十分复杂的语体现象。

3. 语体与言语行为

刘大为（1994）指出，语体的形成包括三个方面：一是交际需要，语体来自一个言语行为赖以形成的各个方面，例如行为意图、行为环境；二是由交际需要所选择的语言使用方式，即行为方式；三是由特定语言使用方式所造成的、话语或文本中的语言形式上的变异特征。由于言语是一种行为，语体是言语的类型，因此说语体是言语行为的类型。

刘大为的文章发表后，学术界就语体是不是"言语行为的类型"展开了讨论。黄念慈（1995）在肯定"语体是言语行为类型"的同时又指出："说语体是言语行为的类型，是指出语体的行为性质，并非给语体下定义，倘若要作为定义，尚需在外延上作进一步限制。"李文明（1994）则认为，言语不仅是一种行为，也是一种结果，即言语作品（也可叫"话语"）。因此，语体不是言语行为的类型，而是言语行为的风格类型。后来，刘大为（2013）对这个定义做了进一步的补充和完善，指出"语体就是一种类型的言语活动得以实施而必须满足的、对实施者行为方式的要求，以及这些要求在得到满足的过程中所造成的、语言在使用方式或语言形式上成格局的变异在语篇构成中的表现"，这个新的概括比之前的定义更加严谨和准确了。

徐默凡（2013）在言语行为研究理论的基础上，把言语行为区分为意图言语行为和语体言语行为两类，提出前者是由单一交际意图决定的言语行为类型，而后者是由交际意图、人际关系、媒介形式、表达方式等多种因素综合决定的言语行为类型语体就是语体言语行为。

（二）语体与语法的互动关系

汉语学界在语法研究中较早就注意到语体因素的影响，但一般把它看成语境或语用元素，对其在语法研究中的重要性认识还不够充分，直到"语体语法"概念的提出才正式明确了语体在语法研究中的制约作用。

1. 口语、书面语对特定语法特征的选择研究

20世纪70年代，老一辈语言学家吕叔湘、朱德熙等就呼吁在研究语法时应区分语体，如朱德熙（1987）指出，语料性质的差异会影响语法研究

的结论，要注意区分书面语和口语，因为有些句式只见于书面语，不用于口语。胡明扬（1993），刘顺、吴云（2002）分析各种语法现象的语体差异表现，提出口语与书面语的区别广泛存在，在语法研究中必须增强语体意识，区分出不同层次的语法现象，才能得出科学的结论。

很多学者分析了某些词语和句式在口语和书面语方面的使用差异，如：

胡明扬（1993）指出，口语中形容词的主要语法功能是作谓语，而非作定语，非谓形容词基本是书面语现象；形容词能否重叠也和语体相关，能重叠的都是口语中常用的；动名兼类主要是书面语现象；"被"字句主要用于书面语；口语中"墙上挂着一幅画"这类存在句中句首没有介词，书面语中却有带介词的用例等。

单、双音节词语与口语和书面语的对应关系受到很多研究者的关注：一般认为，含有同一语素的同义单、双音节词语（如"帮—帮助""买—购买"）在语体分布上呈现明显的倾向性：口语中多用单音节词，书面语中多用双音节词（张国宪，1989；董秀芳，2002 等）。但曹炜（2003）指出，口语词中双音节词占绝对优势，而书面语词中，单音节词的数量逼近双音节词的数量；而刘智伟（2005）的研究显示，单、双音节词语与口语和书面语的对应关系不能一概而论，因为单、双音节词语形成的原因非常复杂、情况各不相同。冯胜利（2003a）从书面语、口语对比的角度分析了汉语韵律语法的特征，认为汉语书面语具有独特的句法运作——［双 + 双］的格律模式以及具有独特的构语方式——［单 + 单］，这样就解释了书面语中单、双音节词语势均力敌的现象；王海峰（2009）发现离合词离析现象多出现于口语化的小说、戏剧等文学作品中，语体的庄重程度是影响离合词产生离析的前提条件，语体语言的主观性程度是影响离合词离析现象的制约因素。

此类研究中还包括一些个案分析，如董秀芳（2007）发现，"只见"作为话语标记，一般仅出现于书面语，在口语中其功能是由一些韵律手段来实现的；姚双云（2009）和孙德金（2010）分别讨论了"所以"和第三人称代词"其"在书面语和口语中的分布情况，发现它们在不同语体中的表现差异很大："所以"在口语语体中的使用频率约为书面语体的 34 倍，而

"其"在口语中极少使用,在书面语中使用频率较高。

语义、功能相近、相关的词语在口语和书面语中的分布往往有所不同,因此成对地比较分析成为研究中较常用的方法。来思平(1999)比较了副词"真"和"很"的用法,认为"真"多用于口语,而"很"在口语和书面语中分布都较广泛;彭小川(1999)分析了副词"并"与"又"的异同,发现二者都常用于否定句,不过"并"的分布范围更广,不但在口语和书面语中都较常见,而且在叙事、描写、议论等不同文体中使用也比较自由,而"又"主要用于口语之中;王灿龙(2006)讨论了"这""那"指称事件时的语体制约,认为书面语体中指代上文叙述的事件,一般倾向于使用近指代词"这",而在口头语体中,使用近指代词"这"和远指代词"那"的倾向性并不明显。

在句子层面,刘顺、吴云(2002)指出,书面语和口语在句子长短、易位、超常搭配方面有较大差异;刘丙丽等(2013)利用依存句法标注的真实语料研究有声媒体类词类句法功能的语体差别,发现各类词在书面语中作定语的倾向大于口语,在口语中名词有很强的充当宾语的能力,代词有很强的充当主语的能力,动词和形容词作谓语的能力在口语中都强于书面语,在口语中量词与代词结合的能力远远强于书面语。

随着语体意识逐渐深入人心,研究者们开始区分不同语体层次的语法现象,并把对语法现象的研究限定在某种特定语体之中,以期得出更加科学的结论。因此出现了大量专门针对口语或书面语中某一高频词语或句式进行的考察,其中话语标记的研究占相当大的比重,对此我们将在本章第四节进行详述。

2. 行业领域语体对特定语法特征的选择研究

很多学者注意到,在不同的行业领域语体中,某些词语、句式的出现频率存在差异,语法规律的适用性也有一定的差别。如,王景丹(2001a,2001b)先后描写了公文语体、谈话语体中"对"字句的使用情况;吴仲华(2005)认为,"之一"在句中位于中心语之后,主要限定双音节的体词性词语,多出现于政论语体中;杜文霞(2005)发现,不同语体中"把"字句的分布特点、结构形式以及语用功能各有差别;宋文辉等(2007)考察了会话、小说、新闻、学术四种语体中被动句施事隐现的情况，发现语体特征中叙事性和评论性、口语性和书面语性两个维度是影响被动句选用的主要因素，而且不同语体中的被动句在形式特征和信息传递功能等方面还具有种种标志性的差别；陶红印（2007）分析了操作语体中论元结构的特殊性，例如以单论元句为主、抑制施事成分的出现等；张磊、姚双云（2013）通过对指类句做语体视角上的考察，发现不同类型的指类句在语体分布和句法特征上呈现显著的差异。

3. 语体转换的功能研究

在同一篇章中，也可能包含不同的语体成分，这一语言现象并不罕见。铃木庆夏（2010）研究发现，在文白相间的叙事体中，文雅语体与白话语体之间的语体转换起着调节前景化与背景化的篇章功能。在文白相间的叙事体中，白话语体形式用于展示事件发展的过程，负载着叙述故事主线的前景信息；而文雅语体形式用于呈现围绕叙事发展的背景信息，如人物和情景的描写、叙述者情感的表达、人间事理的陈述等。

4. "语体语法"理论的提出

上述研究不同程度地考察了语体对特定语法特征选择、塑造的影响以及语体转换的篇章功能，但这些研究多侧重于个案的考察，尚未对语体形式及其特征做出体系性的理论描述。

在此领域取得突破性进展的是关于语体变量对语法特征选择的系列研究，包括以下成果：陶红印（1999）通过比较"把"字句和"将"字句在操作性语体与非操作性语体中的差异，说明细致的语体分类在语法研究中的重要意义。陶红印、刘娅琼（2010）考察了"把"字句、被动结构、光杆动词句、否定反问句等语法现象在自然会话与影视对白或文艺口语中的差异。张伯江（2007）更明确地指出了语体差异和语法规律之间的关联，主张区分"主观语体"和"客观语体"；方梅（2007）、张伯江（2012）也指出语体动因塑造着句法，语体是决定语句结构和语篇结构的重要因素。刘大为（2013）系统地梳理了相关语体变量，并提出了语体研究的若干范式。这些研究不约而同地关注到语体变量对语法特征的选择，开启了以语体变量为核心展开语法研究的新思路。

2010 年，冯胜利正式提出"语体语法"的概念，提出"语体离开语法和词汇将无从表现，语法和词汇离开语体亦将一团乱麻"的观点。基于这种观念，语体语法的研究探讨了正式体语法和庄典体语法的特征和构成原则，发现"书面正式语体的基本原则是用语法手段把正式表达和与之相关的口语表达之间的距离拉开"，于是形成了"语体不同则语法也因之而异"的基本认识。自此，语体语法研究正式展开。

语体语法是从语体的角度看语法的交际功能和属性，就汉语来说，语体语法可以帮助我们解决某些形态句法学上长期以来的困惑，解决一些"老大难"问题。随着"语体语法"理论的提出、建立和发展，语体对语法的制约和解释作用深入人心，成为进行语法研究、语料选择必须考虑的因素之一。语体研究的重心也从修辞、篇章转向语法解释，从语法角度对语体进行研究，从语体角度对语法进行解释，都受到越来越多的关注。

第二节　面向第二语言教学的现代汉语语体研究与教学

汉语作为第二语言教学的根本目的是，培养学习者得体地运用汉语进行各种交际的能力。因此，从一定意义上说，培养语言交际能力就是培养学习者的语体能力。

随着汉语作为第二语言教学的深入发展，很多汉语教学专家、教师都意识到语体教学与研究对语言习得的重要意义，学界开始广泛关注汉语教学中的语体教学。如，常敬宇（1994）很早就提出，以语体为纲的汉语教学是提高汉语教学质量的可靠保证；丁金国（1999）认为，语体教学在对外汉语教学的总体设计中应处于中心位置；李泉（2004）指出，语体问题的研究必将大大促进对外汉语教学效率的提高。然而，目前的语体研究成果还远远不能满足教学实践的需要，可以说，汉语作为第二语言的语体教学既为汉语语体研究提出了新的课题，也为其提供了新的研究思路和理论增长点。

一　面向第二语言教学的现代汉语语体研究的主要内容

在汉语教学研究中，曾有不少学者在不同场合、不同程度地触及语体问题。最初学者们只是在论述某一问题时涉及语体问题，后来逐渐转变为直接探讨教学中的语体问题，或从语体的角度来探讨教学问题。这些研究主要包括以下几个方面。

（一）语体教学理论研究

对外汉语教学语法体系的形成以 1958 年出版的《汉语教科书》为标志，随着时代的进步，这套教学语法体系的某些局限也逐渐暴露出来。因此，不断有学者呼吁要修改现有的对外汉语语法教学体系，其中建立基于语体的对外汉语教学语法体系的呼声最为强烈。如，郭颖雯（2002）通过对汉语口语教材与教学现状的分析，从汉语口语的特点、语法教学及语言交际能力培养的角度论述了建立汉语口语体教学语法体系的必要性与重要性；曾毅平（2009）认为对汉语教学适用的语体分类系统应该是包括口语体、通用语体、书面语体的三分系统；冯胜利（2003b）提出现代汉语书面语既区别于文言也不同于口语，它具有一套相对独立的语法体系；冯胜利（2006）收集了汉语书面语中的嵌偶单音词、合偶双音词和常用古语句式，论述了汉语书面正式语体受韵律制约的特征；冯胜利（2008、2010、2012）还提出了由俗常、正式、庄典三者组成的理论体系，为汉语书面语的教学提供了重要的参考。

还有学者进一步提出了"基于语体的语法大纲"的构想。李泉（2003）考察了现有的各种语法大纲，认为目前的语法体系都是以共核语法为主体，以通用的语法规则的教学为主，对口语体和书面语的语体特征体现度不够。因此，他提出建立基于语体的对外汉语教学语法体系构想，即由共核语法、口语语法和书面语语法三部分共同构成对外汉语教学语法体系。吴丽君（2004）在对口语词汇与书面语词汇进行系统考察后，主张建立基于语体的词汇教学体系，帮助学习者掌握词语的语体特征。曾毅平（2008）进一步从语音、词汇、语法三个方面提出了对语体语法大纲具体的设计：语音方面包括字词的文白异读、语流音变；口语体的韵律、轻声、儿化等的语体适应性；押韵、平仄、叠音等语音修辞方式的语体适应性等。词汇方面，首先，要从语体分类的角度整理不同语体的"语体词"。其次，可按同义系列，依语体的正式程度或功能域对同义词语给予语体定位。最后，从行业领域的角度，为专门用途汉语课程整理"行业/职业汉语词汇"。语法方面应从口语体、通用语体、书面语体的三分系统构拟教学体系，主要强调的是书面语和口语的差异性，也可以从领域语体多分的角度，对特定社会交际领域语体的语法现象按单一的领域语体设计语法教学重点。徐晶凝（2016）构建了对外汉语口语教学语法大纲的体系框架。指出口语语法体系包括结构范畴语法、情态范畴语法和话语范畴语法，并具体论述了三大范畴各自下辖的语法项目。文章认为，口语语法体系的建立应以功能作为统领之纲，此外，还应考虑到词汇—语法项目、口语次语体、体系内语法项目与备用语法项目、参考语法等问题。在对语法项目进行分级安排时，则应考虑使用频率、参与到句法结构中所表现出的难易程度以及通用度等因素。

（二）教材与教学研究

虽然语体教学已经逐渐引起了学界的重视，但由于教材编写的滞后性，相关的研究成果还没有得到及时的体现。目前教材编写中的语体问题主要包括教学材料的语体选择、词语的语体注释、基于语体的练习设计等几个方面。

第一，语言材料的语体典型性不足，是教学材料选择方面最突出的问题。早在1996年，佟秉正（1996）就指出中级汉语教学要把口语同书面语的差异作为一个教学重点。但现有的多数通用口语和书面语教材，口语和书面语的区分度不够，教材的中性语体比重太大，而中级及以后的所谓书面语很大程度上又仅局限于文学作品（李泉，2003、2004）；高级综合教材则存在多语体材料不足的问题（张莹，2005；吴越，2007）。如此种种，都是造成学习者口语表达和书面语表达区分不清、界限不明的原因（汲传波、刘芳芳，2015；马明艳，2017）。

第二，对语言材料的语体属性标注不足，是一个具有普遍性的问题。目前通行的教材，生词注释普遍缺少语体意识。注释主要包括注音、外文翻译和标注词性，而绝少提及生词的语体属性，外文翻译也没有兼顾语体方面的一致性。这就使学生无从了解该词语语体方面的功能和特点，更谈不上在实际交际中得体地运用这些语体知识。根据周利芳（2002）的研究，从语体角度考虑，教材中的词语注释应该注意以下几点：一是对典型的语体词，要标注其语体属性；二是同一课文或不同单元、不同课文中出现同义、近义词时，要相互联系、辨析其语体适用性；三是外文注释要尽可能保持与被释词语语体色彩的一致，如果实在难以保持一致，应就二者的区别加以说明。

可喜的是，近年来已有一些教材在"词语辨析"中加入了"语体辨析"环节（如北京大学出版社 2005 年推出的《博雅汉语》等），这是将语体教学理论应用于教材编写的可取做法。

第三个常见的问题是练习设计对语体的关注度不足。王晓娜（2003）通过对中级汉语教材的考察发现，练习题中广泛存在语体设置方面的问题。诸如，练习中的指定词语语体不当、练习中的示范例句不当、练习中所设定的虚拟语境同指定的语体成分不相适应等。汲传波（2009）也发现，中级综合汉语教材语言点练习设计存在语体不对应现象，即教材中设置的口语对话语体的练习形式与语言点本身所要求的书面语正式语体之间存在矛盾。

编写教材的目的是希望学生通过沉浸到真实的语境，理解并模仿教材所提供的典型范例来掌握目的语的使用规则，进而在具体情境中得体地使用目的语。然而，如果教材本身不完善，就难以实现这一目的。基于语体的对外汉语教学，教材编写者应注意各语体材料的合理配置，充实语体的类型，在语料标注、练习设计时都要有明确的语体训练意识，从训练目标、训练项目到训练效果的检测都要进行系统的规划和安排。

教材是教学的素材，而如何使用这些素材则主要取决于教师对语体教学必要性和可操作性的认识。有关研究发现，目前教师的语体教学意识还比较薄弱，听、说、读、写各课型的教学均存在忽视语体训练的问题。比如，口语体的语法教学不够系统，中高级学生语体听辨能力薄弱，写作课中体裁写作未被重视，中级阅读课书面语体的教学不足等。由于缺乏专门的语体知识学习和必要的语言实践体验，学生自然难以把握词汇的语体色彩和句式的表达功能。对此，研究者建议：①制定语体教学大纲等标准化系统，指导和规范日常教学；②从教学模式上进行改进，比如，将目前的口笔语综合训练课改为口语训练和笔语训练两门课，分别侧重口语语体与书面语体，使二者各有分工，互相补充；③在教学内容上，将语体教学纳入课程教学中；④采用语块教学法、作文体裁教学法等具体而有针对性的语体教学法（李泉，2003；鲁健骥，2003；张莹，2005；曾毅平，2008；孙行可，2017）。

（三）课程设置研究

在汉语作为第二语言教学领域，我国国内现有的学历教育和非学历教育所设置的课程大体上包括语言类课程和文化类课程两类。语言类课程包括听、说、读、写、译等技能课程，以及语音、语汇、语法、汉字教学等语言知识课程。从语体的角度分析，这些课程又可分为三个层次：第一层次是中性语体课程，这类课程不强调特殊的语体属性，其语言知识和语言技能适用于各种社会交际领域；第二层次是按书面和口头交际需要设计课程，体现书面语和口语语体的差异性；第三层次是按行业或职业汉语的差异性，设计专门用途的汉语课程，可以选修课的形式体现，学生可按自己的职业取向选修，如经贸汉语、旅游汉语、法律汉语、科技汉语等（曾毅平，2009）。

语体教学与课程设置的关系主要关注两个问题：一是口语和书面语的教学。目前语言类课程和文化类课程都以中性语体为多，大量的口语、书面语现象及其语法规则还没有总结并吸收到教学中来，语体教学的先进理念亟须落到实处。二是专门用途汉语的教学。新时代的外语人才不仅应具有扎实的听、说、读、写、译基本功，还应具有外交、外贸、经济、法律、新闻、科技等专业知识。而要实现这一目标，就必须加强语体跟课程设计和设置关系的研究，按照行业或职业划分语体的类别，虽然在分类的穷尽性和标准的同一性方面可能欠缺科学性，但从教学的角度来说却是符合实践需要的，这种课程设置有其积极的作用。

（四）语体习得研究

随着语体教学和研究的发展，人们对于语体学习的重要性都已取得了一定的共识。但是语体习得的过程到底是怎样的，相关论述却不多。李建芳（1998）较早对语体习得进行了研究，把语体的习得过程分解为语体的辨认、语体的模仿和语体能力的形成三个阶段。潘世松（2003）从语体习得的角度分析了不同年龄阶段语用主体的特征和表现，但该研究主要是考察母语者在交际方式、语言和非语言材料等语体因素方面的年龄段特征，并没有从语言能力角度分析语体习得的步骤和过程。

语体习得过程中最关键的一步就是语体能力的获得。语体能力，是指二语学习者能正确识别交际场合、交际目的及与交际对象的关系，选择不同语体确定、调节同交际对象之间关系与距离，进行成功交际的能力（莫丹，2016）。一般来说，语体能力由语境类型的认知能力、语体标记的掌握能力、语体的理解和表达能力、不同语体的转换能力四个方面构成。这四个方面的语体能力具体表现在以下几个方面：能确认进入交际的社会行为系统的性质和类别；识别功能域的正式程度；辨认与判定交际参与者各方制约语用的参数等；依据这些参数和等级主动地制定相应的交际策略；选择适应功能域需要的语言材料和表达手段体系进行交流，并能随着交际进程中话题、角色、参与者的变换而进行语体转换（丁金国，2010）。

近年来不少研究都针对高级阶段学习者的语体能力展开了调查，调查内容包括书面语听辨能力（张莹，2005），书面语辨别和表达能力（张憬霞，2009），语体能力的构成与等级、习得顺序（周芸、张婧，2010；周芸、张永芹、张婧，2011），书面语表达中的口语化倾向（汲传波、刘芳芳，2015；马明艳，2017）等。语体能力的获得过程必然伴随着偏误的发生。语体偏误有与特定语境不协调而产生的偏误，有与所选文体要求不一致而产生的偏误，有同语境中词语色彩不统一的偏误，还有因前后韵律不协调而产生的语体偏误等（刘圣心，2008；张春玲，2008；李艳，2012）。调查显示，学习者在汉语语体习得方面存在较大的困难，造成这种现象的原因比较复杂。进行语体习得方面的研究，发现学习者的语体习得规律，有利于我们有针对性地提高学习者的汉语语体能力，使第二语言学习者的汉语交际与表达准确而得体。

二 面向第二语言教学的现代汉语语体教学的主要内容

将语体研究的成果应用于教学实践，核心工作就是对学习者语体意识的培养与训练。

（一）汉语作为第二语言的学习者的语体意识概况

所谓"语体意识"，就是语用主体在语用中对语境与语用模式识别的心理过程。它使人们在语用中既能按照功能域的需要选择适应该域的语体进行言语输出，又能以同样的原则来判别和鉴定言语输入，最终完成特定的言语交际目的（丁金国，2010）。

语体意识以心理图式的形式存储于语言使用个体的大脑中，而在语言使用过程中体现为语言使用者得体的言语交际能力，就是语体能力。由此可见，语体意识是获得语体能力的客观基础，对语体能力的形成起到至关重要的作用。因此，了解语体意识的习得规律、增强汉语教学中的语体意识，成为很多学者关注的问题。如，曾毅平（2009）指出，语体意识应该贯串对外汉语教学的整个过程；丁金国（2012）强调，必须将"语体意识"的培养置于对外汉语教学的核心地位。很多学者认为，为提高表达的准确性和得体性，必须在教学中注意培养学习者的语体意识，加强语体实践能力的训练。

对汉语作为第二语言的学习者语体意识的了解，主要是通过问卷调查、测试等方法实现的。研究发现，留学生的语体意识总体来说比较薄弱，缺乏"语体感"（主贵芝，2014；汲传波、刘芳芳，2015），具体来说，留学生对口语语体/非正式语体的理解和掌握好于书面语体/正式语体，因此普遍存在书面正式表达口语化的问题（王桢，2012；汲传波、刘芳芳 2015；莫丹，2016）；词汇语体属性对中高级水平留学生的句子语体辨识的影响最为显著，句法的语体属性其次，而语音的语体属性的作用相对较弱（付先绪，2016）。

（二）汉语作为第二语言的学习者语体意识的培养与训练

1. 语体意识的习得规律

我们知道，第二语言习得与第一语言习得在很多方面都存在显著差异，语体意识的习得也是如此。第一语言语体意识的习得，是在习得语言和文化的过程中自然实现的，虽然学习者也要接受阅读、写作等专门的训练，但习得的成分要远多于学习的成分。而第二语言语体意识的获得则不然，学习者无法获得母语习得过程中的那种自然环境，无论是语言还是文化都缺乏充分的输入和熏陶，因而必须通过有意识的学习和训练才能取得一定的效果。

依据语体能力习得规律，语体意识的培养顺序应该是：先让学习者掌握通用汉语，即介于典雅语体与俚俗语体之间的中性语体，随着学生汉语水平的提高和学习内容的深化，再逐渐增加语体的类型，丰富语体教学的内容。

2. 语体意识训练的基本原则

为使语体意识得以融入对外汉语教学的各个阶段和各个环节，应把握以下训练原则。

（1）能力培养重于知识讲授的原则

对第二语言学习者语体能力的培养说到底是一种语言技能的培养，而不是语言知识的传授。因此教师需要做的不是向学习者讲授系统的理论知识，而是在具体的教学环节中渗透语体的理念，将语体属性落实到每一个生词、短语和句式上去。

（2）分阶段的原则

语言习得具有鲜明的阶段性特征，因此不同阶段的教学目标和具体任务也不尽相同。一般来说，由于汉语口语与书面语之间差异较大，初级阶段无法开始真正的语体教学，而基本以通用语体教学为主，以补充少量的口语和书面语色彩的词语为辅。进入中高级阶段，可以开始有计划、有系统、循序渐进地引进语体教学。中级阶段教材的语料趋于丰富，重点要培养学习者对同义词、近义词、反义词等意义相关词语的辨析能力，其中就包括辨别语体的能力，此外，中级阶段还要体会和了解不同句式的语体属性，掌握简单的语体转换规则；高级阶段则应加强书面语教学，特别是正式语体写作的教学。

（3）分课型的原则

在课型安排上，对口语与书面语要区别对待，口语课应该教授口语中特有的表达方式，包括句式、语词、语气等，而不是把凡是可以读出来的语言就作为"口语"。相应地，阅读课的材料是供学习者提取信息或阅读欣赏的，因而不宜口语化。也就是说，语体教学不但要符合培养目标的外在要求，也要符合特定课型的内在要求。

3. 语体意识训练的方法

语体意识集中体现于对语境的辨认、语体特征的把握、语境对语体的选择以及语码转换中语体的重现。就具体的训练方法而言，可采用对比、辨认、替换和转换、改错等方法。

（1）对比法

早在 1996 年，佟秉正（1996）在谈及口语和书面语教学时就指出，只有通过对比才能看出二者适用的实际场合有何不同，也才能领会用词的得体性。

语体对比既可以是不同语体之间的比较，也可以是同一语体内部正式程度的比较。就汉语作为第二语言的学习来说，不同语体之间的比较更为常用。对比法适合用来区分语体同义形式，亦即对表达的基本意思相同而语体适应性有差异的语言单位进行对比。如："特别"和"极为"在意义上很接近，都表示较高的程度，但在语体适应性上，"极为"只用于书面语，"特别"则适用面比较广，各种语体均可使用。

对比也可以在语篇层次上进行，如下面两段文字。

①数十年前经香港，第一次尝试这种茶。啊，那么黑漆漆的水，怎么咽下？奇怪的是，饮了之后发觉浓度不及铁观音一半，只是颜色唬人。味道可真奇怪，像喝发霉水。可是，这种感觉是强烈和亲切的，一旦接受了，会不停地喝下去。（蔡澜，2013）

②普洱茶讲究冲泡技巧和品饮艺术，其饮用方法丰富，既可清饮，

也可混饮。普洱茶茶汤橙黄浓厚，香气高锐持久，香型独特，滋味浓醇，经久耐泡。（百度百科）

这两段文字都是关于普洱茶的，但语体并不相同。例①属于文艺语体，描绘性的语言较多，不但把普洱茶的特点写得非常形象，而且将自己的感情自然地融入其中。例②属于说明语体，这段语言虽然也有描述性成分，但语言简洁概括、理性客观，与例①形成鲜明对比。教学中我们可以通过这种整体比较使学习者体会到不同语体的差别。

（2）辨认法

语体能力的形成，需建立在语体辨认和语体模仿基础上。语体意识训练的第一步可以从语体辨认开始，语体的辨认实际上包含了语境的识别和语言特征的辨认两个方面。以书面语语体和口语语体为例，教师可以利用音像手段给学生展示两种语体的典型语境，然后再引导学生寻找范文中的语体词汇和语体句式，从而完成语体的辨认。这个过程实际上就是把握各个不同语体的共同点与不同点的过程。

比如下例，给出一段文白相间的典型原作，让学生标出哪些是书面语，哪些是口语（书面语用＿＿表示，口语用＿＿表示）：

③我在这十几年中，因为深深地感觉中国最缺乏传记的文学，所以到处劝我的老辈朋友写他们的自传。不幸得很，这班老辈朋友虽然都答应了，终不肯下笔。（胡适《四十自述》）

（3）替换法和转换法

张正生（2006）提出，建立语体意识的最基本的方法是对比，在对比的基础上进行口语和书面词语的配对和对译是帮助学生建立语体观念的有效的练习形式。其实这也是很多教师在实践中摸索出来的操练方法，我们理解，"配对"和"对译"实际上就是辨认和替换（及转换）的操作。

替换法指用一种语体的词汇、句式去替换另一种语体的词汇、句式，从而改变话语的语体属性的方法，如将"着急回家"替换为"归心似箭"，把"夏天到了"替换为"盛夏将至"等。学习者可以专门准备一个小本子，在学习和生活中遇到不同语体的同义词或近义词时，及时记录下来，日积月累就能取得明显的效果。

在积累了一定的语体词语素材以后，可以开始进行语段的语体转换练习。如，给学生一段口语体的文章，要求学生转换为书面语体，或者是相反。如下面两个语段。

④春节前一天，赵博坐上从北京到哈尔滨的 K17 次火车，回到了自己离开好多年的老家。火车到站，当赵博收拾好东西要下车的时候，没想到碰到了来接她的老同学，一下子觉得高兴得不得了。

⑤春节前夕，赵博乘坐北京开往哈尔滨的 K17 次列车，回到了自己阔别多年的家乡。列车抵达哈尔滨车站，当赵博整理好行李正准备下车时，与前来迎接她的旧日同窗不期而遇，顿觉欣喜万分。

对留学生来说，虽然理解段落大意并不难，但要改写成不同语体的文章却并非易事。因此，语体转换练习应主要在中高级水平的学习者中推广，并且还应根据不同学生汉语水平的差异调整练习材料的难易度。

（4）改错法

在经过对比、辨认、替换等阶段的训练后，学习者对语体概念已有了一些了解和认识。这时，教师可以给学生展示一些语体不当的例子，要求学生找出不得体的地方并进行修改。例如：

⑥*现在一回顾那会儿的事情，就禁不住笑出声来。

⑦*人们的居住方式、交通方式、吃饭的习惯都不一样。

例⑥中的"回顾"意思是"回想过去，思考过去发生的事件"，一般适用于比较庄重、正式的场合，属于庄雅语体，不适合讲述个人生活，此例中的"回顾"应改为"回想起来"。例⑦中的"居住方式""交通方式"都属于书面语，而并列使用的"吃饭的习惯"属于口语，与整个句子的语体风格不协调，应改为"饮食习惯"。

以上举例说明了一些语体意识训练的方法，但还远不成熟。汉语作为第二语言的语体教学目前仍然属于一个新兴的领域，因而相关的教学方法还需要从理论和实践上进行积极的探索，以形成系统完备、层层衔接的教学法体系。

第三节　韵律语法理论与现代汉语书面正式语体研究及教学

传统上，人们把语体分为口语和书面语。"书面语"这个概念，从字面意义上看，是指书写和阅读文章时所使用的语言。随着对语体认识的深入，人们认识到，所谓"书面语"不是指书面上写的一切东西，而是特指"写下来的正式语体"。而且，它不但是用来读和写的，也是可以说的。书面语作为现代汉语的正式语体，其使用的范围很广：政府文件、报刊社论；学术著作、美文随笔；商业协议、公司合同、往来信件以及电台新闻、广告、报告等，凡属正式的场合都要使用。从"书面语"到"书面正式语体"的提法不仅是术语的不同、概念的变化，更重要的在于对对象本质的揭示，即"用词汇和语法的手段与口语系统拉开距离"。很显然，对汉语作为第二语言的学习者来说，不但要能说正确、地道的口语，而且要会写正式、规范的文章（冯胜利，2006b）。

一　建立基于语体的汉语教学语法体系的必要性

现代汉语书面语来源于中古时期的白话语录体，此后演变成白话文，后因五四新文化运动的大力提倡而最终确立书面语表达的正统地位。然而，长期以来，现代汉语书面语的研究一直处于前科学阶段，停留于表面、没有深入下去。

有些研究对书面语的总体特征进行了描述，如叶景烈（1990）认为书面语体的特点是"规整性、精确性、视觉性、简练性"。钱乃荣（2001）将书面语体（原文为"书卷语体"）的总体特征概括为：严密、规范、文雅、庄重。李如龙（2007）指出，"书面语词数量庞大，古老成分多，规范程度高，艺术性也强"，"规范细密、精雕细刻，富于表现力"。

有些研究从词汇运用、句式选用、语音节奏等方面具体分析书面语的特点。如张弓（1963）对书面语体特点的归纳：词汇，按不同体裁运用各种专门词汇；语法句法，严格要求运用完整的句式；表达形式要清楚、规整、要修饰加工。杨俊萱（1984）从四个角度总结了书面语的特点：词汇方面，"庄重、典雅，带有文采，根据体裁不同会选择专门术语、虚词、文言词和成语"；构词方面，"文言词仍用单音节"；句式方面，"运用各种单句和复句，句子比较完整、规范，修饰性附加语多，分句之间常用关联词来连接"；语音方面，"注重音韵节奏，使词语读起来抑扬顿挫、朗朗上口"。黄伯荣等（1997）从句式的角度考察，认为书面语和口语基本上是一致的。但是"从句式使用的经常性来看"，存在差别。书面语句式的特点是，"结构比较严谨，较多使用附加成分和并列成分"，"较多使用关联词语"，"有时沿用一些文言句式"。

另一个对书面语中具体现象的研究集中在欧化语法格式上。贺阳（2004、2006、2008）讨论了一系列现代汉语中的欧化语法现象，认为欧化语法是一种书面语独有的语法现象。印欧语言对汉语语法具有全局性的影响，主要表现在"由重意会向重形式标志的转向""对词类功能和格局的影响""语法形式的语体分化扩大"等。李函（2007）重点分析了三类英语对汉语书面语影响的现象：类词缀的发展；"被"字结构使用频率的大大提高；定语长度、复杂度的增加以及定语后置现象的复苏。文章认为这些现象只存在于书面语中，未能影响到口语。

上述宏观和微观的研究虽然也反映了书面语体的一些特征，但这些特征基本上是从母语者的视角进行的观察和总结，对于汉语为第二语言的学习者来说，概括还是过于宽泛、缺乏直接的指导意义。这样泛泛而谈，可能会帮助学习者得到一个关于书面语的朦胧印象，但要让学习者由此掌握书面语的表达方法，基本上是不可能的。

近年来针对汉语学习者书面语体习得情况进行的调查也印证了这种判断：书面语（正式语体）语体意识薄弱、对书面语体/正式语体的理解和掌握弱于口语语体/非正式语体、书面正式表达口语化等诸多问题，无一不暴露出书面语教学的偏差和短板（吴丽君，2004；王桢，2012；汲传波、刘芳芳，2015；莫丹，2016）。因此，对现代汉语书面语体的语言学特征做具体、全面、量化的描写，建立基于语体的汉语教学语法体系并将之应用到实践之中，已成为一项刻不容缓的重要工作。

盛炎（1994）较早从二语学习者的角度描述了汉语书面语体的特征，如书面语体多采用完整句、通常采用 SVO 语序，多用关联成分，常出现两层以上的长定语或长状语，人称代词或专有名词前常有定语，常用紧缩格式，大量使用欧化句子等。盛炎的研究将书面语的特征描述得更加具体化了，不过仍然不能直接应用于教学实践。直到 2006 年冯胜利《汉语书面用语初编》问世，才使书面语语言特征的描写从整体印象走向了具体可见的语言项目，并在第二语言教学中获得了可操作性。

与冯胜利的思路不谋而合，崔希亮、孙德金等学者也从韵律特征、文言特征入手考察汉语书面语的本质属性。崔希亮（1997、2005）发现了汉语成语与惯用语在词汇庄敬度方面的区别：四音节的成语比较庄重，三音节的惯用语比较轻佻，并且三音节的惯用语语义几乎都是负面意义的；孙德金（2010、2012）从现代汉语文言成分和文言句式入手，根据语料统计，探讨了现代汉语书面语的语法特点，使书面语体研究进入定性和定量相结合的阶段。

这些研究无疑使我们对汉语书面语语体特点的了解更加深入，不过在目前情况下，最能够代表汉语书面正式语体系统性研究成果，也最贴近教学实际的，仍然首推冯胜利的"韵律语法"理论，因此本节将集中介绍这一理论指导下的教学和研究情况。

二　现代汉语书面正式语体的独立性

汉语的书面语语法和口语语法虽然有千丝万缕的联系，但本质上分属两种不同的体系，存在很大的差异。汉语的书面正式语体是近百年来独立发展而成的一种新语体，它既区别于口语，也不同于文言，是由"自生系统"（以合偶词及其语法为主，详见下文）和"典雅语体"（以嵌偶词＋古句型及其语法为主，详见下文）组成的正式语体（冯胜利，2003b）。

书面正式语体的独立性体现在词汇和句法两个方面。

（一）书面语的词汇区别于口语的词汇

众所周知，书面语的词汇区别于口语的词汇形式。例如：

名词
（代词）
{ 口语：妈妈、头儿、好处、里、昨天、你
{ 书面：母亲、领导、益处、内、昨日、贵

动　词
{ 口语：去、教书、吃饭、唱歌、丢、吓唬、道歉、可以
{ 书面：赴、从教、用餐、歌唱、遗失、恐吓、致歉、准予

形容词
{ 口语：小、大、脏、好、快、小气、干净、凉快
{ 书面：幼、巨、肮脏、美好、迅速、吝啬、洁净、凉爽

副　词
{ 口语：太、特别、慢慢、没、有些、总算、已经、全
{ 书面：过于、极为、渐渐、未、稍许、终于、业已、悉数

介　词
{ 口语：在/从/到、把
{ 书面：于、将

连　词
{ 口语：免得、就算、所以、但是、要是、除了……以外
{ 书面：以免、即使、故而、然而、倘若、此外

可见，口语和书面语分别有自己专门的一套词汇。周祖谟于 1958 年最早提出了书面语词与口语词的概念，他认为通过词的适用范围、场合可以判定词的语体风格。后来的很多研究都认同书面语词与口语词的概念，并进一步探讨了二者的差别。如，苏新春（2001）指出，书面语词与口语词存在的语言环境有正式和非正式、书面语和日常生活、"讲究典雅规范"和"比较随意"之分；刘中富（2003）指出口语词汇中除日常口语用词外，还包括俗语词以及方言词语，书面语词汇包括历史词语、文言词语、行业词语、生僻的和较典雅的成语等。

（二）书面语的语法区别于口语的语法

上文我们看到，汉语的词汇和句式都存在口语体和书面语体的对应。如果这种"对应"只是简单的词汇替换，那么并不足以说明口语与书面语的语法存在差异，因为它们可以按照同一规则来组织和安排。然而实际上，

这种对应不只是词汇的替换，还包括造句法的替换（冯胜利，2003b）。例如：

⑧他善于协调人际关系。——他在协调人际关系方面很有才能。

⑨这些人精于谋财而拙于求知。——这些人在谋财方面很精到，在求知方面很拙笨。

⑩他严于律己。——他在对待自己的方面很严格/他对自己很严格。

从上面三个例子不难看出，口语中的"在……方面很（有）A/V"句式在书面语中替换成了"A/V 于……"结构。就句法而言，二者的区别不仅在于内部构成词汇的不同（"于"与"在"），关键还在于语序不同。"A/V 于……"结构是古汉语用法的遗留，一般只用于书面语，不用于口语。可见，这两个句式属于完全不同的语法结构。

更能说明书面语语法独立性的是下面这些口语体中根本找不到对应物的句法格式。例如"A/V 而 A/V"（大而无当）、"为 NP 所 V"（为情所困）、"［NN］之 A"（品种之多、质量之好，是近年来少有的）、"为 NP 而 V"（为现代化而努力奋斗）等。同样，也有很多口语句式在书面语中找不到对应物，如"V 归 V"（说归说）、"A 不到哪里去"（好不到哪里去）、"N 不 V 谁 V"（你不去谁去）等。这些语言现象说明，不同的语体使用不同的语法，现代汉语书面语独立于口语并具有自己独立的语法（冯胜利，2003b）。

三　现代汉语书面正式语体的内部组成成分

冯胜利（2006a）曾特制了一个汉语口语及书面语体示意图来说明诸如"口语""书面语""白话""文言""正式""非正式"等概念的范围及其交叉和界域（见图 6 - 1）。

这个图形以"白话"为中介，分上下两极：上端为"典雅极"（亦即最"文"的文体），下端是"俚俗极"（亦即最"俗"的语体）。这里的"白话文"是一个共时的概念，和历时的"文言—白话"的对立不同，白话文既可能是口语也可能是书面语。

需要注意的是，正式语体与非正式语体的对立以及口语与书面语的对立，其间的关系是相互交叉，而非严格对应。换言之，书面语不一定都是

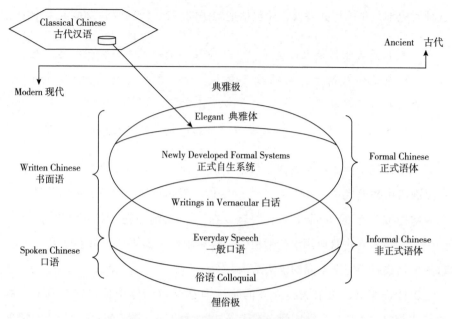

图6-1 汉语口语及书面语体示意图

资料来源：冯胜利，2006a，《论汉语书面正式语体的特征与教学》，《世界汉语教学》第4期。

正式语体；同时，书面正式语体也不是不能口说的。

四 现代汉语书面正式语体的语词表现形式

（一）现代汉语书面正式语体中单、双音节词的构成

现代汉语的词汇，主要包括单音节词和双音节词两种，多音节词数量较少。那么，书面正式语体是由哪些词汇构成的呢？

曹炜（2003）以《现代汉语词典》所收录词语为研究对象，首次采用计量的方法对单、双音节词汇的语体分布进行考察，得出的结论是"从音节结构来看，口语词中双音节词占绝对优势，是单音的5倍强，而书面语词中，单音节词的数量接近双音节词的数量"。而黄伟、刘海涛（2009）通过两个50万词的语料样本发现了在现代汉语口语体和书面语体中具有显著分布差异的16个语言结构特征，其中包括"单音节词在口语体中的使用频率高于在书面语体中的使用频率，双音节词的情况则恰好相反"。当然，曹

炜（2003）所考察的"数量"与黄伟等（2009）所考察的"使用频率"并不是一回事，因为有可能存在"数量"不多但"使用频率"较高的情况，不过这个结论仍然具有一定的参考价值。张文贤等（2012）将单、双音节词汇语体差异的比较控制在同义词对中，研究发现：口语词单音节词的数量远超过书面语，在 1343 对同义词中，口语单音节、书面语双音节的是 427 对，口语双音节、书面语单音节的是 47 对。也就是说，黄伟、刘海涛（2009）与张文贤等（2012）的结论比较接近，而与曹炜（2003）的结论完全相反。曹炜（2003）在计量过程中统计的是《现代汉语词典》中标〈书〉和标〈口〉的条目，这其中有一些非成词语素成分，同时他也忽略了许多未明确标注的书面语词和口语词，这可能是造成统计结果不同的重要原因。

上述三篇文章都是带有统计数字的定量研究，但结论相左，使我们一时难做判断。这里我们引用冯胜利的研究与上述结论互相参证：冯胜利（2003a、b，2005）指出现代汉语的书面正式语体有两个来源："一是独立于文言的、现代汉语自身发展的产物，二是取自文言的结果，不过其所含的文言成分必须是活的（即今人耳听可懂的），同时必须是经过当代正式语体系统加工而成的。"一般认为，汉语词汇经历了一个从古代汉语单音节向现代汉语双音节发展的过程，因此第一类词以双音词为主；第二类词由于取自单音化程度很高的文言，因而以单音词为主。简而言之，现代汉语的书面正式语体词汇主要由双音节的新词和单音节的文言词组成。

根据张文贤等（2012）对同义词对的研究，"口语是单音节、书面语是双音节"的词语对应，多为二者共享同一个语素的情况，如：交—交往、深—深入、细—细查；"口语是双音节、书面语是单音节"的主要是虚词，如：忽然—忽、互相—互。① 观察这两类词可以发现，双音节词无论在口语中还是书面语中都是自由②的，能单说也能单用；而单音节词比较复杂，有些用于口语时是自由的，可以单说也可以单用，如"交""深""细"，但

---

① 张文贤等（2012）提到，含有重叠形式和与词缀"子、儿、头"的双音节词也是典型的口语词，但是数量并不多。

② 此处"自由"的概念来自结构主义代表人物布龙菲尔德（Bloomfield，1980），他提出能单说（加上语调能单独成句）的语法单位是自由的，不能单说（不能单独成句）的是黏着的。

用于书面语中则不自由，需要满足特定的条件；还有些根本不能用于口语，用于书面语中也需要满足特定的条件，如"忽""互"（见表6-1）。

表6-1 单、双音节同义词对的语体表现

文言	交	深	细	忽	互
现汉口语	交	深	细	忽然	互相
现汉书面语	交往、交	深入、深	细查、细	忽然、忽	互相、互

这些单音节词的共性是，它们都是对古汉语的继承，因文言色彩而显得书面化，所以可以用于书面语。但它们进入现代汉语书面语并不是无条件的，而是要经过现代正式语体系统的加工，也就是冯胜利（2003a、b）所定义的"嵌偶"的过程。

其实，现代汉语单/双音节词语与口语/书面语的对应关系之前已有学者注意到，不过以往的研究和统计主要集中于动词，而未能全面考察各类词汇。张国宪（1989）通过对单、双音节动作动词在不同语体中出现频率的统计发现，书面语色彩的强弱与双音节动作动词的出现频率呈正相关，口语色彩的强弱与单音节动作动词的出现频率呈正相关，由此得出了如下结论：与双音节动作动词相比，单音节动作动词是一种口语词汇，适合于口语语体，尤其是谈话语体；张正生（2005）在经过数据统计以后证实，书面语和双音节的这种联系确实是存在的；刘智伟（2005）在对365组同素同义单、双音节动词进行研究后，也指出，多数情况下，单音节动词的口语色彩强于双音节动词。这些虽然只是基于单、双音节动作动词做出的局部研究，但对于我们全面认识现代汉语书面正式语体中单、双音节词汇的构成仍然具有重要的价值。

（二）现代汉语书面正式语体的构词句法模式

冯胜利（2003a）提出了基于韵律语法的构词句法模式，深入揭示了现代汉语书面正式语体的自组织规律。

1. 嵌偶单音节词的"［单］+［单］"的格律模式

像上文"交""深""细""忽""互"这样不能无条件进入现代汉语书面语的单音节词还有很多，如表6-2所示。

表 6-2 嵌偶词举例

嵌偶词	组双实例	误例
备	备受，备感，备尝	备经受，备感到，备品尝
返	返乡，返城，返沪	返家乡，返城市，返上海
广	广受，广纳，广施	广受到，广接纳，广施行
力	力主，力求，力争	力主张，力追求，力争取
享	共享，永享，重享	共同享，永远享，重新享
资	入资，敛资，捐资	注入资，收敛资，捐献资

从表 6-2 的对比中可以发现，这些单音节词如果在与其他单音节词汇结伴为双，就可以用于书面语，而如果与双音节词组合，形成的结构就是三音节的，达不到"成双"的效果，就不能用于书面语，因此这类词被称为"嵌偶单音词"（简称为"嵌偶词"）。嵌偶词遵循"［单］+［单］"的组合方式，如果它不和另一个单音节词（或者也是嵌偶词，或者不是）合成一个韵律词就不能合法出现。

我们再看单、双音节的词汇入句的对比。

⑪这种保健品一定不要购买。（口语）

⑫a. 这种保健品切勿购买。（书面）

　b. *这种保健品切勿买。

　c. *这种保健品勿购买。（书面）

　d. 这种保健品勿买。

"勿"是"不要"的意思，"购买"和"买"同义。然而，"切勿购买"可以成立，"切勿买""勿购买"却不可接受。这是因为"勿"是古汉语成分，结伴成双而后方可独立，需要在前面加上"切""请"等成分才上口，而"勿购买"是"1+2"结构，"勿"没有成双，所以不能独立。当"勿"组单成双后，韵律上有一种强烈的倾向形成"2+2"结构，而"切勿购买"正好符合要求，"切勿买"则属于"2+1"结构，因而可接受性较差。不过，换一个角度，也可以直接让"勿"和动词"买"组合（"购"是黏着语素，因此优先选择自由语素"买"），形成"勿买"，这个"单+单"组合因符合结伴成双的原则而可获得独立。类似的单、双音节组合受限的例子还有"不宜前往""不准鸣笛"等,此不赘述。

根据冯胜利等(2008),目前收集到的嵌偶词有 350 个左右。其中主要包括两种情况:一是现代语素的古代用法,二是句法自由、韵律黏着型词汇。

观察下面例子:

> 大—使劲儿　　大 [V]:大笑、大喊、大干、大睡
>
> 定—确定不变　　[V] 定:站定、坐定、说定、料定
>
> 定—使定　　定 [N]:定心、定睛、定形、定级
>
> 发—呈现出　　发 [A]:发直、发苦、发青、发凉
>
> 过—于　　[A] 过:多过、快过、强过、长(cháng)过

现代汉语的很多单音词都在特定的语境里仍沿用其古代的意义和用法。从上面的例句中可以看到,这类词也遵循前文论述的"单音节文言词汇进入书面语,必先结伴为双"的规律。不过,口语里的这类形式有些趋向于词汇化、定型化(如"大喊""大笑"等),而在书面语里仍然具有一定的能产性。现代语素的古代用法在当代的韵律句法控制之下履行着它拉开书面与口语距离的历史使命(冯胜利,2003a)。

第二种情况是句法自由、韵律黏着型词汇。这类单音节词汇虽然不是文言词汇,但与文言词汇一样,遵守"单必黏着,双则自由"的原则。譬如方位词"前、后、上、下"等,它们可以与其他地点名词自由结合,如"房前""门后""桌上""床下",却不能说"房子的前""门的后""桌子的上""床的下"。

上述所有单音节词不能单说的原因不在于其句法性质,而囿于韵律黏着。双音节好像是一个模块,嵌偶单音节词必须嵌入这个模块才能合法出现在书面语中。由嵌偶单音节词组合而成的韵律词越多,书面化的程度就越高,而单音节词越自由,口语化的程度就越高。

2. 合偶词的 [双 + 双] 的格律模式

现代汉语书面语还自身发展出一批双音词,这类双音词文言中没有,

口语中极少用到，只在现代汉语书面语中出现，且必须和另一个双音词组成"双 + 双"的韵律模块后才能合法出现，这种双配双的双音词被称为"合偶双音词"（简称"合偶词"）。根据冯胜利（2008），目前的研究已收集合偶词 500 个左右。表 6 - 3 给出了部分合偶词及其配双实例和误例。

表 6 - 3　合偶词举例

合偶词	配双实例	误例
进行	进行研究，进行改革，进行监督	*进行研，*进行改，*进行督
加以	加以利用，加以区别，加以整理	*加以用，*加以别，*加以理
从事	从事研究，从事创作，从事商业	*从事研，*从事创，*从事商
极为	极为强烈，极为艰险，极为广泛	*极为强，*极为险，*极为广
合法	合法使用，合法享有，合法继承	*合法用，*合法有，*合法承
光临	光临春城，光临敝社，光临小店	*光临城，*光临社，*光临店

这些"双 + 双"的组合不是个别词语孤立的现象，而是一种系统性的要求。这里"进行、加以、从事"等词语均非口语形式，这种现象是书面语法独立于口语语法的典型表现，而书面语体对句法运作独具的韵律限制，则更能说明其语法体系的系统性。

这一结论还可以从如下例证得到证实，试比较：

书面	口语
*无法走	没办法走
*禁止进	不让进
*经受罚	挨罚
*共同念	一块念

这些例子说明：同样结构在口语里没有"必双"的严格要求，但在书面语里，不符合"2 + 2"的结构则句子不合法。当然，这并不是说口语不受韵律的制约，而是说书面语无处不受韵律的制约。

综合以上两点可知，在构词句法模式中，"单音词 + 单音词"这种运作模式使得大量古汉语遗留的单音词沿用至今，活跃在现代汉语书面语中，实现书面语体里面的庄雅功能，这是现代汉语书面语的特征之一（亦即

"嵌偶词"模式）。在句法运作模式为"双音词 + 双音词"的环境里，现代书面正式语体从自身的系统中发展出来一批双音词，它们的形态句法要求与之搭配的成分也必须成双，形成"双 + 双"的搭配规则，以此呈现正式语体的庄重色彩，这是现代汉语书面语的特征之二（冯胜利等，2008）。

（三）现代汉语书面正式语体的句型

现代汉语书面正式语体大量使用带有文言成分的句型，这些句型在口语中一般不出现，可称为"书面语句型"。这些句型在书面正式语体中起着正式、庄雅的标记作用。冯胜利等（2008）目前已收集书面语句型300个左右。表6-4给出了部分书面语句型及其文白对应的实例。

表6-4　书面语句型举例

书面语句型	例句（文）	例句（白）
中不乏	成员中不乏博士和硕士	成员中有不少博士和硕士
称之为	心理学书中称之为"试误学习"	心理学书中把它叫作"试误学习"
且……，何况……	鲁迅且上不了天堂，何况我辈乎	连鲁迅都上不了天堂，还用说我们这些人吗
则	如逢休假日，则顺延一天	要是遇到休假日，就顺延一天
就……而言	就整体而言，公务员属于中等收入阶层	从整体上看，公务员属于中等收入阶层
较……为	明代立法最严，但明代贪污实较任何前朝为烈	明代立法虽然严格，但贪污实际上比任何之前的朝代都更严重

另外，近年来讨论比较热烈的动宾结构带宾语的现象也说明了书面语语法与口语语法的相对独立性。过去一般认为，由于"宾"的成分已经占据了动词后面的位置，因此动宾结构的复合词不能再带宾语。然而，近20年来动宾结构再带宾语的情况日见增多，其能产性之高甚至给人一种流行句式的感觉。例如：

致电白宫→向白宫致电

任职五百强→在五百强任职

借力资本市场→从资本市场借力

叫板国际名牌→跟国际名牌叫板

把脉生态农业→为生态农业把脉

上例中箭头左边的格式只见于书面语，口语里没有这种用法。"致电白宫"可以，但"打电话白宫"则不行，因为"打电话"是口语成分，而［动+宾］前移是书面语的句法运作，这正是书面语区别于口语的本质所在。

值得注意的是，这种口语与书面语的不同并非简单的语序上的移位，实际上书面形式的句法运作受到韵律极强的限制，即动宾结构不能多于两个音节，如：

＊任高管五百强　　　＊借巧力资本市场

其次，句中如出现地点名词，该名词不能少于两个音节，例如：

＊待命港：在港待命　＊过境美：从美过境

这里，"［动+宾］不能多于两个音节"和"（地点名词）不能少于两个音节"显然是韵律问题。而这种限制只在书面不见口语，说明书面语特征越强，韵律制约就越严格。

五　现代汉语书面正式语体的本质属性及其在教学中的作用

综上所述，我们得出以下认识：现代汉语的基本单音节词（如"手""脚""猪""狗"等）是绝对自由的，"嵌偶单音词"则必须在双音节的模块里使用才合法，双音模块是保证它们正式风格的韵律条件。因此，独立自由的单音节是口语的，必须成双使用的单音节词是书面的。这两类不同的单音节词正好处在汉语语体风格中非正式与正式的两个端点。

那么双音节词在口语和书面语中地位和作用如何呢？在口语里新词大多为双音节，在书面语里单字不组合成双就不能独立。可见，双音节词既在口语出现，又为书面语所使用，切忌脱离具体的词语去讨论单、双音节词的语体属性。而且，虽然在文、白这两种语体里都有双音节的形式，但导致它们出现的原因是不同的。

从上文的层层分析可以发现，现代汉语书面正式语体的本质属性集中表现在其韵律语法的特点上，即韵律制约下的构词造句法。这一属性的发现，为汉语作为第二语言的语体教学提供了一个极佳的切入点。韵律制约下的构词造句法，在现代汉语书面正式语体中主要体现在嵌偶词的［单＋单］格律模式和合偶词的［双＋双］格律模式两个方面。因此，书面正式语体教学应训练学生"由单组双、拆双为单"等组词造语的能力。冯胜利（2006a）推荐了以下几种训练方法。

（一）建立对应

日常教学中，教师应该帮助学生积累口语和书面语词汇，梳理已学语体词之间的对应关系，培养学生的语体词对应意识，通过词汇与场景配对、同义词替换等操练在学生大脑中建立语体词对应关系的条件反射。

（二）学双知单

在学习复合词时，既要学词，又要学字。应帮助学生了解复合词里的两个字的意义和组合能力，使学生知道拆出来以后哪个字可以单独使用，哪个不能；哪个字的组合能力比较强，哪个字组合受限。例如，"购买"里的"购"和"买"，"买"比较自由，多用于口语，而"购"一般不能单独使用，多作为语素组合成"购置""购得""选购""导购"等双音节词语，多用于书面语。类似的情况还有很多，如"眼睛""学生""朋友""人民""嗜好"等，可以指导学生专门准备个小本子对可以拆出来使用的单音词进行标记。

（三）组单成双

经过"学双知单"训练后，还要进行逆向训练，即学习怎样把单音节词组合成双音节词来使用。例如，了解了"眼睛"的"眼"在组词造语上具有能产性后，还要进一步了解哪些单音节词能够和它组成新的双音节形式。就"眼"而言，应该知道可以组合成"眼镜""眼光""眼神""眼力"等词语。

（四）综合训练

综合训练就是把上述三种方法结合起来进行的分拆和扩展练习。例如，从"学生"一词中拆出"学"，然后组成"学习""学校""学期""学问"等词语，然后可以进一步从"学习"中拆出"习"字，组成"习惯""复习""自习""习俗"等词语。这样就会像滚雪球一样，快速、高效地扩大书面语体的词汇量。

随着对语体教学重要性认识的提高，越来越多的一线教师开始在课堂上适时适度地展开语体训练，相信未来会有更多、更有效的训练方法问世。

第四节　话语标记理论与现代汉语口语语体研究及教学

一　现代汉语口语语体研究概说

口语，顾名思义是"说出来"的言语，然而并非所有说出来的话都是口语，比如提前准备好的会议讲话、诗词散文的朗诵等，这些只是读出来的书面语，并非口语。

口语和书面语的分类是现代汉语语体最初始的分类，与书面语相比，口语体的研究成果是相当丰硕的。

我国第一位进行汉语口语研究的是著名语言学家赵元任先生，他在1968 年用英文发表的《汉语口语语法》（*A Grammar of spoken Chinese*）一书，是第一部研究汉语口语的专著。该书以人们在非正式场合的日常谈话录音为语料，发现了口语里的一些特殊现象和语言规律。该书不但开辟了汉语口语研究的新大陆，而且在口语研究的对象与研究方法上阐发了不少精辟的见解，为汉语口语的研究奠定了良好的基础。

不过后来相当长的时期，口语研究并没有受到关注。直到 20 世纪八九十年代，随着学术研究的复苏和活跃，涌现出一批口语研究的文章：从宏观的角度来探讨口语语体特征的有杨俊萱（1984）的《口语和书面语》，劲松（1989）的《北京口语的语体》，韩荔华（1994）的《口语、书面语再谈》，施光亨、刘伟（1997）的《口语表述的即时性及与此相关的口语特点》等；具体讨论口语句法、词语特点的有陆俭明（1980b）的《汉语口语句法里的易位现象》，孟琮（1982a）的《口语里的一种重复——兼谈"易位"》，胡明扬、劲松（1989）的《流水句初探》，常玉钟（1989）的《口语习用语略析》等；对某一特定词语进行解析的有孟琮（1982b）的《口语"说"字小集》、孟琮（1986）的《口语里的"得"和"得了"》、施光亨（1997）的《汉语口语词释例》等。这段时间基于口语的词典编纂工作也取得了突出的成绩，主要成果有如张继华（1988）的《常用口语语汇》、常玉钟（1993）的《口语习用语功能词典》、陈刚（1997）的《现代北京口语词典》等。

1984 年，陈建民《汉语口语》的出版，标志着汉语口语研究进入了新阶段。这是国内第一本以录音材料为基础而写成的汉语口语专著，对 20 世纪七八十年代汉语口语的语音、词汇、词法、句法、修辞、口头表达效果等进行了比较全面的描写和分析，书中把口语分为较家常的口语、一般口语以及较正式的口语三种类型，还探讨了口语和书面语的关系，并对口语词的特点进行了分析。

自此以后，国内口语方面的研究取得了长足的进步，具体表现为对汉语口语现象的揭示不断深入、对口语的比较研究广泛开展等方面，其中讨论的最为集中的就是口语语体的语言特征以及口语与书面语的差异。比较有代表性的研究有以下几种。

吕叔湘（1980）很早就谈过口语和书面语的关系问题，指出："说话总是语汇不大，句子比较短，结构比较简单，甚至不完整，有重复，有脱节，有补充，有插说，有填空的'呃，呃''这个，这个'；而写文章就不然，语汇常常广泛得多，句子常常比较复杂，前后比较连贯，层次比较清楚，废话比较少。"

杨俊萱（1984）从语法、词汇、语音三方面全面分析了口语和书面语的差异。口语句式句子短小，结构简单，修饰性附加语少，不讲究完整和规范，可结合语境省略句子的某种成分，采用简略式；书面语体句式完整，修饰性附加语多，运用各种单句和复句，分句之间常用关联词来连接，具有逻辑性和规范性。词汇方面，口语词具有通俗、自然、亲昵的色彩，而书面语词具有典雅、庄重的色彩；口语经常选用形象生动的歇后语、谚语，而书面语则按不同体裁选用各种专门术语、文言词和成语。语音方面，口语的字调、语调就特别富于变化，而书面语的语调是由词序、词汇、标点符号及上下文中体现出来的。

王德春（1997）指出典型的口语语体的特点有以下几种。第一，用词广泛；第二，表达带有的感情色彩较明显；第三，省略较多；第四，句式简单化、多样化；第五，话题不固定，有时语言不连贯。而典型的书面语的特点恰恰与这些相反。

施光亨、刘伟（1997）认为口语区别于书面语的最大特点在于它的即时性，文章以此为出发点对口语的冗余成分、语流中的自我更正、重复、解释性成分、估测性成分、与听话人加深心理沟通的表述、不规范表述以及对语义层次的提示等八个特点进行了描写与分析。

韩荔华（1994）指出，口语和书面语的风格是各自鲜明的，不过在语言的实际运用中，还有一类既属于口语又属于书面语的中间状态——通语风格。苏新春（2001）也表达了类似的观点：口语和书面语的分类并不是一刀切的绝对，会有很多"你中有我，我中有你"的情况出现，也就是口语词与普通语词会有难以切分之处，普通语词与书面语词亦然。

上述研究在口语的定义、特点、口语与书面语的关系等方面都进行了有益的探讨，不同程度地论述了口语体词汇和口语体句式的特征，还涉及介于口语体和书面语体之间的通用语体的概念，所有这些都标志着口语语体的研究取得了实质性的进展。

随着20世纪90年代"汉语热"的兴起，广大专家、学者开始转换视角，从汉语作为第二语言的学习者角度思考口语语体的特征以及教学问题。这一全新的视角不但为汉语口语语体研究开启了新的思路，更成为汉语口语语体研究新的增长点。

二 汉语作为第二语言的口语教学语法大纲的构想

（一）建立汉语作为第二语言的口语教学语法体系的重要性和必要性

关于汉语口语语法的重要性和独立性，前辈学者早有论述，主要观点是汉语口语具有一系列不同于书面语的语言特征，具有自己独立的语法体系和规范化标准，应该把系统的口语语法教学正式纳入教学任务中。如，吕必松先生（1992）曾明确指出，"在语法教学中口语语法的教学没有受到足够的重视"，"在语法教学中要体现口语语法与书面语语法的不同特点"。

吕必松（1995）还对口语与书面语、口头语言与书面语言这两对概念进行了科学的区分，指出"口语"和"书面语"是语体概念，"口头语言"和"书面语言"是交际概念（后称为"语用概念"）。吕文华（1994）也认为汉语作为第二语言教学"必须增加口语语法的内容"。申修言（1996）更是明确提出应建立汉语口语体教学语法体系。

（二）汉语作为第二语言的口语教学语法大纲的主要内容

1958 年第一套对外汉语教材《汉语教科书》的出版，奠定了我国对外汉语教学语法体系的基本格局，其后制定的各种教学语法等级大纲，基本上都沿用了它所确定的体系框架。很多学者对语法大纲进行了深入的反思与探讨，提出了一系列的改进建议。其中，吕文华（1994）、李泉（2003、2004）以及雷雨、王思奇（2014）等指出，现有的各类语法大纲总体来说都缺乏语体意识，导致教材的口语和书面语材料缺乏标志性要素，因此，应考虑在大纲的修订中增加项目的语体属性。

但对于口语教学语法大纲具体该如何构建，口语教学语法项目清单中应包括哪些内容，学者们并没有进行过系统的论述。在已有研究中所列举的口语语法项目主要如表 6-5 所示。

表6–5　目前已有研究所列的口语语法项目

郭颖雯 （2002）	语素；词类；短语（习语、成语、四字格、特殊话语形式）；单句（主谓句、非主谓句）；几种特殊句型（是字句、有字句、是……的句、被动句、兼语句、连动句、存现句、比较句、把字句、两种句型套用）；动作的态；反问句；口语格式；特殊口语句式（隐含、重复、追加、插说、易位、缩略）；复句；句群；语气；节奏
李泉 （2003）	用于口语的"的"字短语（教书的）；无主句；程度补语；固定格式（可玩的、那倒不见得）；追加（上哪去了？你刚才）；省略（他49岁，我52）；紧缩（有事打电话）；大量用于口语的词语或固定短语（我说呢）
雷雨、王思奇 （2014）	口语表达中的常用固定格式（看/瞧把你……得，你V/A你的）；脱落、追补等常用的口语语法；拟声词做谓语；正反疑问句的常用简式

可以看出，这些思考基本上是在语素、词、短语、句子、句群五级语法单位的框架内进行的。徐子亮（2002）则跳出五级语法单位的框架束缚，认为口语教学中的语言点应包括承接性话语、施为性话语和叙述性话语。另外，劲松（1989）在讨论北京口语语体特征时，也谈到口语语体的句式特征、话题转移特征、情感表现特征等七大特征。由于两位学者的研究皆非专论口语语法体系问题，因此对口语语法的论述并没有充分展开。

徐晶凝（2016）从系统功能语言学中语言的三大元功能（概念功能、人际功能和语篇功能）出发，认为口语的语法体系中至少包含三大类语法项目：第一类属于结构范畴语法，第二类属于情态范畴语法，第三类属于话语范畴语法。具体内容见表6–6。

表6–6　徐晶凝（2016）的口语教学语法体系框架

	主要语法项目	例示
结构 范畴 语法	口语中特有的句法现象	（1）省略、易位、追加、重复、紧缩、插说 （2）与虚词有关的独特句法现象
	结构习用语	说X就X、不V不V也得V
	用于口语的"共核"语法成分	动词重叠、程度补语等
	口语稍异于书面语的句法现象	复杂的"的"字短语修饰语多用小句的形式来表达；少用描写性形容词定语
情态 范畴 语法	表达言者对命题确信度的语言形式	句类、情态动词、语气副词、语气助词
	表达言者对听者态度的语言形式	施为动词、立场标记语
	表达证据来源的语言形式	情态习用语（如：你呀/好你个X）

	主要语法项目	例示
话语范畴语法	开启话题/抢占话轮的语言形式	那么；不是；哎，听我说；对了；要说
	保持话题/保持话轮的语言形式	还有、然后、完了、
	转移话题的语言形式	对了、我说
	结束话题的语言形式	好、所以、好了好了
	背景反馈形式	嗯、是吗、这样啊
	应答习用语	可不是嘛、谁说的、好吧、什么呀

徐晶凝（2016）以语法项目的功能作为构建口语语法体系的统领之纲，与之前"统而论之"的研究相比，更加清晰、明了，达到了举重若轻的效果。

总体来说，以往对"结构范畴语法"的研究相对较多、教学中也得到了一定的重视（仍然存在不少薄弱环节），而"情态范畴语法"和"话语范畴语法"中的一些项目，虽然在现有语法大纲和教材中也有涉及，但是没有被作为一个相对独立的系统，而是散见在词类、插入语、句子等语法项目中；口语中还存在一些习用语，其功能主要不是用来传递命题信息，而是表达说话人的情感态度，即一般所说的"话语标记"，在现有大纲中基本上未予提及，这方面还有很多空白需要填补。

三　基于话语标记理论的现代汉语口语语体教学

（一）"话语标记"研究概说

话语标记是一种常见的话语现象，它们是一些在交际中具有一定语用功能的词语或结构，如我们口语中常说的"这个""那个""好""对了"等，都是话语标记。20 世纪 80 年代，孟琮（1982b）、刘月华（1986）、郭继懋（1987）、金立鑫（1988）先后注意到口语中的一些词和短语有某种"特殊用法"，即并不表达它们原本的词汇意义或组合意义，而是意义趋于虚化，"不是"、"那么"及"说"、"想"、"看"所组成的短语即属此类，但当时学界并没有提出"话语标记"的概念。

一般认为，国内的话语标记研究是在国外影响下展开的。自 20 世纪 70

年代以来，话语标记研究在国外语言学界引起了广泛的关注，研究成果不断涌现。然而，"话语标记"至今没有得到一个广泛公认的定义。由于研究的出发点和侧重点不同，学者们对"话语标记"这一语言现象的命名和定义都不一致。在汉语研究中，情况也类似，各家对话语标记的定义、范围等问题尚未形成明确而统一的认识，如：

何自然、莫爱屏（2002）的定义是：话语标记语是一些对话语的构建与理解有制约作用的词和短语，它具有表情、表义等功能，在话语中不影响命题的真值条件。从例证上看，何文的话语标记包括"可是""虽然""因为""况且""照理说""可不是""唔"等。

冯光武（2004）区分了话语标记语和语用标记语，认为话语标记语属于语用标记语的一个小类。二者的共同特点是对话语的命题的真假不产生影响，在话语中的作用主要是语用的。而区别在于，话语标记语展现了说话人对话语单元之间语义关系的判断，如"这么说""一句话""换句话说""不过""不然""从另一个角度看"等，而语用标记语展现了说话人对话语命题的主观评价，如"据我所知""恕我直言""按道理""幸运的是""我告诉你""我警告你"等。

刘丽艳（2005）认为话语标记是互动式口语交际中的一类功能词（或短语），它们在句法上具有相对独立性，在口语交际中没有概念义，只有程序义，其功能体现了认知主体的元语用意识。刘丽艳（2005）的定义对程序意义持狭义理解，将含有概念意义的成分都排除出话语标记，因而认为"说实话""换句话说"等都不能算作话语标记。刘丽艳界定的汉语口语交际中话语标记的典型成员是："喂""嗨""哎""啊""嗯""哦""呦""我说""这个""那个""就是说""然后""那么""好""是""是不是""不是""你知道（吗/吧）"等。

由此可见，"话语标记"这一术语涉及的范围相当广泛，在某一种具体语言中，其包括哪些成员也很难得到一致的界定。究其原因，主要是人们对话语标记的界定范围有宽有窄、有广有狭。何自然、冉永平等（2006）较早注意到这种差别，做出了如下概括："从狭义的角度来说，话语标记语是在互动式言语交际中从不同层面上帮助构建互动行为的自然语言表达式；

从广义的角度来说，话语标记语指书面和口语交际中表示话语结构以及连贯关系、语用关系等的所有表达式，这一定义就包括联系语（如因果连接词、对比连接词等）、插入型结构等独立成份。"这一定义对广义的话语标记语的界定还比较明确，但对狭义的话语标记概念解说过于简略和模糊。我们可以以鲜丽霞、李月炯（2015）的观点作为补充：狭义的话语标记是指"在言谈当中起组织结构、建立关联的作用"的词语或结构，可看作语用标记范畴当中的一个子类。广义话语标记包括连词、副词、感叹词和一些短语性表达式，有较为固定的词性，在句法框架内，有的与小句有关，具有一定的概念义；而狭义的话语标记则可能是一些从广义话语标记虚化而来的成分，尤其是那种从短语或小句性表达式高度虚化而来的话语标记格式，它们作为话语用成分，具有程序义和元语用功能，而与语法层面的词性和句法无关。

综观学者们的研究，可以说狭义观、广义观各占半壁江山，其中持狭义观的代表人物和文章有方梅（2000），高增霞（2004），刘丽艳（2005），李咸菊（2008），鲜丽霞、李月炯（2015）等，持广义观的代表人物和文章有冉永平（2000），于国栋、吴亚欣（2003），吴福祥（2005），何自然、冉永平等（2006），孙利萍、方清明（2011）等。那些不被狭义的话语标记所认可的语用成分，一般被持"狭义观"的学者认为是语用标记语或插入语。

（二）现代汉语话语标记的分类

随着研究的推进，汉语学界对话语标记语的术语名称、性质特征和产生动因等问题的看法已渐趋一致，但在分类和功能问题上尚未达成共识。冉永平（2000），于国栋、吴亚欣（2003），刘丽艳（2005），何自然、冉永平等（2006），李秀明（2006）等分别从认知—语用、言语行为类型、结构形式、语言顺应性论的角度对话语标记进行了分类，这些分类反映了研究者不同的研究趣味、方法和目标，具有不可否认的价值。然而这些分类由于观察的角度不同，分类结果既互有交叉又难以整合，以话语标记系统性的眼光审视，未免稍有遗憾。

孙利萍、方清明（2011）从宏观的视角"自上而下"地观照话语标记系统，比较全面地阐释了话语标记的语用功能类型、位置类型等，对汉语教学具有重要的参考价值。为便于查询，我们把孙利萍、方清明（2011）的话语标记系统摘录如表6-7、6-8所示。

表6-7　孙利萍、方清明（2011）对话语标记的语用功能分类

类　型		成　员
来源凸显型的标记语		据说、据报道、据称、据……称、据了解、据研究、据调查、据考证、有人说、有人爆料
言说型标记语	坦言型	开诚布公地讲、坦率地说、坦诚地说、坦诚地讲、老实说、老实告诉你、说实话、说句实话、说句心里话、说白了
	深究型	细而言之、仔细言之、细言之、深究起来
	常理型	按一般道理讲、按常理说、按照常理、一般而言
总结性标记语		好了、得了、算了、对吧、是吧、好吧、对吗、好吗、就这样、下次再说、以后再聊、要而言之、总而言之、总之、综上所述、由此看来、众所周知、有鉴于此、鉴于此、基于此、基于以上分析、有感于此、简而言之、简言之、长话短说、总之一句话、一句话、一言以蔽之、总的来说、归根结底、就这样吧、就这些、就这样
序数性标记语		一是……二是……；一方面……一方面……；一来……二来……；首先……其次……再次……最后……；首先……然后/接着……最后……；第一……第二……；其一……其二……；……之一……之二……；……此其一……此其二；一则……二则……；一者……二者……
主观评价性标记语		更为可贵的是、万幸的是、令人忧心的是
阐发型标记语	主位型	以我之见、依我之见、照我说、在我看来、依我看、以我看、就我个人而言、个人认为、笔者认为、不是我说你
	客位型	以你之见、依你之见、照你说、在你看来、依你看、你是说
	他位型	作者认为
话题组织型标记语	转换话题型	另外、换言之、换句话说、顺便说一下、话是这么说、想起来了、话又说回来
	话题跟进型	就是、也就是、还有、还有就是、然后、就是说、也就是说、这样说吧、这下、这样一来、我的意思是
	插说补充型	打断一下、我插一句、插一下、这样说来、要补充说明的是、要解释的是、要说明的是

续表

类 型	成 员
祈使型标记语	听着、你听着、我告诉你、你说实话、听我说、你听我说
果决型话语标记	毋庸讳言、毫无疑问、无疑、众所周知
断言性标记语	我敢肯定、不客气地说、毫不客气地说、毫不客气地讲、我敢说、斗胆问一句
对比标记词语	但是、可是、不过
澄清事实型标记	其实、事实上、实际上
因果型话语标记	所以说、看来、这样看来、这么说、这样说来、这么看来、这么说来、因此、因而
时间型连接话语标记	以后、后来、从此、从前、紧接着、接着、接下来、再后来
举例型话语标记	例如、例如说、比如、比如说、比方说、打个比方、打个比方说、以……为例、譬如说、又如、就像、其中、特别是、尤其是
礼貌性话语标记	对不起、不好意思、打扰了、劳驾、打搅了、叨扰了
延迟技巧型话语标记	这个……这个……；那个……那个……；呃……呃……；en……en……；em……em……

表 6 - 8　孙利萍、方清明（2011）对话语标记在话轮中的位置分类

类 型	成 员
前置话语标记	叹词类：啊、哎、呀、哈、呵、嘿、哦、噢、喔、喂、呕、哼、欸、吓、嗯、嗨、咦、哟、呸、嘘、啧、哎呀、哎哟、哈哈、呵呵、嘿嘿、哼哼、哇塞、哈哈哈、呵呵呵、嘿嘿嘿
	谓词类：对、是、好、行、成、得（dé）、对啊、对呀、对啦、对哦、对哟、对了、对的、对嘛、对吗、对吧、对咧、对呐、对喽、对哪、对咯、是啊、是呀、是哦、是哟、是了、是的、是嘛、是吗、是吧、是咧、是呐、是喽、是哪、好啊、好呀、好啦、好哦、好哟、好了、好的、好嘛、好吗、好吧、好嘞、行啊、行呀、行啦、行了、行吗、行嘛、行吧、行喽、成啊、成吧、得了、得嘞、得啦、得喽、算了、算了吧、完了、完啦、回头、来嘞、可不是吗、可不是嘛、可不是、可不
	谓词叠连类：对对、对对对、是是、是是是、好好、好好好、行行、行行行、对了对了、是的是的、好呀好呀、好啊好啊、好啦好啦、好了好了、好的好的、好嘛好嘛、好吧好吧、好嘞好嘞、行了行了、行啦行啦、得了得了、算了算了
	副词类：不、别、不不、不不不、别别、别别别

续表

类　型	成　员
前置话语标记	复杂型：哦好了、哦对了、哦是的、哦算了、那个什么、这个什么、众所周知
句间话语标记	然后、此后、接着、实际上、其实、这么一来、对了、好了
后置话语标记	好吧、可以吧、是吧、对吧

显然，孙利萍、方清明（2011）的分类是基于广义的话语标记概念，该研究清晰地勾勒出现代汉语话语标记系统的大致轮廓，有助于我们从整体上把握现代汉语话语标记系统宏观层面的特点。

尽管近年来国内在话语研究方面有了很大进展，但多数研究以个案性的微观探讨为主，这或多或少会影响话语标记研究的系统性，也使得相关成果较难在汉语作为第二语言教学的教学实践中得到应用。孙利萍、方清明（2011）的研究弥补了上述不足，对话语标记教学的总体设计工作具有一定的参考价值。

（三）现代汉语话语标记的教学策略

话语标记是口语交际中最为活跃的因素，自然应成为汉语口语教学的重要内容。然而"现有的汉语教材和教学大纲还没有把话语标记作为教学内容列入其中"（刘丽艳，2005；徐晶凝，2016），"几乎在所有的教材和教学中，话语标记语都没有作为一种专门的教学内容被提出并进行有针对性的教学"（白娟、贾放，2006）。毋庸讳言，长期以来，话语标记语在传统的语法教学中没有受到重视，话语标记语的教学只是零星的、随机的，基本上没有真正展开，而这也是留学生口语中话语标记使用情况不够理想的原因所在。

其实，话语标记作为日常口语交际中不可或缺的语用成分，在口语教材的语料中并不是没有得到体现，只不过教材编写者对其具体的处理方式各有不同而已。根据高健、石戴镕（2014）对《汉语口语速成（中级篇）》（马箭飞，2007）的统计，教材中出现的话语标记语多达 377 处，但仅有 18 条在注释中进行了说明，且注释内容也有待完善；根据张玲（2018）对

《汉语口语（中级）》（刘德联、刘晓雨，2014）的统计，两册教材中把话语标记语列入语句解释的共有 20 处，仅占教材中话语标记语总数的 10.2%，而且教材注释对话语标记的语用功能解析不足，针对话语标记的练习在数量和类型上都不能满足需要。

课堂教学的情况也类似。施仁娟（2014）就汉语教师的话语标记教学情况进行了问卷调查，结果显示：首先，大部分教师对话语标记的语用功能没有充分认识；其次，很少有教师开展专门针对话语标记的教学，大多数教师只是将话语标记作为词汇或语法的补充内容，少部分教师会根据课文内容进行讲解。张玲（2018）以访谈的形式对教师的教学情况进行了深入调查，得出以下认识：部分老师对教材中话语标记语的敏感度和关注度不高；大部分老师认为没有必要把话语标记语作为教学的重点，多数老师认为话语标记语的习得主要是在"生活中"；大部分老师对话语标记的教学缺乏系统安排，但有些老师能够意识到话语标记语在不同课型中的分量；仅有个别老师能够有意识地对学生复现话语标记语。

话语标记语在口语交际中能起到连接和调节话语的作用，能否熟练使用话语标记语是衡量二语学习者话语交际能力的一项重要指标。然而有关调查显示，目前学习者对话语标记的掌握情况与语言交际中话语标记的重要性并不匹配。白娟、贾放（2006）对中级水平留学生的对话录音进行分析发现，留学生使用话语标记语有两个特点：一是总体使用数量少，二是多使用话语标记语的本义，少用虚化义。庞恋蕴（2011）的调查印证了白娟、贾放（2006）的结论，并对其进行了补充：留学生的话语标记使用不但频率低，而且集中在少数几个话语标记上面；留学生往往只使用话语标记语的某一种功能，而且大多体现为对话语标记语本义的使用。上述情况显然与学生得到的有效输入不足有关，为改善这种状况，研究者们从总体设计到具体方法提出了一系列的教学建议。

1. **总体设计**

（1）教材编写

在教材的编写过程中，对话语标记进行科学取舍和合理安排，使其在各个阶段的口语教材中呈现科学合理的层次性和系统性（董正存，2012）。

课文所涉及的话语标记语的比重要合理，种类要齐全，例句要典型，注释要充分，复现有规律，练习需强化（白娟、贾放，2006；高健、石戴镕，2014）。

（2）分阶段教学

话语标记的习得具有阶段性的特点（刘丽艳，2005），因此应该对话语标记语进行难度等级的区分，分阶段进行教学。

（3）"整—零—整"的教学模式

以逐步导入和定期复现所学话语标记语等方式改良现有的汉语口语教材，也就是采用"化整为零"的方法。待学习一段时间后，再给出一个系统性的小结，形成"整—零—整"的教学模式（高健、石戴镕，2014）。

2. 教学方法

（1）整体输入和适当拆分相结合

庞恋蕴（2011）提出"以意义为先导的整体输入"的教学策略。因为从意义上看，有些话语标记的整体意义与各个单字的意义有很大的不同，例如"对了""你还别说""话说回来"等，其难点在于整个结构的意义并不是成分义的简单叠加，而是作为整体的规约意义。这类话语标记更适合以"整体认知"的方式学习。

但是，对于那些意义比较透明的话语标记语，在讲解时可以将整个词语拆解开来，使学习者不但掌握结构整体的意义，而且也能追溯到这个意义的来源，从而达到举一反三的效果。例如，掌握了"毫无疑问"的整体义和成分义，学习者以后再学习"毫无问题""毫无可能""毫无影响"等词语时就减轻了一半的认知负担。

（2）对比分析

对比分析可以应用到很多方面。

首先，是对非真值语义弱化、语用功能强化的话语标记语进行"词汇义"与"语用义"的对比，如用于指代的"这个"和作为思考标记的"这个"，用于询问的"你知道吗"和具有互动功能的话语标记"你知道吗"的对比等。

其次，可以对相似的话语标记语进行对比分析。这主要分为两个方面：一是形式上相似的话语标记语，如"依我说""依我看""照我看""我看"

等，这些不同形式的话语标记后续引出的都是说话人的态度，在实际使用中的意义与用法并没有太大的差别。二是意义和功能上相似的话语标记语，如"不瞒你说"和"老实说"，都表示"告诉对方一个真实的情况"，但是"不瞒你说"含有"只告诉你，不想告诉别人"的意思，后面引出的往往是说话人不愿公开且多为消极的个人信息，有拉近交际双方心理距离的语用效果（庞恋蕴，2011）。

最后，可以进行语际对比。毋庸置疑，各个语言都有自己的话语标记，虽然它们各自采用的语言形式不同，但其语用功能却极为相似。因此，教学中应引导二语学习者注意语言的普遍性，充分发挥母语的正迁移作用。

第七章　当代语法理论与现代汉语的不对称现象研究及教学

第一节　标记理论与语言中的不对称现象研究

一　语言中的不对称现象概说

自然界和人类社会中许多事物都存在两种相互对立又相互依存的集合，如白天—黑夜、南—北、快—慢等。这些一一对应的关系就是"对称"，反之，就是不对称。

对称和不对称的概念在许多学科中都得到了应用，语言学也不例外。语言中大量、普遍地存在对称现象，以反义词为例，大—小、快—慢、上—下等成对的语义上对称的词，在构词能力、组句能力等方面并不完全对称。如：

有"大"无"小"：大海—*小海　大使—*小使　大红—*小红
你今年多大？—*你今年多小？

有"小"无"大"：*谁心里还没有个大秘密呢？—谁心里还没有个小秘密呢？

有"快"无"慢"：快餐—*慢餐　快递—*慢递　快艇—*慢艇
这车的速度有多快？—*这车的速度有多慢？

有"慢"无"快"：*不远送了，您快走！—不远送了，您慢走！

有"上"无"下"：上当—*下当　上色—*下色　上诉—*下诉

世界上一共有多少种语言？—*世界下一共有多少种语言？

有"下"无"上"：*在他的帮助上我学会了自行车。—在他的帮助下我学会了自行车。

语法方面以动词在主动句和被动句中的分布为例，多数动词在主动句和被动句中都可以出现，这是对称的方面，但也有少数动词只能出现在主动句，不能出现在被动句，这就是不对称的方面：

打	他打了人家	人家被他打了
发现	老张发现这事了	这事被老张发现了
骗	她骗了你	你让她给骗了
听	你听录音了吗	*录音被你听了吗
有	我有一辆车	*一辆车让我有
小心	小心感冒	*感冒被小心

总而言之，对称和不对称现象普遍存在于语言中的语音、词汇、语法等各个方面，向人们不断提出新的研究课题。

二 现代汉语语法中的不对称现象研究

汉族人的传统思维方式常以对待关系为出发点，凡事讲究对称，从这一方面联想到另一方面，因此有研究认为，"对称是汉语结构的一条普遍性规律"，"运用对称规律去观察分析一些语法现象，有可能使语法研究中遇到的一些难题得到合理解决"（周殿龙，1990）。

在关注对称的语言现象的同时，人们发现，同一语义语法范畴下的不同语法单位在功能上常常存在对称中的不对称。对此，语言学家们从各自的理论体系出发，进行了不同的解释。

赵元任（1968）将韵律特征和语法结构之间存在的不对称关系称之为"扭曲关系"，"所谓扭曲关系，指的是那种有时候是规则的、对称的，有时候是不规则的、不对称的"。赵元任先生多次告诫其他研究者，"不要期望韵律特征和结构之间会有一种十分简单的对应关系"，在语言现象中寻找系统性和对称性不要"走得太远"。

石安石、詹人凤（1983）较早注意到反义词聚中普遍存在的两项不均衡性，表现为：表义范围的不对称、与同一语素构词的不对称、与同一语素构词后词义的不对称、感情色彩的不对称等。詹人凤（1997）进一步指出反义词的非对称性表现在构词功能、造句功能、语义选择等方面，并从积极性原则、一致性原则角度解释了不对称的成因。

可以说，这一阶段涉及的不对称问题多来自零散的观察和体验，系统性的研究还没有开展起来。自觉运用理论手段研究不对称现象始于文炼（1990），后经张国宪（1995）、沈家煊（1999a）、石毓智（2001）等成果的推进，学界才开始广泛关注不对称现象的研究。

文炼（1990）首次将布拉格学派的标记理论运用到不对称现象的解释中。他指出标记理论不仅适用于语音分析，同样适用于语义和语法分析。语义方面，文炼先生指出汉语中的二项对立的形容词、多项对立的形容词、单音节动词在句法组合中都存在对立和不对称的情况。张国宪（1995）则对成对反义词进行了归类，划分出正负对立、顺兼容对立、有无对立和互补对立等多种标记模式。

沈家煊（1999a）《不对称和标记论》对这一问题研究得最为深入。该书主要运用标记理论考察汉语的肯定和否定、词类和句法成分的标记模式以及形式和意义之间的对称和不对称关系。在具体研究中，他详细描写了"相反词"和"相对词"不对称的具体表现，指出语法中的对称和不对称现象是受关联标记模式支配的，对应的两项中总有一个是无标记项，一个是有标记项。沈家煊（1999a）分析得较为详细的还有主宾语的不对称问题，认为主宾语不对称的根本原因是语义上施事和受事的不对称以及语用上话题和焦点的不对称。

石毓智（2001）运用"自然语言的肯定和否定公理"，从量的角度讨论了动词、形容词、名词的肯定、否定不对称。他将肯定、否定的不对称跟词语表"量"的属性建立关联，根据"量小的事物易消失，量大的事物易保持自己存在"的现实规则推论出：语义程度高的词语经常用于或只用于肯定结构，语义程度低的则经常用于或只用于否定结构。

上述研究确立的不对称研究对象及范式极具参考价值，为后来者开辟了新的研究领域并提供了丰富的滋养。不过这些理论研究成果暂时还未能与教学语法直接对接，也没有直接应用于汉语教学。从认知角度看，对称性使得语言易于加工和理解，降低了二语习得的难度，而不对称性则使语言富于变化、充满活力，但同时也增加了二语学习的困难。综观目前的不对称现象研究，与汉语教学关系比较密切的主要课题包括反义词的不对称研究和肯定、否定的不对称研究，我们将在下文具体介绍沈家煊（1999a）、石毓智（2001）等前贤的研究成果。

三 标记理论对语言中不对称现象的解释

标记理论产生于 20 世纪 30 年代，最早由布拉格学派的音位学家特鲁别茨柯依（Trubetzkoy, N. S.）创立，后来雅柯布逊（Jakobson）将其引入词汇和语法领域，发现其在语言分析的各个层面都能起作用。目前，标记理论已广泛应用于语言学的多个研究领域，充分显示了其对于语言事实较强的解释力。

在《音位学原理》（1939）中，特鲁别茨柯依以生理发音为基础，区分了 9 种音位对立，认为一个范畴内部存在不对称现象，这就是标记概念的最初形式。当标记理论得到越来越广泛的应用后，学者们对一个范畴内部有/无标记的区分提出了科学而明确的标准：Givón（1991）提出结构复杂性、频率分布和认知复杂性三个标准，即结构复杂、出现频率低、认知上所需精力或处理时间多的为有标记项，反之，构造简单、出现频率高、容易认知的为无标记项。沈家煊（1999a）将标记性的判定标准归纳为以下六个：组合标准、聚合标准、分布标准、频率标准、意义标准和历时标准，沈文的思路与 Givón（1991）基本一致，而区分更加细化。沈家煊（1999a）还指出，对于汉语这样形态不发达的语言，分布标准和频率标准格外重要。

上文中那些成对的反义词聚，表面看起来地位平等、对称分布，其实却分属有标记项和无标记项。无标记项分布更广，使用频率更高，组合、聚合能力更强，有标记项则正相反。如以下各例中的前项都是无标记项，后项都是有标记项。

大—小	多—少	干净—脏	快—慢
好—坏	聪明—笨	整齐—杂乱	清楚—糊涂
上—下	左—右	前—后	里—外

传统的标记理论是一种简单模式，只考察一个范畴内部的两个成员之间的关系，而沈家煊（1999a）提出的新的标记理论建立起了范畴与范畴之间的"关联标记模式"。沈家煊（1999a）首先建立了肯定/否定和"极性词"（只能用于肯定句或只能用于否定句的词）之间的"关联标记模式"：

无标记配对	无标记配对
肯定	否定
极大量	极小量

这个标记模式的含义是，肯定和极大量具有天然的联系，构成一个无标记的配对，否定和极小量也具有天然的联系，构成另一个无标记的配对。这个关联标记模式可以解释"景气—发达—鼎盛"这一组近义词的用法，在语义上"景气"是极小量，所以一般只说"不景气"，不说"景气"，"鼎盛"是极大量，所以一般不说"不/没鼎盛"，居中的"发达"则肯定否定都能说。

"关联标记模式"将语言现象视为普遍联系的整体，避免了孤立地看待每一个事物的局限，扩展了标记理论的适用范围，增强了标记理论的解释力。

对标记现象成因的解释一般是从认知角度展开的。胡壮麟（1996）、王寅（1998）都认为，标记性是以形式和语义之间的象似性为理据的，结构上标记性强的范畴往往对应的是意义上不寻常的内容。而沈家煊（1999a）认为，标记现象是语言交流的经济原则和象似原则"动因竞争"的结果，同时，它还与人的认知方式有关：一个事物如果具有"多样性"或"复杂性"，那么认知难度就比较大，反映在标记现象上，就表现为组合关系复杂的为有标记项，组合关系简单的为无标记项。而关联标记模式是两个范畴之间"自然的关联"，它最接近人的期待或预料，是认知上的"默认"状态，因而具有认知上的显著性，在信息处理中最容易被储存和提取。

标记理论为语言不对称现象提供了高层次的方向性的理论指导，能够对汉语语法中的种种不对称现象做出统一的而不是零碎的阐释，对汉语作为第二语言的教学工作能够起到提纲挈领的作用。

第二节　反义词的不对称研究与教学

一　反义词不对称现象概说

在初级汉语教学中，常见到留学生造出这样的句子：

①*从你的宿舍到教室有多近？

②*这个箱子没有那个箱子轻。

③*我没有他矮。

④*我的专业好，不如哥哥的不好。

母语者往往很诧异留学生怎么会造出这样的句子，我们似乎感到，这些句子与其说有语法错误，倒不如说犯了逻辑错误。可是到底哪里不对，又说不清楚。之所以说不清楚，是因为我们想当然地认为远近、轻重、高矮、好坏等反义词分别占据语义坐标中零点两边的对称点，地位完全平等，造句时可以相互替换。然而汉语学习者的偏误提示我们，情况并非如此，反义词的意义和功能都存在不对称性。

根据沈家煊（1999a）的研究，反义词不对称的表现主要有两种。一种情况是正反形容词分布的不对称，如"长—短""深—浅""高—矮""重—轻"等，它们有时在同一语境里不能相互替换：

⑤a. 这条河十公里长。

　b. *这条河十公里短。

⑥a. 大海有一万米深。

　b. *大海有一万米浅。

⑦a. 这个箱子五公斤重。

　 b.＊这个箱子五公斤轻。

　　提问时，多使用无标记项，无标记项属于中性问，有标记项虽然不是绝对不能使用，但它属于偏向问，只适用于特殊的语境，如：

⑧a. 你的宿舍怎么样？大吗？

　 b. 你的宿舍怎么样？小吗？

　　问学生的宿舍大小，一般会问"大吗"，只有在已经听说宿舍很小的特殊语境下，才会问"小吗"。"大吗"属于中性问，"小吗"属于偏向问，二者体现出有/无标记的区别。

　　另一种不对称现象表现在语义方面。如形容词被否定后，其否定式的语义和肯定式的语义并不一定是分别占据语义坐标中零点两边的对称点："不高"可能是"矮"，但也可能是"不那么高，但也不矮"。另外，表示正面意义的形容词只有一个意思，但前面加上表否定的语素后却有两个意思，如"舒服"的否定式"不舒服"，除了指"身体或精神上感到不轻松愉快"外，还有一个意思是"有病"，"简单"的否定式"不简单"除了"复杂"义，还有"有本事、有办法"的意思。

二　反义词聚中的无标记项和有标记项举隅

（一）方位词的无标记项和有标记项

　　人类对"上—下""里—外""前—后"等方位的认知都源自身体的经验，由于人的头部在身体之"上"，又"向前看"，因而"上""前"相对于"下""后"自然成了显著项、无标记项；同时，人类对自己身体"里"的关注和了解也显然高于对身体"外"，因此"里"相对于"外"也是显著项、无标记项。

1. 上—下

　　赵元任（1968）指出，在有方位词的复合词里，"上"的结合能力几乎是无限的。

> 街上　门上　身上　心上　书上　面子上

而它的反义词"下"就差得多，带"下"的复合词大多是词汇性的，如下午、下属、眼下、当下。"上"的使用度远高于"下"。

作动词和趋向动词时，"上"不仅能表示由低处到高处，还能表示由一处到另一处，而"下"只是表示由高处到低处。

上台阶	上天堂	（由低处到高处）
上办公室	上食堂	（由一处到另一处）
下台阶	下地狱	（由高处到低处）
*下办公室	*下食堂	（由一处到另一处）

空间的高低可以引申到其他一些概念领域，如去有的地方只能说"上"不能说"下"：上校长室—*下校长室；有的地方虽然"上/下"都可以用，如"上/下县里挂职"，可对不同的人来说"上""下"是不一样的。

"上"作趋向补语，可以表示"合拢""达到""开始"等意义，但"下"作趋向补语没有对应的用法。

关上窗户	贴上对联	跟上时代
开上新车	住上洋房	走上正轨
下上雨了	学上法语了	一见面就聊上了

作趋向补语的"上"和"下"都能表示"完成"义，但下面 A 组的"上"不能换成"下"，B 组的"下"却能换成"上"。

A. 装上空调　考上研究生　评上优秀
B. 存下一万钱　买下那所房子

总而言之，"上"的使用范围要比"下"广，"上"相对于"下"是无标记项。

2. 里—外

"里"和"外"也存在分布上的不对称。《现代汉语八百词》中"里"的义项涉及处所、范围、方位、时间、方向（或方面）等五项，而"外"只有处所、范围和距离三项。这自然直接影响到"里"和"外"的组合能力，如：

"名词＋里"常指时间，如"夜里""平日里"，也可以表示空间，如"市里""脑海里""暗地里""广播里"，而"名词＋外"一般表距离、范围，如"千里之外""外国""外人"。

"形容词＋里"能表示方向、方面，如"往好里想""往少里说"，"外"没有这样的用法。

"里"的变体也较多："内"，"内里"，"中"，这符合无标记项聚合形态较多的特点。

（二）动词的无标记项和有标记项

我们以"来"和"去"为代表分析动词的有标记项和无标记项。

观察语言事实可知，在许多句法位置上，可以说"来"却不能说"去"，例如：

来客了	*去客了
来瓶二锅头	*去瓶二锅头
说来话长	*说去话长
打开来	*打开去
聊得来，合不来	*聊得去，*合不去
吃得来，划得来	*吃不去，*划得去

"来"在上下文里可以代替某个动词，而"去"没有这一用法。

⑨来二斤苹果！（＝买）

⑩这点活还找什么人啊，我来就行！（＝干）

由此，根据有/无标记项的判别标准可以确定，"来"是无标记项，

"去"是有标记项。

（三）形容词的无标记项和有标记项

1. 大—小

有许多事物和动作状态的名称有"大"无"小"，在第一节已列出不少，这里不再重复。当然也有只能说"小"却不能说"大"的，例如"小说""小时""小子"等，但一则它们的数量不如有"大"无"小"的多，二则这类词语大多已经词汇化，两个语素结合得很紧，不能把"小"单独拆分出来（沈家煊，1999a），例如"小子"不能拆分，前面却可以再加"傻""老"说成"傻小子""老小子"。

"大"可凸显事物特征强调重要性和特殊性，而"小"无此功能（项开喜，1998）。如：

大热天　大早晨　大姑娘　大胖小子

"大"可以表示量度，如下例，即使是"小"的东西，也依然要用"大"来量度。

⑪瞧她那巴掌大的小脸！（*巴掌小）

类似地，即使是"短"的东西，也依然要用"长"来量度，如：

⑫这条河只有一公里长。（*一公里短）

当然，这不是文字游戏，而是因为"大"和"长"都可以表示量度，此时它们的意义已经脱离了具体的本义而趋于抽象化了。

2. 好—坏

"好"的构词能力远远强于"坏"，如下面这些词中的"好"都不能替换为"坏"。

好感　好意　好玩　好受　好汉　好景

"最不、十分不、太不、很不、有点不"等含有否定意味的程度词语只能修饰"好"，不能修饰"坏"；表示程度浅（抑的语气）的副词"还"只能修饰"好"，不能说"*还坏"，如：

⑬这里条件还好，你别担心。

"倒"表示舒缓语气时后面也多用"好"，不用"坏"。

⑭这么办倒挺好。

另外，"好"可以重叠，而"坏"不能。

上述特点说明，"大"相对于"小"是无标记项，"好"相对于"坏"是无标记项。

（四）指代词的无标记项和有标记项

指代词的不对称，主要包括"这/那""这么/那么""这样/那样"等。总体来说，"这"类词语的适用面远大于"那"类词语，因此"这"类是无标记项，"那"类是有标记项。

如，"这"可以复指"你、我、他"，"那"只能复指"他"。

我这个人	*我那个人
你这个人	*你那个人
他这个人	他那个人

由上例可见，"这"用于近指，"那"用于远指，这种近和远的区别还决定了他们与"来、去"的组合关系。"这"可与"来、去"共现，"那"只与"去"共现。

| 来这儿 | 去这儿（指着地图上近处某个地方） |
| 去那儿 | *来那儿 |

虽说"这""那"的很多用法都是由它们的基本功能引申而来的，但

"这"的使用范围还是大于"那"。如吕叔湘（1984）指出，指上文，用"这"和"那"都可以；指下文，用"这"不用"那"。

　　⑮明知错了还不肯承认，那/这就不应该了。（指上文）
　　⑯你给我看看这（*那）个：刚打开就自动退出程序，这是什么毛病？（指下文）

沈家煊（1999a）指出，"这"和"那"用在否定句中会出现"标记颠倒"现象："那"成了无标记项，"这"成了有标记项。比较下面"这么"和"那么"的用法。

　　⑰a. 既然你这么/那么想去，那就去吧。
　　　b. 既然你不那么/*不这么想去，就别去了。
　　⑱a. 原来坐过山车这么/那么可怕！
　　　b. 原来坐过山车不那么/*不这么可怕！

这就是说，"这么"和肯定有一种自然的联系，构成一个无标记的组配，"那么"和否定也有一种自然的联系，构成另一个无标记的组配。因此，"这么"多用于肯定句，"那么"多用于否定句。

　　上述反义词聚中的无标记项和有标记项可以通过其"使用度"来验证，如《现代汉语频率词典》中一些反义词的使用度数据如下："来"5160，"去"4323；"大"5202，"小"3281；"长"600，"短"190；"深"308，"浅"57；"高"1167，"低"474；"好"3104，"坏"268；"聪明"76，"笨"11；"这"9139，"那"3264；"这个"1226，"那个"236；"这样"1815，"那样"355。可见，无标记项的使用频率一般都要超过有标记项。

三　反义词聚标记性的确定

　　那么，面对一对反义词，如何确定其成员的标记性呢？
　　Greenberg（1966）指出，任何一种语言，总是正向词为无标记项，反向词为有标记项。
　　所谓正向词，就是具有某些显著特征，因此更能引起人注意的那一项，而相对缺乏显著特征的就是反向词。如"大、高、好、前、上"等特征都比相对的"小、矮、坏、后、下"等特征更明显、更能引起注意，因而属于无标记项。

沈家煊（1999a）指出，"显著"性与无标记的内在联系是由"简单原则"或"效率原则"决定的，由于具有显著性的事物在认知上比较简单，处理效率比较高，因此自然成为无标记项。这一观点并非逻辑上的推测，而是以心理实验的结果为依据的。Clark（1974）和 Clark & Brownell（1975）通过实验证明，处理"上、前、里、来"等正向词所需的时间要少于处理"下、后、外、去"等负向词。这种认知上的不对称是有其生理基础的，因为人体主要的感觉器官在躯干的上部和前部，上方和前方的空间最容易为五官所知觉，人一般会自然站立，不会倒立，会朝前走，不会朝后走，因此"上"相对于"下"更为显著、更易认知，"前"相对于"后"更为显著、更易认知；同理，人最初从认识自己的身体开始认识外部世界，人体是一个容器，呼吸吐纳，有"里外"之别，对进入体内的东西有最切身的感受，因而"里"相对于"外"更加显著、更易认知。

从人的认知过程来讲，许多复杂、抽象的概念都是从"上—下"这种最基本的空间关系引申出来的，如：

> 好为上，坏为下：上等人　下等人
>
> 长为上，幼为下：上有老　下有小
>
> 先为上，后为下：上半年　下半年
>
> 多为上，少为下：上了年纪　费用不下一万元
>
> 明为上，暗为下：摆桌面上来　私下商量
>
> 前为上，后为下：上个学期　下个学期
>
> 接触为上，脱离为下：戴上帽子　摘下帽子
>
> 开始为上，结束为下：踏上归途　买下了一栋房子
>
> 出现为上，消失为下：醉意上来了　雾下去了

在标记性的确定方面，人类的心理倾向性也起到了重要的作用。人总

是追求好的一面，摒弃坏的一面。Boucher & Osgood（1969）通过心理实验证明了这一规律，并称之为"乐观假说"（Pollyanna Hypthesis）。这一假说可以解释语言中褒义词的使用频率总是高于贬义词，这一点可以用提问方式来检验，如：

⑲这个酒店干净吗？（*这个酒店脏吗？）

⑳一个人外出安全吗？（*一个人外出危险吗？）

一般的中性问需用"干净"和"安全"这样的褒义词来完成，而如果使用贬义词发问，一般形成的是偏向问。可见，"干净"和"安全"是无标记项，"脏"和"危险"是有标记项。

其实，无论是显著特征还是心理倾向性都要符合"常规"，因为凡是符合常规的是认知上的"缺省值"（default value），是无标记项。例如，鸟通常不会长生不死，植物通常有花也有果，办公通常要用纸，商品通常是供出售的，子女通常是婚生的，这些常规在人们的预设之中，无须用语词表示就可以领悟到，只有违反常规的才特意表示出来（沈家煊，1999a）。因此才会存在下面这些不对称现象：

不死鸟—*死鸟

无花果—*花果

无纸化办公—*纸化办公

非卖品—*卖品

非婚生子女—*婚生子女

反义动词如"穿—脱，装—卸，借—还，升—降"等，前者为正向词，这是人类活动常规的体现。因为在大多数情形下如果衣服没有先穿上就谈不上脱，飞机没有先升起来就谈不上降落，于是先有的状态自然是无标记项（沈家煊，1999a）。

不过，应该注意的是，也有一些反义词对不存在有标记/无标记的区别。例如：

冷—热　甜—苦　肥—瘦　喜欢—讨厌　高兴—难过　舒服—难受　自豪—自卑

以"有多+A?"和"A+吗?"问句来测试会发现，不管 A 是"冷"还是"热"，构成的问句都是偏向问，例如：

㉑——这个地方冷吗？/有多冷？
　　——非常冷/？非常热（得说：不冷，非常热。）
㉒——这个地方热吗？/有多热？
　　——非常热/？非常冷（得说：不热，非常冷。）

这个特点说明"冷—热"类反义词对不存在有标记/无标记的区别。

四　反义词不对称现象对汉语语法教学的启示

了解了反义词不对称现象的表现和成因，本节开头提到的留学生偏误问题随之迎刃而解。很多反义词对都存在有标记/无标记的对立，学习者的问题就在于错误地使用有标记项来构造中性问。例①中的"近"属于有标记项，而中性问中出现的限于无标记项，因此"有多近"是不正确的说法；例②的偏误又与差比句的句式要求有关，"A 比 B+形容词"的差比句对其中形容的标记性没有要求，无标记/有标记、积极意义/消极意义都可以进入句式，但"A 没有/不如 B+形容词"句式义限定为"褒 B 贬 A"的评价义，要求其中的形容词是无标记项（积极意义），因而例②中的"轻"、例③中的"矮"、例④中的"不好"作为有标记项（消极意义）都不符合要求，句子因此不合格。不过，并非所有成对的反义词语在提问时都需要小心提防这个"陷阱"，如"冷—热"类词语的使用就比较自由，因为它不存在有标记/无标记的区别。

类推是外语学习者常用的学习策略之一，常应用于词汇学习之中。然而，反义词中存在的种种不对称现象却成为学习过程中的暗礁险滩。为此，可以考虑将理论语法的研究成果适当地应用到教学中来，例如标记理论在反义词教学中可以得到以下应用。

（一） 重视反义词的成对教学

反义词聚往往成对出现，在教学中应顺应这个认知规律，有意识地成对进行教学和操练。采用对比的方法展示反义词聚对称和不对称的表现，能够在单位时间内提高学习效率。

（二） 加强反义词的关联教学

在习得反义词的过程中，教师要帮助学生形成关联意识，即每组单音节反义词之间的关系并不是孤立的。一方面，要培养对有标记项和无标记项整体特征的把握（即显著性/积极意义、非显著性/消极意义等），帮助学习者从宏观上加深对汉语词汇规律的理解；另一方面，通过对有/无标记项组合规律的学习，帮助学习者掌握快速增加词汇量的方法。

沈家煊（1999a）的研究表明，无标记项倾向于跟无标记项组配，有标记项倾向于跟有标记项组配。薛俊杰（2016）基于上述组配规律，提出了反义词的关联教学设想：以"加/减"和"快/慢"这两个反义词聚为例，这两组反义词中的无标记项"加"和"快"可组成"加快"一词，有标记项"减"和"慢"又可组成"减慢"一词。要向学生讲清楚"加"和"快"都表示积极肯定的含义，而"减"和"慢"都表示消极否定的含义，因此它们分别形成了两个无标记组配。构词规律相同的还有：

高大　高远　高深　深厚　深远　深重　厚重　重大
远大　长远　浅近　浅薄　短浅　短小　轻薄　粗大
细小　升高　降低　上升　下降　细微

这一教学设计可操作性强，把以往需要零碎记忆的词汇用标记理论整合在一起进行统一加工，对提高学习效果能够起到事半功倍的作用。

第三节　肯定和否定的不对称研究与教学

从逻辑上讲，肯定和否定是对称的，肯定和否定互为依托。但是自然语言却不那么整齐划一，有的句子只有肯定形式，没有否定形式，例如"干一行爱一行"，不说"干一行不爱一行"；有的句子只有否定形式，没有肯定形式，例如"滴酒不沾"，不说"滴酒沾"；还有的句子被否定后不一定得到一个否定的意思，例如，"差点儿没迟到"跟相应的肯定句"差点儿迟到"意思一样。

　　语言的不对称现象是汉语学习的难点之一，刘阁（2018）基于 HSK 动态作文语料库进行的统计发现，留学生对"有/无标记的反义词聚"使用正确率为 84.7%，而对"肯定/否定不对称"使用的正确率仅为 62.5%，可见后者的学习难度非常大。与肯定/否定的不对称相关的语法现象有很多，本节选取与语法教学关系比较密切的两个问题来讨论。

一　极性词的肯定和否定不对称现象

　　语言中有些词语一般只能用在肯定句，有些词语一般只能用在否定句。如果把肯定、否定看作正、负两极，那么这些词语就属于"极性词"。"多用于肯定式"或"只用于肯定式"，不能被"不"或"没"修饰限制的词称为"正极性词"，"多用于否定式"或"只用于否定式"词称为"负极性词"（沈家煊，1999a）。

　　石毓智（2001）对极性词的研究最为全面、系统。他主要是从"量"的概念出发，用"自然语言的肯定和否定公理"来解释极性词的分布特点。该公理的基本逻辑建立在客观世界的一条常理之上，即量小的事物容易消失，量大的事物容易保持自身的存在。例如一滴水很容易蒸发掉，一湖水就不容易干枯。容易消失与否定性强同义，容易保持与肯定性强同义，也就是说，量小的事物否定性强，量大的事物肯定性强，因此表示极小量的词语只能用于否定结构，表示极大量的词语只能用于肯定结构，中间的事物肯定程度和否定程度相当，可以自由地用于肯定和否定两种结构之中。

　　"自然语言的肯定和否定公理"的典型表现是，如果将一组概念义相同的词按照其语义程度的递增从左到右排成一个序列，那么会看到一个有趣的现象：位于左端的词只用于或多用于否定结构，位于中间的词可以自由地用于两种结构，位于右端的词多用于或只用于肯定结构。例如，谈论某

件事的几个词"叙说、提起、挂齿、说起、倾诉、诉说、谈论",将它们按语义程度由低到高的顺序排列起来:

> 挂齿　提起　说起　谈论　叙说　诉说　倾诉

　　这时就会清楚地看到,"挂齿"只用于否定结构的,如"不足挂齿""何足挂齿";靠近左端的"提起"也经常用于否定结构,如"没再提起""不愿提起",而其右侧的近义词"说起"用于否定句的频率就低一些,只有"没说起过"较为高频,靠近右端的"叙说"、"诉说"以及语义程度最高的"倾诉"经常用于肯定结构,在语料库中几乎无法找到前加否定词的例句;语义程度居中的"谈论"则可以自由地用于肯定、否定两种结构。

　　这样的例子还有很多,如:

a. 景气	发达	鼎盛
b. 介意	记得	铭记
c. 声息	声音	响音
d. 认账	佩服	钦佩
e. 理睬	说话	倾诉

　　这些例子的共性是左列在语义上是极小量,所以一般只用于否定句,右列是极大量,所以一般只用于肯定句,居中的一列则肯定否定都能说。这类词语在否定结构和肯定结构中的分布特征,还可以从张立茂、陆福庆(1986)编的《动词逆序词典》的用例中得到说明,下面的数字是相关词语在该词典中"否定式:肯定式"之比。

b.' 介意	记得	牢记	铭记
3:0	1:3	0:3	0:3
d.' 认账	服气	佩服	钦佩
3:0	2:1	0:3	0:3
e.' 理睬	赞成	拥护	拥戴
3:0	2:1	0:3	0:3

上述三组用例的左端词语都是《现代汉语词典》上所注明的"多用于否定式"或"只用于否定式"的词语，这说明两本词典反映的特征是一致的。

自然语言的肯定和否定公理有很强的解释力，不但可以用来区分和解释词语的用法和功能，也同样适用于语法结构肯定和否定极性的判别。例如汉语中"动＋得＋补"和"动＋不＋补"两种表可能的动补结构使用频率上有悬殊，后者的使用频率大大高于前者，原因在于"动＋得"表达的可能性是一个很小的量。诸如此类的肯定和否定的不对称现象在石毓智（2001）那里都得到了比较合理的解释。

（一）现代汉语的负极性词

"负极性词"即"多用于否定式"或"只用于否定式"的词，据石毓智（2001：57）的考察，《现代汉语词典》释义中已注明的这样的词条约150个，其中动词和形容词占大多数，名词和副词只有一小部分。例如：

1. 名词

二话　声息　好气

2. 形容词

雅观　起眼儿　像话　相干　济事　景气　打紧
得了（liǎo）　碍事　抵事　受用　中用

3. 动词

介意　在意　在乎　理会　理睬　吭声　作美　捉摸　容情　认账
买账　照面　务正　问津　消受　罢休　招惹　打价　承望　插脚

4. 副词

绝（绝对）　毫（一点儿）　断（绝对；一定）
毫发（比喻极小的数量）压根儿

上面四类词的否定式具体构造很不一样，但是它们多用于或只用于否定式这一特点的本质是相通的。其本质在于它们的语义程度都很低，根据自然语言肯定和否定公理就能推出它们这一共同的使用特点。

跟同概念的其他词相比，负极性词用于否定结构的否定程度最高。比如"不理睬他"比"不跟他说话"的否定程度高，"不像话"比"不合理"的否定程度高，等等。也就是说，对语义程度极小词语的否定，其否定程度最高，基本上等于完全否定。

（二）现代汉语的正极性词

"正极性词"指一般用于肯定句，前面不加"不"或"没"等进行否定的词。石毓智（2001）中举出的正极性词主要包括以下几类。

1. 名词

体格　世交　风光　气象　面貌　奇观　神情
领域　天地　作风　海量　资质　目光　怒火

这类名词都是定量的，不能用数量词语自由称数，因此一般不能直接加"没"来否定。

2. 形容词

a. 矮胖　笔挺　碧绿　冰冷　飞快　滚烫　黑亮
b. 漫长　粗壮　巨大　遥远　短暂　辽阔　细微

a类词的第一个语素大都是表程度、情状、方式的，它们从各个方面修饰、限定第二个非定量形容词，这样就使得所构成的复合词具有了定量性，因此都不能用"不"或"没"否定。b类词前后两个语素概念义相近，呈并列的语义关系，同义叠加使得其语义程度较高，因此不能用"不"或"没"否定。

3. 动词

a. 切记　轻取　深信　涌现　渴望　酷爱　沉迷

b. 林立　私访　巧遇　并行　尾随　耸立　云集

c. 悲愤　愁苦　羞愧　惊恐　畏惧　诧异　眷恋

d. 销魂　开怀　断肠　动气　发狠　泄愤　失神

与形容词的情况相似，a 类动词和 b 类动词的第一个语素分别表程度和情状，修饰、限定第二个非定量动词，这样就使得所构成的复合词具有了定量性，因此都不能用"不"或"没"否定。c 类动词前后两个语素概念义相近，呈并列的语义关系，同义叠加使得其语义程度较高，因此不能用"不"或"没"否定。d 类动词为动宾式的心理动词，同样语义程度较高，因而不能为"不"或"没"所否定。

语义程度是一个连续变化的过程，所以词语用于肯定结构和否定结构实际上表现为频度问题。就严格意义上来说，与其说有一部分词根本就不能受"不"的否定，不如说它们用"不"或"没"否定受到限制或是在一定条件下才能实现。

二　肯定与否定对立的消失

肯定与否定不对称的另一个表现是，肯定和否定在一定的语言环境里对立消失。例如：

难免迷失方向 = 难免不迷失方向

饭一会儿就做好了 = 不一会儿饭就做好了

差点儿受骗 = 差点儿没受骗

下面我们一一进行解说。

（一）难免 VP ~ 难免不 VP

"难免"最常见的用法是在动词前作状语。例如：

难免发生差错　　　难免不发生差错

难免有些火气　　　难免不有些火气

正常来说，肯定式和否定式意义相反，但"难免 VP"和"难免不 VP"却语义相同，都表示肯定的意义。这是为什么呢？

江蓝生（2008）认为，否定式是正反两个表达式叠加后整合而成的。当我们说"难免发生差错"时，潜意识里就存在"要想不发生差错很难"的意念。而且，通常人们在思考问题时总是习惯于从正面和反面两个角度进行，在说明问题时，为了周到或强调起见，往往也从正反两方面阐述。这两种心理就是产生否定式"难免不 VP"的认知上的原因。

$$
\left.\begin{array}{l}
\text{这样做难免发生差错（正说）} \\
+ \\
\text{这样做不发生差错很难（反说）}
\end{array}\right\} \rightarrow \text{这样做难免不发生差错（叠加）}
$$

$$
\left.\begin{array}{l}
\text{年轻人难免有些火气（正说）} \\
+ \\
\text{年轻人不有些火气很难（反说）}
\end{array}\right\} \rightarrow \text{年轻人难免不有些火气（叠加）}
$$

虽然"难免 VP"跟"难免不 VP"都表示肯定的意义，但二者的语义侧重点是有差别的：肯定式从正面强调出现某种情况难以避免，否定式从反面强调不出现某种情况是不可能的。

（二）"一会儿"～"不一会儿"

"一会儿"是时间上的极小量，"不一会儿"是连这个极小量都达不到，意思好像有所差别，但其实都是表示时间极短，说话时似乎并不在乎这点差别。

沈家煊（1999a）举了一个很有意思的例子：

㉓不一会儿，水开了。曹霑满以为翠儿就该泡茶了，没曾想，她从从容容打开盖子，用竹水斗舀了一点冷水，加了进去，盖好，又煮了起来：一会儿，水又开了。(端木蕻良《曹雪芹》)

这一句前面用"不一会儿"，后面用"一会儿"，两者换个位置，意思好像也没有变化。

但两者还是有不能换用的地方，例如：

㉔急什么，再坐（*不）一会儿吧。

㉕这件事过（*不）一会儿再商量。

㉖等了（*不）一会儿饭才做好。

沈家煊（1999a）指出，"一会儿"作为一个极小量词，因心理视角的不同，可能具有相反的意义。相对"立即"这样的"零"时间而言，"一会儿"是一个较长的时间，此时其意义与"不一会儿"不等价。但如果是相对一个较大的量而言，"一会儿"又是较短的时间，这时它与"不一会儿"可以互相替换。例㉔、例㉕、例㉖都是相对"零"时间而言的情形：原先是听话人立即要走、听话人现在就要商量、说话人以为饭马上或已经做好，而实际上的动作行为超过了原本期待的间隔时间（"零"），因此"一会儿"不能替换为"不一会儿"。而下面例㉗和例㉘中的 a 句和 b 句就基本同义。

㉗a. 一会儿饭做好了。

　b. 不一会儿饭做好了。

㉘a. 一会儿就回来了。

　b. 不一会儿就回来了。

这两例中，说话人期待的做好饭的时间、回来的时间都比较长，因而"一会儿"和"不一会儿"可以相互替换。凡是有"就"字出现的都是相对一个较大量而言的，如例㉘，而例㉗虽然没有"就"出现，但可以加进去。凡是相对"零"而言的情形都不能加"就"，但可以根据具体需要加"再"或"才"，如例㉔、例㉕、例㉖。

（三）差点儿 VP ~ 差点儿没 VP

"差点儿"和"差点儿没"有时存在对立，有时对立消失。

先看下面的例子。

A. 差点儿赶上那趟车 ≠ 差点儿没赶上那趟车

　　差点儿拿到学位 ≠ 差点儿没拿到学位

B. 差点儿受骗 ＝ 差点儿没受骗

差点儿急哭了＝差点儿没急哭了

A 组是对立的例子，如"差点儿赶上那趟车"是没赶上的意思，"差点儿没赶上那趟车"是赶上的意思。B 组是对立消失的例子，如"差点儿受骗"和"差点儿没受骗"都是没受骗的意思。朱德熙早在 1959 年《说"差一点"》一文就根据 VP 是否属于希望实现的事情揭示了两类句子的差别。吕叔湘主编的《现代汉语八百词》（1980）中的"差点儿"条，在揭示这类句式的语义色彩方面有所推进，指出依据希望或不希望等不同情况，"差点儿"与"差点儿没"或表示庆幸或表示惋惜。沈家煊（1999a）也明确指出，肯定和否定对立消失的现象跟说话人的心理期待有关：一般是在涉及不如意的事情时"差点儿"和"差点儿没"的对立才可能消失，反之，对立依然存在。

江蓝生（2008）进一步分析道："没 VP"是"差点儿 VP"固有的意义，但不是表意重点，在句法平面没有得到表现。当说话人为了加强语义强度、凸显主观情态时，就有意识地把这层蕴含的语义明示到句法平面上来，从而整合为否定式"差点儿没 VP"。

通常说"差点儿没摔倒"跟"差点儿摔倒"语义相同，都表示否定（没摔倒），这是从基本意义说的。但如果否定句跟肯定句没有任何区别，就违反了语言表达的经济原则，没有存在的必要了。事实是，肯定式"差点儿 VP"主要用来描述一种客观事态，一般不涉及说话人对这种事态的态度或看法；而"差点儿没 VP"则不仅描述真实世界中的一种事态，而且通过渲染事态的严重性传递出强烈的主观态度。

三　肯定/否定的不对称现象对汉语语法教学的启示

肯定和否定是人类思维中共同的内容，但具体的表达方式在不同的语言中各不相同。了解语义程度和定量/非定量的概念，可以为汉语学习者掌握极性词的用法提供理据，特别是对意思相近、相关而用法却不相同词语的掌握，能够起到提纲挈领、举一反三的作用。而对肯定与否定对立消失的现象，江蓝生（2008）"概念叠加与构式整合"的思路和沈家煊（1999a）

"心理期待量"的思路都能够对教学设计具有直接或间接的启发作用。不过我们也应注意，上述词语都有其特定的使用条件，例如"难免"表达一种人们不期望发生的情况，因而一般不能后接"高兴""熟练"等积极意义的词语，而"难免不"可以；"差点儿"和"差点没"后面虽然不是完全不能出现积极意义的词语，但在出现频率上以消极意义为绝对优势；"不一会儿"比"一会儿"的主观性强，常与"就"同现而不与"才"同现。在教学中，一方面，我们要讲清对立消失的条件，避免学习者产生不当泛化；另一方面，根据汉语作为第二语言教学的"浅化和简化"原则，对理论语法研究中抽象度较高的部分，也要做适当的简化，以适合语法教学的需要。

参考文献

一 专著

北京语言学院语言教学研究所编著，1986，《现代汉语频率词典》，北京语言学院出版社。

〔美〕布龙菲尔德，1933，《语言论》，袁家骅等译，商务印书馆，1980。

〔美〕布龙菲尔德，1980，《语言论》，袁家骅、赵世开、甘世福译，商务印书馆。

蔡澜，2013，《烹宰为乐：烹羊宰牛且为乐，会须一饮三杯》，生活·读书·新知三联书店。

常玉钟，1993，《口语习用语功能词典》，北京语言学院出版社。

陈保亚，1999，《20世纪中国语言学方法论》，山东教育出版社。

陈昌来，2003，《现代汉语语义平面问题研究》，学林出版社。

陈刚，1997，《现代北京口语词典》，语文出版社。

陈建民，1984，《汉语口语》，北京出版社。

陈莉萍，2000，《专门用途英语研究》，复旦大学出版社。

陈汝东，2004，《当代汉语修辞学》，北京大学出版社。

陈一，2012b，《汉语语法研究十讲》，中国社会科学出版社。

程美珍，1997，《汉语病句辨析九百例》，华语教学出版社。

程棠，2000，《对外汉语教学目的、原则、方法》，华语教学出版社。

崔希亮，1997，《汉语熟语与中国人文世界》，北京语言大学出版社。

崔希亮，2003，《试论教学语法的基础兼及与理论语法的关系》，载《对外汉语教学语法探索——第一届国际对外汉语教学语法研讨会论文集》，中国社会科学出版社。

崔希亮，2017，《外国学生汉语书面语习得与认知研究》，北京语言大学出版社。

崔永华，1990，《关于对外汉语教学语法体系的思考》，载《语言学和汉语教学》，北京语言学院出版社。

〔美〕戴浩一、薛凤生主编，1994，《功能主义与汉语语法》，北京语言学院出版社。

戴庆厦，2012，《景颇语参考语法》，中国社会科学出版社。

丁声树等，1961，《现代汉语语法讲话》，商务印书馆。

董秀芳，2002，《汉语的词库与词法》，北京大学出版社。

范晓，1985，《略论 V－R》，载《语法研究和探索》（三），北京大学出版社。

范晓，1991，《动词的"价"分类》，载《语法研究和探索》（五），语文出版社。

范晓，1995，《句型、句模和句类》，载《语法研究和探索》（七），商务印书馆。

范晓，1996，《三个平面的语法观》，北京语言学院出版社。

方光焘，1958，《体系和方法》，载《中国文法革新论丛》，中华书局。

房玉清，1992，《实用汉语语法》，北京语言学院出版社。

冯胜利，2005，《汉语韵律语法研究》，北京大学出版社。

冯胜利，2006b，《汉语书面用语初编》，北京语言大学出版社。

冯志伟，1998，《现代语言学流派》，陕西人民出版社。

高顺全，2007，《"就"的语法化及相关语言点的习得顺序》，《汉语教学学刊》第 3 辑，北京大学出版社。

耿二岭，2010，《图示汉语语法》，北京语言大学出版社。

顾鸣镝，2013，《认知构式语法的理论演绎与应用研究》，学林出版社。

何自然、冉永平等，2006，《认知语用学——言语交际的认知研究》，上海外语教育出版社。

胡清国、李敏，2009，《外国人学汉语语法》，上海教育出版社、上海海文音像出版社。

胡裕树主编，1981，《现代汉语》，上海教育出版社。

黄伯荣、廖序东，1997，《现代汉语》，高等教育出版社。

金立鑫，1996，《对外汉语语法教学》，载《对外汉语教学通论》，上海外语教育出版社。

金立鑫，2003，《漫谈理论语法、教学语法和语言教学中语法规则的表述方法》，载《对外汉语教学语法探索——首届国际对外汉语教学语法研讨会论文集》，中国社会科学出版社。

金立鑫，2005，《对外汉语教学虚词辨析》，北京大学出版社。

康玉华、来思平，1999，《汉语会话 301 句》（修订本），北京语言文化大学出版社。

黎锦熙，1924，《新著国语文法》，商务印书馆。

李大忠，2007，《外国人学汉语语法偏误分析》，北京语言文化大学出版社。

李德津、程美珍，1988，《外国人实用汉语语法》，华语教学出版社。

李晓琪，2005，《现代汉语虚词讲义》，北京大学出版社。

李英哲，1990，《实用汉语参考语法》，北京语言学院出版社。

林裕文，1957，《词汇、语法、修辞》，新知识出版社。

刘丹青，2003a，《差比句的调查框架与研究思路》，载戴庆厦、顾阳主编《现代语言学理论与中国少数民族语言研究》，民族出版社。

刘德联、刘晓雨，2005，《汉语口语常用句式例解》，北京大学出版社。

刘德联、刘晓雨，2014，《汉语口语（中级）》，北京大学出版社。

刘润清，1995，《西方语言学流派》，外语教学与研究出版社。

刘珣，2000，《对外汉语教育学引论》，北京语言学院出版社。

刘珣，2002，《汉语作为第二语言教学简论》，北京语言文化大学出版社。

刘月华等，1983，《实用现代汉语语法》，外语教学与研究出版社。

刘月华，1983，《实用现代汉语语法》，商务印书馆。

刘月华，1998，《趋向补语通释》，北京语言文化大学出版社。

刘中富，2003，《实用汉语词汇》，安徽教育出版社。

卢福波，2004，《对外汉语教学语法研究》，北京语言大学出版社。

卢福波，2010，《汉语语法教学理论与方法》，北京大学出版社。

卢福波，2011，《对外汉语教学实用语法》（修订本），北京语言大学出版社。

陆丙甫、曹德和，2005，《关于句法理论的起点和三个平面理论》，载《语言研究集刊》（第二辑），上海辞书出版社。

陆俭明、马真，1999，《现代汉语虚词散论》，北京大学出版社。

陆俭明，2003，《现代汉语语法研究教程》，北京大学出版社。

陆俭明、沈阳，2004，《汉语和汉语研究十五讲》，北京大学出版社。

陆俭明，2010，《从构式看语块》，《中国语言学》（第四辑），北京大学出版社。

陆庆和，2006，《实用对外汉语教学语法》，北京大学出版社。

吕必松，1990，《对外汉语教学发展概要》，北京语言学院出版社。

吕必松，1992，《对外汉语教学概论（讲义）》，北京语言文化大学出版社。

吕必松，1994，《对外汉语教学语法探索·序》，载《对外汉语教学语法探索》，语文出版社。

吕必松，1995，《对外汉语教学概论》，《世界汉语教学》连载。

吕必松，1996，《对外汉语教学概论》，国家教委对外汉语教师资格审查委员会办公室编印。

吕叔湘，1942，《中国文法要略》，商务印书馆。

吕叔湘，1980，《现代汉语八百词》，商务印书馆。

吕叔湘，1984，《语文杂记》，上海教育出版社。

吕文华，1994，《对外汉语教学语法探索》，语文出版社。

吕文华，1999，《对外汉语教学语法体系研究》，北京语言文化大学出版社。

吕文华，2014，《对外汉语教学语法讲义》，北京大学出版社。

马箭飞，2007，《汉语口语速成（中级篇）》，北京语言大学出版社。

马庆株，1988，《汉语动词和动词性结构》，北京语言学院出版社。

马庆株，1992，《汉语动词和动词性结构》，北京语言学院出版社。

马庆株，1998，《汉语语义语法范畴问题》，北京语言文化大学出版社。

牛保义，2011，《构式语法理论研究》，上海外语教育出版社。

齐沪扬主编，2005，《对外汉语教学语法》，复旦大学出版社。

钱乃荣，2001，《现代汉语》（修订本），江苏教育出版社。

屈承熹，2005，《汉语认知功能语法》，黑龙江人民出版社。

屈承熹，2006，《汉语篇章语法》，北京语言大学出版社。

邵敬敏，2001，《现代汉语通论》，上海教育出版社。

沈家煊，1999a，《不对称和标记论》，江西教育出版社。

施春宏，2008，《汉语动结式的句法语义研究》，北京语言大学出版社。

施春宏等，2017，《汉语构式的二语习得研究》，商务印书馆。

施光亨、刘伟，1997，《口语表述的即时性及与此相关的口语特点》，载《第五届国际汉语教学讨论会论文选》，北京大学出版社。

施一昕，1988，《"多"和"少"的不对应性》，《语文论集》（三），外语教学与研究出版社。

石安石、詹人凤，1983，《反义词聚的共性、类别及不均衡性》，载《语言学论丛》（第十辑），商务印书馆。

石毓智，2001，《肯定与否定的对称与不对称》，北京语言文化大学出版社。

石毓智、李讷，2001，《汉语语法化的历程——形态句法发展的动因和机制》，北京大学出版社。

石毓智，2003，《现代汉语语法系统的建立——动补结构的产生及其影响》，北京语言文化大学出版社。

宋振华、吴士文，1984，《现代汉语修辞学》，吉林人民出版社。

宋作艳，2015，《生词词库理论与汉语时间强迫现象研究》，北京大学出版社。

苏新春等，2001，《汉语词汇计量研究》，厦门大学出版社。

孙德金，2002，《汉语语法教程》，北京语言大学出版社。

孙德金，2012，《现代书面汉语中的文言语法成分研究》，商务印书馆。

唐松波，1985，《文体、语体、风格、修辞的相互关系》，载《修辞和修辞教学》，上海教育出版社。

〔俄〕特鲁别茨柯依，1939，《音位学原理》，杨衍春译，广西师范大学出版社，2015。

王德春、陈晨，1989，《现代修辞学》，江西教育出版社。

王德春，1997，《语言学概论》，上海外语教育出版社。

王红旗，1995，《动结式述补结构配价研究》，载《现代汉语配价语法研究》，北京大学出版社。

王还，1984b，《"把"字句和"被"字句》，上海教育出版社。

王还，1995，《对外汉语教学语法大纲》，北京语言学院出版社。

王力，1944，《中国语法理论》，商务印书馆。

王力，1957，《语法体系和语法教学》，载《语法和语法教学》，人民教育出版社。

王力，1985，《中国现代语法》（重印本），商务印书馆。

王砚农等，1987，《汉语动词——结果补语搭配词典》，北京语言学院出版社。

王寅，2011a，《构式语法研究》，上海外语教育出版社。

王寅，2011b，《什么是认知语言学》，上海外语教育出版社。

韦旭升、许东振，1995，《韩国语实用语法》，外语教学与研究出版社。

文炼、袁杰，1990，《谈谈动词的向》，载《汉语论丛》，华东师大出版社。

吴颖，2011，《轻轻松松学语法——对外汉语教学语法纲要》，北京语言大学出版社。

吴勇毅、何所思、吴卸耀，2010，《汉语语块的分类、语块化程度及其教学思考》，《第九届世界华语教学研讨会论文集·第二册·语言分析》，世界华文出版社。

吴勇毅、吴中伟、李劲荣主编，2016，《实用汉语教学语法》，北京大学出版社。

武柏索等，1988，《现代汉语常用格式例释》，商务印书馆。

肖奚强等，2009，《外国学生汉语句式学习难度及分级排序研究》，高等教育出版社。

谢秀忱，1981，《现代日语语法》，北京师范大学出版社。

邢福义，2009，《语法问题献疑集》，商务印书馆。

熊岭，2014，《现代汉语有定范畴研究》，江西人民出版社。

徐采霞，2016，《现代汉语形容词状补功能比较研究》，中国社会科学出版社。

薛凤生，1994，《把字句和被字句的结构意义》，载《功能主义与汉语语法》，北京语言学院出版社。

杨德峰，2009，《对外汉语教学核心语法》，北京大学出版社。

杨寄洲，2016，《汉语教程》（第三版），北京语言大学出版社。

杨寄洲、贾永芬，2005，《1700 对近义词语用法对比》，北京语言大学出版社。

杨玉玲，2011，《国际汉语教师语法教学手册》，高等教育出版社。

袁晖、李熙宗主编，2005，《汉语语体概论》，商务印书馆。

袁毓林，1993，《现代汉语祈使句研究》，北京大学出版社。

詹人凤，1997，《现代汉语语义学》，商务印书馆。

张宝林，2006，《汉语教学参考语法》，北京大学出版社。

张斌，2010，《现代汉语描写语法》，商务印书馆。

张伯江，2009，《从施受关系到句式语义》，商务印书馆。

张伯江、方梅，1996，《汉语功能语法研究》，江西教育出版社。

张弓，1963，《现代汉语修辞学》，天津人民出版社。

张继华，1988，《常用口语语汇》，北京燕山出版社。

张静，1980，《新编现代汉语》，上海教育出版社。

张立茂、陆福庆，1986，《动词逆序词典》，福建人民出版社。

张敏，1998，《认知语言学与汉语名词短语》，中国社会科学出版社。

张清常，1990，《胡同及其他——社会语言学的探索》，北京语言学院出版社。

张旺熹，1999，《汉语特殊句法的语义研究》，北京语言大学出版社。

张旺熹，2006，《汉语句法的认知结构研究》，北京大学出版社。

张旺熹，2012，《汉语口语成分的话语分析》，北京语言大学出版社。

张正生，2006，《书面语定义及其教学问题初探》，载冯胜利主编《对外汉语书面语教学与研究的最新发展》，北京语言大学出版社。

赵金铭，1997，《汉语研究与对外汉语教学》，语文出版社。

赵金铭，2004，《对外汉语教学概论》，商务印书馆。

赵金铭等，2008，《基于中介语语料库的汉语句法研究》，北京大学出版社。

赵世开，1990，《国外语言学概述——流派和代表人物》，北京语言学院出版社。

赵元任，1948，《北京口语语法》，李荣译，开明书店。

赵元任，1968，《汉语口语语法》，吕叔湘译，商务印书馆。

赵元任，1979，《汉语口语语法》，商务印书馆。

郑颐寿，1987，《语体划分概说》，载《语体论》，安徽教育出版社。

郑懿德等，1992，《汉语语法难点释疑》，华语教学出版社。

周小兵、赵新等，2002，《对外汉语教学中的副词研究》，中国社会科学出版社。

周小兵、朱其智、邓小宁等，2007，《外国人学汉语语法偏误研究》，北京语言大学出版社。

周一民，1998，《北京口语语法》，语文出版社。

朱德熙，1982，《语法讲义》，商务印书馆。

朱德熙，1985，《语法答问》，商务印书馆。

Boucher, J. & Osgood, C. 1969. The Pollyanna Hypothesis. *Journal of Verbal Learning and Verbal Behavior* 8. 1.

Chafe, W. L. 1976. Giveness, Contrastiveness, Definiteness, Subjects, Topics and Point of View. In Li Charles (ed.) *Subject and Topic*. New York: Academic Press.

Clark, H. H. 1974. Semantics and Comprehension. In Sebeok, T. A. ed., *Current Trends in Linguistics*, *Vol. 12*: *Linguistics and Adjacent Arts and Sciences*. The

Hague：Mouton Publishers.

Clark，H. H. ，& H. H. Brownell. 1975. Judging up and down. *Journal of Experimental Psychology：Human Perception and Performance* 1.

Dryer，Matthew. S. 1992. The Greenbergian Word Order Correlations. *Language* 68. 1.

Givón，T. 1990. *Syntax：A Functional – Typological Introduction* (vol. 2). Amsterdam：John Benjamins Publishing Company.

Givón，T. 1991. Markedness in Grammar：Distributional，Communicative and Cognitive Correlates of Syntactic Structure，*Studies in Language* 15. 2.

Goldberg，Adele E. ，2007，《构式：论元结构的构式语法研究》，吴海波译，北京大学出版社。

Goldberg，Adele E. ，2013. Constructions Approaches. In Thomas Hoffmann & Graeme Trousdale (eds.)，*The Oxford Handbook of Constructions Grammar*. Oxford：Oxford University Press.

Goldberg，Adele E. ，2013，《运作中的构式：语言概括的本质》，吴海波译，北京大学出版社。

Greenberg，J. H. 1963. Some Universals of Grammar with Particular Reference to the Order of Meaningful Elements. In Greenberg (ed.) *Universal of Language*. Mass Cambridge：M. I. T. Press.

Greenberg，J. H. & Martin Haspelmath (other) 1966. Language Universals. *Janua Linguarum Weries Minor*，59. The Hague：Mouton.

Halliday，M. A. K. 1994. *An Introduction to Functional Grammar (second edition)*. London：Edward Arnold.

Harris，Z. S. 1957. Co – occurrence and Transformation in Linguistic Structure. *Language* 33.

Jespersen，Otto. 1924. *The Philosophy of Grammar*. London：George Allen & Unwin.

Langacker，R. W. 1987. *Foundations of Cognitive Grammar Vol. I：The Aritical Prerequisites*. Stanford，California：Stanford University Press.

Li, Charles, N. and Sandra Thompson. 1974. Historical Change of Word Order: A Case Study in Chinese and its Implications. In *Historical Linguistics*. By John M. Anderson and Charles Jones, Amsterdam: North – Holland.

Li, Charles, N. （李讷）2000. *Beyond Borowing and Interface Contact – induced Morp Hosyntactie Change in Chinese*. Presented at the 9th International Chinese Linguistic Conference, Singapore.

Li, Meng – chen. （李孟珍）1980. An Investigation of Word Order Change in Chinese, Papers from the 1979 Asian and Pacific Conference on Linguistics and Language Teaching. Taipei: Student Book Co, Ltd.

Longacre, Robert E. 1983. *The Grammar of Discourse*, New York: Plenum Press.

Mei, Kuang. （梅广）1978. The Ba – sentence in Modern Chinese, *Wen Shi Zhe Xuebao* 27. Taiwan University.

Prince. 1981. Toward a Taxonomy of Given – new Information. In P. Cole （ed.）*Radical Pragmatics*. NewYork: Academic Press.

Rothstein, S. 2004. *Structuring Events: A Study in the Semantics of Lexical Aspect*. Oxford: Blackwell.

Tai, James. （戴浩一）1973. On Two Functions of Place Adverbials in Mandarin, *Journal of Chinese Linguistics* 3.

Tai, James. （戴浩一）1976. On the Change from SVO to SOV in Chinese. Parasessions on Diachronic Syntax, Chicago Linguistic Society.

Teng, S. H. （邓守信）1975. Subject and Theme in Chinese: A Critique of the SOV Hypothesis. Berkeley: 8th International Conference on Sino – Tibetan Linguistics.

Timothy, Light. （黎天睦）1979. Word Order and Word Change in Mandarin Chinese, *Journal of Chinese Linguistics* 6.

二　期刊

安玉霞，2006，《汉语语序问题研究综述》，《汉语学习》第 6 期。

白娟、贾放，2006，《汉语元语用标记语功能分析与留学生口头交际训练》，《语言文字运用》第 A2 期。

白荃，2000，《"不"、"没（有）"教学和语法研究上的误区——关于"不"、"没（有）"的意义和用法的探讨》，《语言教学与研究》第 3 期。

蔡晖，2004，《认知语言学视野中的功能语体分类问题》，《外语学刊》第 6 期。

蔡淑美、施春宏，2014，《基于汉语中介语语料库的二价名词习得研究》，《语言文字应用》第 2 期。

曹成龙，2007，《谈对外汉语教学中的语序教学》，《云南师范大学学报》（对外汉语教学与研究版）第 1 期。

曹地，2011，《汉语语序理据与对外汉语语序教学研究》，硕士学位论文，辽宁师范大学。

曹炜，2003，《现代汉语口语词和书面语词的差异初探》，《语言教学与研究》第 6 期。

曹秀岭，2005，《再议"连……都/也……"句式》，《语文研究》第 1 期。

常敬宇，1994，《语体的性质及语用功能》，《修辞学习》第 4 期。

常玉钟，1989，《口语习用语略析》，《语言教学与研究》第 2 期。

陈光，2007，《汉语结果补语在印尼语中的表述形式及其对印尼学生习得的影响》，硕士学位论文，暨南大学。

陈建民，1982，《北京口语漫谈》，《中国语文》第 1 期。

陈珺、周小兵，2005，《比较句语法项目的选取和排序》，《语言教学与研究》第 2 期。

陈满华，2009，《构式语法理论对二语教学的启示》，《语言教学与研究》第 4 期。

陈满华，2014，《关于构式语法的理论取向及相关问题》，《外国语》第 5 期。

陈佩玲、陶红印，1998，《台湾官话叙事体中韵律单位的语法构成及其规律初探》，《语言研究》第 1 期。

陈平，1987，《释汉语中与名词性成分相关的四组概念》，《中国语文》

第 2 期。

陈平，1994，《试论汉语中三种句子成分与语义成分的配位原则》，《中国语文》第 3 期。

陈延河，2002，《印尼语、汉语语序对比及印尼学生汉语学习中常见语序偏误分析》，《暨南大学华文学院学报》第 1 期。

陈艳华，2007，《"大小类"反义词有/无标记项在汉语及中介语词汇层面的不对称研究》，硕士学位论文，北京语言大学。

陈一，2012a，《"第二个 N_专"与"N_专第二"》，《中国语文》第 3 期。

程琪龙、程倩雯，2015，《动词和构式的关系——构式进路的利弊》，《当代语言学》第 1 期。

成燕燕，2002，《哈萨克族学生学习汉语结果补语的偏误分析》，《中央民族大学学报》（哲学社会科学版）第 5 期。

储泽祥，2001，《"名＋数量"语序与注意焦点》，《中国语文》第 5 期。

崔承一，1991，《说说述补（结果）宾谓语句的语义结构系列》，《汉语学习》第 1 期。

崔维真，2013，《跟语序有关的不对称现象专题研究》，博士学位论文，上海师范大学。

崔希亮，1995，《"把"字句的若干句法语义问题》，《世界汉语教学》第 3 期。

崔希亮，2005，《欧美学生汉语介词习得的特点及偏误分析》，《世界汉语教学》第 3 期。

崔永华，1984，《"连……都/也……"句式试析》，《语言教学与研究》第 4 期。

崔永华，2003，《汉语中介语中的"把……放……"短语分析》，《汉语学习》第 1 期。

戴浩一，1988，《时间顺序和汉语的语序》，黄河译，《国外语言学》第 1 期。

戴庆厦、蒋颖，2007，《"参考语法"编写的几个问题》，《云南师范大学学报》（哲学社会科学版）第 1 期。

苏丹洁，2011，《构式语块教学法的实质——以兼语句教学及实验为例》，《语言教学与研究》第 2 期。

苏丹洁、陆俭明，2010，《"构式—语块"句法分析法和教学法》，《世界汉语教学》第 4 期。

苏丹洁，2010，《试析"构式—语块"教学法——以存现句教学实验为例》，《汉语学习》第 2 期。

邓英树、黄谷，2002，《论"不 A 不 B"的否定意义及其制约因素》，《汉语学习》第 4 期。

丁安琪、沈兰，2001，《韩国留学生口语中使用介词"在"的调查分析》，《语言教学与研究》第 6 期。

丁崇明，2006，《20 世纪 80 年代以来对外汉语教学语法研究综述》，《北京师范大学学报》（人文社会科学版）第 3 期。

丁金国，1997，《对外汉语教学中的语体意识》，《烟台大学学报》（哲学社会科学版）第 1 期。

丁金国，1999，《再论对外汉语教学中的语体意识》，《语言文字应用》第 2 期。

丁金国，2010，《语体意识及其培育》，《当代修辞学》第 6 期。

丁金国，2012，《关于"语体领先"的理论联想》，《烟台大学学报》（哲学社会科学版）第 2 期。

丁倩、邵敬敏，2009，《说框式结构"想 x 就 x"》，《暨南大学华文学院学报》第 3 期。

董小琴，2008，《外国学生"有"字句偏误分析及习得研究》，硕士学位论文，南京师范大学。

董秀芳，2007，《汉语书面语中的话语标记"只见"》，《南开语言学刊》第 2 期。

董秀芳，2010，《来源于完整小句的话语标记"我告诉你"》，《语言科学》第 3 期。

董燕萍、梁君英，2002，《走近构式语法》，《现代外语》第 2 期。

董正存，2012，《话语标记：对外汉语口语教学的重要内容》，《中国社会科学》12 月 17 日，第 A07 版。

杜文霞，2005，《"把"字句在不同语体中的分布、结构、语用差异考察》，《南京师范大学学报》（社会科学版）第 1 期。

杜义宁，2013，《HSK 一到三级听力文本材料的语体词分布》，《牡丹江大学学报》第 8 期。

范继淹，1985，《无定 NP 主语句》，《中国语文》第 2 期。

范开泰、沈敏，2007，《"眼看"与"马上"的语义表达功能辨析——兼谈对外汉语近义虚词教学》，《云南师范大学学报》（对外汉语教学与研究版）第 5 期。

范开泰，1985，《语用分析说略》，《中国语文》第 6 期。

范晓、胡裕树，1992，《有关语法研究三个平面的几个问题》，《中国语文》第 4 期。

范晓，2001a，《关于汉语的语序问题（一）》，《汉语学习》第 5 期。

范晓，2001b，《关于汉语的语序问题（二）》，《汉语学习》第 6 期。

范晓，2012，《略论句干及其句式》，《山西大学学报》（哲学社会科学版）第 3 期。

范晓，2013，《关于句式的几点思考》，《汉语学习》第 4 期。

方梅，1993，《宾语与动量词语的次序问题》，《中国语文》第 1 期。

方梅，2000，《自然口语中弱化连词的话语标记功能》，《中国语文》第 5 期。

方梅，2007，《语体动因对句法的塑造》，《修辞学习》第 6 期。

方梅，2013，《谈语体特征的句法表现》，《当代修辞学》第 2 期。

方绪军，2001，《中介语中动词句的配价偏误分析》，《语言教学与研究》第 4 期。

方绪军，2003，《近义动词的配价差异及其对习得的影响》，《海外华文教育》第 4 期。

冯光武，2004，《汉语语用标记语的语义、语用分析》，《现代外语》第 1 期。

冯英，1993，《汉语语序变异及其原因》，《云南师范大学学报》（哲学社会科学版）第 6 期。

冯丽萍、丁国盛、陈颖，2006，《动词配价特征的心理现实性研究》，《语言文字应用》第 2 期。

冯胜利，2003a，《韵律制约的书面语与听说为主的教学法》，《世界汉语教学》第 1 期。

冯胜利，2003b，《书面语语法及教学的相对独立性》，《语言教学与研究》第 2 期。

冯胜利，2006a，《论汉语书面正式语体的特征与教学》，《世界汉语教学》第 4 期。

冯胜利、王洁、黄梅，2008，《汉语书面语体庄雅度的自动测量》，《语言科学》第 2 期。

冯胜利，2010，《论语体的机制及其语法属性》，《中国语文》第 5 期。

冯胜利，2012，《语体语法："形式—功能对应律"的语言探索》，《当代修辞学》第 6 期。

冯胜利、施春宏，2018，《论语体语法的基本原理、单位层级和语体系统》，《世界汉语教学》第 3 期。

付琨，2005，《标记理论的介绍与应用》，《汉语学习》第 3 期。

付先绪，2016，《词汇、语音和句法在留学生汉语句子语体辨识中的作用及其机制》，硕士学位论文，暨南大学。

甘莅豪，2008，《"不 A 不 B"的构式义与语义的消极倾向——基于认知与语用的分析》，《当代修辞学》第 2 期。

高健、石戴镕，2014，《话语标记语在对外汉语口语教材中的应用：问题和建议》，《现代语文》（学术综合）第 11 期。

高顺全，2006，《从语法化的角度看语言点的安排——以"了"为例》，《语言教学与研究》第 5 期。

高万云、郑心灵，1994，《"语法分析的三个平面"研究述评》，《汉语学习》第 6 期。

高小平，1999，《留学生"把"字句习得过程考察分析及其对教学的启示》，硕士学位论文，北京大学。

高增霞，2003，《现代汉语连动式的语法化视角》，博士学位论文，中国社会科学院研究生院。

高增霞，2004，《自然口语中的话语标记"完了"》，《语文研究》第4期。

龚放，2001，《认知语法的特点及与生成语法之比较》，《外语学刊》第4期。

顾顺莲，1999，《"的"与"の"汉日定语标志的比较研究》，《汉语学习》第1期。

顾英华，2004，《新疆汉语学习者二价动词配价偏误分析》，《汉语学习》第4期。

管春林，2008，《语法化研究及其在对外汉语教学中的运用：以"所"字为例》，《云南师范大学学报》（对外汉语教学与研究版）第5期。

郭凤岚、刘辉，2017，《中高级水平学习者汉语语序偏误的类型学分析》，《汉语学习》第2期。

郭继懋，1987，《谈表提醒的"不是"》，《中国语文》第2期。

郭继懋、王红旗，2001，《粘合补语和组合补语表达差异的认知分析》，《世界汉语教学》第2期。

郭继懋，2002，《"怎么"的语法意义及"方式""原因"和"情状"的关系》，《汉语学习》第6期。

郭继懋，2006，《"于是"和"所以"的异同》，《汉语学报》第4期。

郭继懋，2008，《"因为所以"句和"既然那么"句的差异》，《汉语学习》第3期。

郭圣林，2009，《"爱V不V"句式的语篇考察》，《汉语学习》第1期。

郭熙，2002，《理论语法与教学语法的衔接问题——以汉语作为第二语言教学为例》，《汉语学习》第4期。

郭颖雯，2002，《汉语口语体口语教学语法体系的建立与量化》，《汉语学习》第6期。

郭颖雯，2003，《篇章语言学与语段、语篇口语教学》，《语言教学与研究》第 5 期。

郭中，2012，《从类型学的角度重新看汉语的基本语序》，《云南师范大学学报》（对外汉语教学与研究版）第 1 期。

韩荔华，1994，《口语、书面语再谈》，《北京第二外国语学院学报》第 5 期。

〔韩〕韩容洙，1998，《对韩汉语教学中的介词教学》，《汉语学习》第 6 期。

韩万衡，1996，《汉语配价研究状况分析》，《天津外国语学院学报》第 3 期。

韩莹，2008，《中高级对外汉语综合课教材中书面语体情况考察与分析》，硕士学位论文，北京语言大学。

韩在均，2003，《韩国学生学习汉语"了"的常见偏误分析》，《汉语学习》第 4 期。

郝立新，2007，《"不 A 不 B"四字格成语中 A 与 B 的语义关系及修辞作用》，《修辞学习》第 6 期。

何杉，2009，《反问句三个平面的研究及其教学》，硕士学位论文，北京语言大学。

何自然、莫爱屏，2002，《话语标记语与语用照应》，《广东外语外贸大学学报》第 1 期。

贺阳，2004，《从现代汉语介词中的欧化现象看间接语言接触》，《语言文字应用》第 4 期。

贺阳，2006，《现代汉语 DV 结构的兴起及发展与印欧语言的影响》，《中国人民大学学报》第 2 期。

贺阳，2008，《现代汉语欧化语法现象研究》，《世界汉语教学》第 4 期。

洪嘉毓，2016，《基于"构式—语块"理论的"连"字句构式对外汉语教学研究》，硕士学位论文，南昌大学。

侯瑞芬，2009，《"别说"与"别提"》，《中国语文》第 2 期。

胡炳忠，1987，《基础汉语语法点的针对性及试分类》，《世界汉语教学》第 2 期。

胡附、文炼，1982，《句子分析漫谈》，《中国语文》第 3 期。

胡明扬、劲松，1989，《流水句初探》，《语言教学与研究》第 4 期。

胡明扬，1992，《再论语法形式和语法意义》，《中国语文》第 5 期。

胡明扬，1993，《语体和语法》，《汉语学习》第 2 期。

胡明扬，1994，《语义语法范畴》，《汉语学习》第 1 期。

胡清国、张雪，2017，《留学生汉语结果补语准确输出的制约因素》，《海外华文教育》第 5 期。

胡裕树、范晓，1985，《试论语法研究的三个平面》，《新疆师范大学学报》（哲学社会科学版）第 2 期。

胡裕树，1994，《汉语语法研究的回顾与展望》，《复旦学报》（社会科学版）第 5 期。

胡裕树、范晓，1995，《深化"三个平面"理论的研究》，《韩山师范学院学报》第 2 期。

胡壮麟，1991，《功能主义纵横谈》，《外国语》第 3 期。

胡壮麟，1996，《美国功能语言学家 Givón 的研究现状》，《国外语言学》第 4 期。

黄冬丽、马贝加，2008，《"S + V 起来 + AP/VP"构式及其来源》，《语文研究》第 4 期。

黄国营、石毓智，1993，《汉语形容词的有标记和无标记现象》，《中国语文》第 6 期。

黄理秋、施春宏，2010，《汉语中介语介词性框式结构的偏误分析》，《华文教学与研究》第 3 期。

黄南松，2017，《对外汉语教学语法体系之反思与探讨》，《国际汉语教学研究》第 1 期。

黄念慈，1995，《欲穷千里目，更上一层楼——语体研究和行为理论》，《修辞学习》第 3 期。

黄伟、刘海涛，2009，《汉语语体的计量特征在文本聚类中的应用》，《计算机工程与应用》第 29 期。

黄月圆、杨素英，2004，《汉语作为第二语言的"把"字句习得研究》，《世界汉语教学》第 1 期。

黄月圆、杨素英、高立群、张旺熹、崔希亮，2007，《汉语作为第二语言的"被"字句习得的考察》，《世界汉语教学》第 2 期。

黄自然，2008，《外国学生存现句偏误分析及习得研究》，硕士学位论文，南京师范大学。

黄自然、肖奚强，2012，《基于中介语语料库的韩国学生"把"字句习得研究》，《汉语学习》第 1 期。

霍四通，2002，《语体研究和语言特征》，《暨南大学华文学院学报》第 4 期。

汲传波，2009，《中级综合汉语教材语体不对应研究》，《云南师范大学学报》（对外汉语教学与研究版）第 6 期。

汲传波、刘芳芳，2015，《留学生汉语书面语中的口语化倾向研究》，《语言教学与研究》第 1 期。

纪云霞、林书武，2002，《一种新的语言理论：构块式语法》，《外国语》第 5 期。

江蓝生，2008，《概念叠加与构式整合：肯定否定不对称的解释》，《中国语文》第 6 期。

蒋平，2004，《语言结构的空间顺序》，《解放军外国语学院学报》第 1 期。

金立鑫，1988，《"那么"的词类问题》，《中国语文》第 2 期。

金立鑫，2009，《解决汉语补语问题的一个可行性方案》，《中国语文》第 5 期。

金立鑫、白水振，2012，《语体学在语言学中的地位及其研究方法》，《当代修辞学》第 6 期。

金立鑫、于秀金，2013，《"就/才"句法构式与"了"的兼容性问题》，《汉语学习》第 3 期。

金善熙，2005，《韩国留学生使用汉语"被"字句的情况考察》，硕士学位论文，北京语言大学。

靳洪刚，1993，《从汉语的"把"字句看语言分类规律在第二语言习得过程中的作用》，《语言教学与研究》第 2 期。

靳洪刚，2011，《现代语言教学的十大原则》，《世界汉语教学》第 1 期。

劲松，1989，《北京口语的语体》，《中国语文》第 5 期。

竟成，1999，《我们究竟需要什么样的语法大纲》，《世界汉语教学》第 3 期。

柯彼德，1991，《汉语作为外语教学的语法体系急需修改的要点》，《世界汉语教学》第 2 期。

柯伟智，2013，《汉语结果补语与泰语对应形式的对比研究》，博士学位论文，北京大学。

来思平，1999，《现代汉语副词"真"和"很"的用法辨析》，《北京科技大学学报》（社会科学版）第 2 期。

雷雨、王思齐，2014，《对外汉语教学语法内容的选择原则》，《汉语应用语言学研究》第 00 期。

黎意，2004，《汉藏语述补结构研究》，博士学位论文，中央民族大学。

李宝贵，2004，《汉语语法的理据性与对外汉语教学》，《汉语学习》第 5 期。

李葆嘉，2002，《语言学的渊源、流派及其学科性质的变迁》，《江苏社会科学》第 5 期。

李波，2011，《语言类型学视野下的日汉语序对比研究》，博士学位论文，上海外国语大学。

李函，2007，《英语对汉语书面语的影响例谈》，硕士学位论文，华中师范大学。

李红梅、曹志希，2008，《汉语方所框式介词的句法推导》，《外国语文》第 3 期。

李慧敏，2012，《"好了"和"行了"交互主观性对比研究》，《汉语学习》第 2 期。

李计伟，2007，《关于对外汉语教学的汉语词语语法化研究——以"尽管"和"简直"为例》,《云南师范大学学报》(对外汉语教学与研究版)第1期。

李建芳,1998,《试析语体的习得过程》,《修辞学习》第1期。

李金静,2005,《"在+处所"的偏误分析及对外汉语教学》,《语言文字应用》第A1期。

李劲荣,2018,《准双向动词功能扩展的及物性解释》,《世界汉语教学》第1期。

李临定,1963,《带"得"字的补语句》,《中国语文》第5期。

李临定,1980,《"被"字句》,《中国语文》第6期。

李茉莉,1990,《试比较汉语表示完成的动态助词"了"与日语表示完成的助动词"た"》,《汉语学习》第3期。

李泉,2003,《基于语体的对外汉语教学语法体系构建》,《汉语学习》第3期。

李泉,2004,《面向对外汉语教学的语体研究的范围和内容》,《汉语学习》第1期。

李泉,2006,《对外汉语教学语法研究述评》,《世界汉语教学》第2期。

李泉、金允贞,2008,《对外汉语教学语法体系研究纵览》,《海外华文教育》第4期。

李泉,2016,《对外汉语教学语法体系:目的、标准和特点》,《国际汉语教学研究》第1期。

李如龙,2007,《关注汉语口语词汇与书面语词汇的研究》,《陕西师范大学学报》(哲学社会科学版)第2期。

李绍林,1994,《从留学生的口语应变能力看汉语口语的表达特点》,《汉语学习》第6期。

李绍群,2013,《试析总括性话语标记"一句话"》,《语言教学与研究》第2期。

李胜梅,2004,《"话说回来"的语用分析》,《修辞学习》第3期。

李顺群,1999,《对外汉语口语教学中的语气助词》,《北京第二外国语学院学报》第 6 期。

李思旭，2014，《从语言类型学看三个平面互动研究》，《汉语学习》第 2 期。

李文丹，2006，《把话题链纳入汉语教学语法体系——汉语语篇结构在外语教学中的体现》，《中文教师学会学报》（美国）第 1 期。

李文浩，2010a，《作为构式的动词拷贝型"连"字句》，《华文教学与研究》第 3 期。

李文浩，2010b，《"再 XP 也 VP"构式分析》，《汉语学报》第 4 期。

李文明，1994，《语体是言语的风格类型：兼与刘大为先生商榷》，《修辞学习》第 6 期。

李熙宗，2005，《关于语体的定义问题》，《复旦学报》（社会科学版）第 3 期。

李咸菊，2008，《北京口语常用话语标记研究》，博士学位论文，北京语言大学。

李晓琪，1991，《现代汉语复句中关联词的位置》，《语言教学与研究》第 2 期。

李晓琪，1995，《中介语与汉语虚词教学》，《世界汉语教学》第 4 期。

李小荣，1997，《谈对外汉语虚词教学》，《世界汉语教学》第 4 期。

李兴亚，1989，《试说动态助词"了"的自由隐现》，《中国语文》第 5 期。

李秀明，2006，《汉语元话语标记研究》，博士学位论文，复旦大学。

李艳，2012，《英美留学生 HSK 高级写作中书面语体偏误分析》，硕士学位论文，陕西师范大学。

李义善，2000，《汉语补语的韩译研究》，硕士学位论文，暨南大学。

李英哲、陆俭明，1983，《汉语语义单位的排列次序》，《国外语言学》第 3 期。

李昱，2014，《汉语双及物构式二语习得中的语言变异现象研究》，《世界汉语教学》第 1 期。

李昱，2015，《语言共性和个性在汉语双宾语构式二语习得中的体现》，

《语言教学与研究》第 1 期。

李振中，2013，《框式结构"非……不可"用于估测表达的历时考察》，《古汉语研究》第 2 期。

李振中，2008，《试论现代汉语框式结构》，《甘肃社会科学》第 5 期。

李治平，2011，《"瞧（看）你说的"话语标记分析》，《汉语学习》第 6 期。

李宗江，2008，《表达负面评价的语用标记"问题是"》，《中国语文》第 5 期。

梁雪垠，2008，《留学生学习汉语结果补语的偏误分析》，硕士学位论文，天津师范大学。

廖秋忠，1991，《也谈形式主义与功能主义》，《当代语言学》第 2 期。

廖秋忠，1992，《现代汉语并列名词性成分的顺序》，《中国语文》第 3 期。

〔韩〕林载浩，2001，《韩国学生习得"把"字句情况的考察及偏误分析》，硕士学位论文，北京语言文化大学。

铃木庆夏，2010，《论文白相间的叙事体中文雅语体形式的篇章功能》，《语言科学》第 3 期。

刘丙丽、牛雅娴、刘海涛，2013，《汉语词类句法功能的语体差异研究》，《语言教学与研究》第 5 期。

刘大为，1994，《语体是言语行为的类型》，《修辞学习》第 4 期。

刘大为，1995，《我们需要怎样的语言观》，《华东师范大学学报》（哲学社会科学版）第 3 期。

刘大为，2010，《从语法构式到修辞构式》（上、下），《当代修辞学》第 3、4 期。

刘大为，2012，《谐音现象的心理机制与语言机制》，《当代修辞学》第 5 期。

刘大为，2013，《论语体与语体变量》，《当代修辞学》第 3 期。

刘丹青，1995，《语义优先还是语用优先：汉语语法学体系建设断想》，《语文研究》第 2 期。

刘丹青，2002a，《汉藏语言的若干语序类型学课题》，《民族语文》第5期。

刘丹青，2002b，《汉语中的框式介词》，《当代语言学》第4期。

刘丹青，2003b，《语言类型学与汉语研究》，《世界汉语教学》第4期。

刘丹青，2005a，《小句内句法结构：〈语法调查研究手册〉节选》，《世界汉语教学》第3期。

刘丹青，2005b，《作为典型构式句的非典型"连"字句》，《语言教学与研究》第4期。

刘富华、祝东平，2009，《时间词的语用特点及其与范围副词"都"的语序》，《世界汉语教学》第3期。

刘阁，2018，《留学生汉语词汇不对称现象的习得研究》，硕士学位论文，安徽大学。

刘国辉，2007，《构式语法的"构式"之辩》，《外语与外语教学》第8期。

刘坚、曹广顺、吴福祥，1995，《论诱发汉语词汇语法化的若干因素》，《中国语文》第3期。

刘利红，2007，《语法化的探讨及对外语教学的应用》，《湖南财经高等专科学校学报》第1期。

刘利民，2009，《双及物构式的"零给予"和"负给予"问题分析》，《外语教学与研究》第1期。

刘丽艳，2005，《口语交际中的话语标记》，博士学位论文，浙江大学。

刘林、陈振宇，2012，《从"了、着、过"看操作和说明语体问题》，《当代修辞学》第6期。

刘宁生，1995，《汉语偏正结构的认知的基础及其在语序类型学上的意义》，《中国语文》第2期。

刘汝山，1991，《传统语法溯源》，《山东外语教学》第2期。

刘圣心，2008，《高级阶段留学生书面语体意识的考察与培养》，硕士学位论文，暨南大学。

刘顺、吴云，2002，《语体的语法学功能透视》，《修辞学习》第1期。

刘松汉，1990，《形容词作状语、补语情况再考察》，《南京师范大学学报》（社会科学版）第 1 期。

刘颂浩，2003，《论"把"字句运用中的回避现象及"把"字句的难点》，《语言教学与研究》第 2 期。

刘晓玲、阳志清，2003，《词汇组块教学——二语教学的一种新趋势》，《外语教学》第 6 期。

刘晓雨，2001，《对外汉语口语教学研究综述》，《语言教学与研究》第 2 期。

刘勋宁，1999，《现代汉语的句子构造与词尾"了"的语法位置》，《语言教学与研究》第 3 期。

刘珣、邓恩明、刘社会，1982，《试谈基础汉语教科书的编写原则》，《语言教学与研究》第 4 期。

刘燕，2010，《韩国留学生汉语连动句式习得研究》，硕士学位论文，北京师范大学。

刘英林、李明，1997，《〈语法等级大纲〉的编制与定位》，《语言教学与研究》第 4 期。

刘玥，2014，《基于"构式—语块"的对外汉语初级阶段"把"字句教学研究》，硕士学位论文，西南交通大学。

刘月华，1986，《对话中的"说""想""看"的一种特殊用法》，《中国语文》第 3 期。

刘智伟，2005，《含同一语素的同义单双音节动词研究》，博士学位论文，北京师范大学。

龙青然，1990，《对外汉语教学的重点和难点》，《汉语学习》第 3 期。

龙涛，2003，《也说语义语法范畴——兼议语义功能语法》，《汉语学习》第 3 期。

卢福波，2002，《对外汉语教学语法的体系与方法问题》，《汉语学习》第 2 期。

卢福波，2008，《语法教学的基本原则与操作方法》，《语言教学与研究》第 2 期。

卢英顺，1995a，《语义指向研究漫谈》，《世界汉语教学》第 3 期。

鲁健骥，1994，《外国人学汉语的语法偏误分析》，《语言教学与研究》第 1 期。

鲁健骥，2003，《口笔语分科　精泛读并举——对外汉语教学改进模式构想》，《世界汉语教学》第 2 期。

陆丙甫、郭中，2005，《语言符号理据性面面观》，《外国语》第 6 期。

陆俭明，1980a，《关于汉语虚词教学》，《语言教学与研究》第 4 期。

陆俭明，1980b，《汉语口语句法里的易位现象》，《中国语文》第 1 期。

陆俭明，1985，《"多"和"少"作定语》，《中国语文》第 1 期。

陆俭明，1986，《周遍性主语句及其他》，《中国语文》第 3 期。

陆俭明，1990a，《"VA 了"述补结构语义分析》，《汉语学习》第 1 期。

陆俭明，1990b，《90 年代现代汉语语法研究的发展趋势》，《语文研究》第 4 期。

陆俭明，1997，《配价语法理论和对外汉语教学》，《世界汉语教学》第 1 期。

陆俭明，2000a，《汉语的应用研究是汉语本体研究的试金石》，《语言文字应用》第 2 期。

陆俭明，2000b，《对外汉语教学中的语法教学》，《语言教学与研究》第 3 期。

陆俭明，2001，《"VA 了"述补结构语义分析补议——对读者意见的回复》，《汉语学习》第 6 期。

陆俭明，2004，《"句式语法"理论与汉语研究》，《中国语文》第 5 期。

陆俭明，2005，《对外汉语教学与汉语本体研究的关系》，《语言文字应用》第 1 期。

陆俭明，2008，《构式语法理论的价值与局限》，《南京师范大学文学院学报》第 1 期。

陆俭明，2009a，《当代语言学理论与汉语教学》，《世界汉语教学》第 3 期。

陆俭明，2009b，《构式与意象图式》，《北京大学学报》（哲学社会科学版）第 5 期。

陆俭明，2011，《再论构式语块分析法》，《语言研究》第 2 期。

陆俭明，2016a，《句类、句型、句模、句式、表达格式与构式——兼说"构式—语块"分析法》，《汉语学习》第 2 期。

陆俭明，2016b，《构式语法理论有待深究的三个问题》，《东北师大学报》（哲学社会科学版）第 4 期。

陆世光，1997，《对外汉语补语教学》，《天津师大学报》第 1 期。

吕叔湘，1986，《汉语句法的灵活性》，《中国语文》第 1 期。

吕叔湘，1987，《说"胜"和"败"》，《中国语文》第 1 期。

吕为光，2015，《迟疑功能话语标记"怎么说呢"》，《汉语学报》第 3 期。

吕文华，2001，《关于述补结构系统的思考》，《世界汉语教学》第 3 期。

吕文华，2002，《对外汉语教材语法项目排序的原则及策略》，《世界汉语教学》第 4 期。

罗耀华，2002，《待嵌格式"不 A 不 B"的认知研究》，《江汉大学学报》（人文社会科学版）第 3 期。

马明艳，2017，《汉语学习者书面语作文"口语化"倾向的语体表征》，《汉语学习》第 1 期。

马庆株，1981，《时量宾语和动词的类》，《中国语文》第 2 期。

马庆株，1989，《自主动词和非自主动词》，《中国语言学报》第 3 期。

马庆株，1991，《顺序义对体词语法功能的影响》，《中国语言学报》第 4 期。

马庆株，1997，《词组的研究》，《语言教学与研究》第 4 期。

马婷婷，2017，《语义双向选择视阈下结果补语的语义指向对象》，《汉语学习》第 6 期。

马雪燕，2013，《语言类型学视野下的汉语和越南语结果补语对比研究》，《濮阳职业技术学院学报》第 4 期。

马真、陆俭明，1997，《形容词作结果补语情况考察（一）》，《汉语学习》第 1 期。

孟琮，1982a，《口语里的一种重复——兼谈"易位"》，《中国语文》第 3 期。

孟琮，1982b，《口语"说"字小集》，《中国语文》第 5 期。

孟琮，1986，《口语里的"得"和"得了"》，《语言教学与研究》第 3 期。

莫丹，2016，《欧美留学生书面正式语体能力发展研究》，《语言教学与研究》第 5 期。

〔日〕木村英树，2003，《"的"字句的句式语义及"的"字的功能扩展》，《中国语文》第 4 期。

倪宝元、林士明，1979，《说"连"》，《杭州大学学报》（哲学社会科学版）第 3 期。

牛秀兰，1991，《关于"是……的"结构句的宾语位置问题》，《世界汉语教学》第 3 期。

潘世松，2003，《不同年龄段语用主体语体特征研究》，博士学位论文，复旦大学。

庞恋蕴，2011，《基于对外汉语教学的话语标记语考察与研究》，硕士学位论文，山东大学。

彭小川，1999，《论副词"倒"的语篇功能——兼论对外汉语语篇教学》，《北京大学学报》（哲学社会科学版）第 5 期。

齐建涛，2007，《从"三个平面"语法理论看现代汉语受事主语句》，硕士学位论文，陕西师范大学。

亓文香，2008，《语块理论在对外汉语教学中的应用》，《语言教学与研究》第 4 期。

钱旭菁，2008，《汉语语块研究初探》，《北京大学学报》（哲学社会科学版）第 5 期。

秦洪武，2001，《语言结构的顺序象似性》，《外语研究》第 1 期。

屈承熹，1984，《汉语的词序及其历史变迁》，《语言研究》第 1 期。

屈承熹，1998，《汉语功能语法刍议》，《世界汉语教学》第 4 期。

冉永平，2000，《话语标记语的语用学研究综述》，《外语研究》第
4 期。

任玉华，1998，《"把"字句的三个平面分析及其在对外汉语教学中的
应用》，《华东师范大学学报》（哲学社会科学版）第 6 期。

任远，1985，《基础汉语教材纵横谈》，《语言教学与研究》第 2 期。

〔日〕杉村博文，1998，《论现代汉语表"难事实现"的被动句》，《世
界汉语教学》第 4 期。

尚平，2006，《比较句系统研究综述》，《语言文字应用》第 A2 期。

邵洪亮，2011，《虚词功能的羡余及其修辞作用》，《当代修辞学》第
6 期。

邵菁，2002，《配价理论与对外汉语词汇教学》，《语言教学与研究》第
1 期。

邵菁、金立鑫，2011，《补语和 Complement》，《外语教学与研究》第
1 期。

邵敬敏，1992，《关于语法研究中三个平面的理论思考》，《南京师大学
报》（社会科学版）第 4 期。

邵敬敏，1994，《对外汉语教学语法体系改革的新蓝图：评吕文华〈对
外汉语教学语法探索〉》，《汉语学习》第 5 期。

邵敬敏，1996，《"语义价"、"句法向"及其相互关系》，《汉语学习》
第 4 期。

邵敬敏、周有斌，2003，《"宁可"格式研究及其方法论意义》，《语言
教学与研究》第 4 期。

邵敬敏、罗晓英，2004，《"别"字句语法意义及其对否定项的选择》，
《世界汉语教学》第 4 期。

邵敬敏，2004，《"语义语法"说略》，《暨南学报》（哲学社会科学版）
第 1 期。

邵敬敏、罗晓英，2005，《语法本体研究与对外汉语语法教学》，《暨南
大学华文学院学报》第 3 期。

邵敬敏，2008，《"连 A 也/都 B"框式结构及其框式化特点》，《语言科

学》第 4 期。

邵敬敏、崔少娟，2010，《"一 A 一 B"框式结构的位序原则及语义》，《当代修辞学》第 4 期。

邵敬敏、袁志刚，2010，《"没 A 没 B"框式结构的语义增值及贬义倾向》，《语文研究》第 3 期。

邵敬敏、黄燕旋，2011，《"半 A 半 B"框式结构研究》，《陕西师范大学学报》（哲学社会科学版）第 2 期。

邵敬敏，2012，《新兴框式结构"X 你个头"及其构式义的固化》，《汉语学报》第 4 期。

邵敬敏，2013，《框式结构"A 了去了"》，《语文研究》第 4 期。

邵敬敏，2014，《建构汉语句式系统的价值与意义》，《汉语学习》第 1 期。

邵敬敏，2015，《关于框式结构研究的理论与方法》，《语文研究》第 2 期。

申修言，1996，《应该重视作为口语体的口语教学》，《汉语学习》第 3 期。

沈家煊，1993，《句法的象似性问题》，《外语教学与研究》第 1 期。

沈家煊，1994a，《R. W. Langacker 的"认知语法"》，《国外语言学》第 1 期。

沈家煊，1994b，《"语法化"研究综观》，《外语教学与研究》第 4 期。

沈家煊，1999b，《"在"字句和"给"字句》，《中国语文》第 2 期。

沈家煊，2000a，《认知语法的概括性》，《外语教学与研究》第 1 期。

沈家煊，2000b，《说"偷"和"抢"》，《语言教学与研究》第 1 期。

沈家煊，2002，《如何处置"处置式"？：论把字句的主观性》，《中国语文》第 5 期。

沈家煊，2009，《语言类型学的眼光》，《语言文字应用》第 3 期。

沈家煊，2010，《如何解决"补语"问题》，《世界汉语教学》第 4 期。

沈开木，1996，《论"语义指向"》，《华南师范大学学报》（社会科学版）第 1 期。

盛丽春，2008，《"大概""也许"和"恐怕"的语义、语用分析》，《汉语学习》第 1 期。

盛炎，1994，《跨文化交际中的语体学问题》，《语言教学与研究》第 2 期。

施春宏，2005，《动结式论元结构的整合过程及其相关问题》，《世界汉语教学》第 1 期。

施春宏，2011，《面向第二语言教学汉语构式研究的基本状况和研究取向》，《语言教学与研究》第 6 期。

施春宏，2012，《从构式压制看语法和修辞的互动关系》，《当代修辞学》第 1 期。

施春宏，2014，《"招聘"和"求职"：构式压制中双向互动的合力机制》，《当代修辞学》第 2 期。

施春宏，2015a，《动结式在相关句式群中不对称分布的多重界面互动机制》，《世界汉语教学》第 1 期。

施春宏，2015b，《构式压制现象分析的语言学价值》，《当代修辞学》第 2 期。

施春宏，2016a，《互动构式语法的基本理念及其研究路径》，《当代修辞学》第 2 期。

施春宏，2016b，《构式的观念：逻辑结构和理论张力》，《东北师大学报》（哲学社会科学版）第 4 期。

施春宏，2017，《构式语法的理论路径和应用空间》，《汉语学报》第 1 期。

施关淦，1991，《关于语法研究的三个平面》，《中国语文》第 6 期。

施关淦，1993，《再论语法研究的三个平面》，《汉语学习》第 2 期。

施光亨，1997，《汉语口语词释例》，《语言文字应用》第 4 期。

施家炜，1998，《外国留学生 22 类现代汉语句式的习得顺序研究》，《世界汉语教学》第 4 期。

施家炜，2002，《韩国留学生汉语句式习得的个案研究》，《世界汉语教学》第 4 期。

施家炜，2006，《国内汉语第二语言习得研究二十年》，《语言教学与研究》第 1 期。

施仁娟，2014，《基于元话语能力的汉语话语标记研究》，博士学位论文，华东师范大学。

石定栩，2000，《汉语句法的灵活性和句法理论》，《当代语言学》第 1 期。

石东方、张厚粲、舒华，1999，《动词信息在汉语句子加工早期的作用》，《心理学报》第 1 期。

石毓智，2002，《论语言的基本语序对其语法系统的影响：兼论现代汉语句子组织信息的原则形成的历史动因》，《外国语》第 1 期。

史锡尧，1995，《"不"否定的对象和"不"的位置：兼谈"不"、副词"没"的语用区别》，《汉语学习》第 1 期。

史有为，2001，《现代汉语语法：展望新世纪的研究（下）》，《汉语学习》第 1 期。

税昌锡、邵敬敏，2004，《语义指向分析的发展历程与研究展望》，《语言教学与研究》第 1 期。

宋春阳、李琳，2003，《"别 + V + 了 + NP"句式及相关问题》，《汉语学习》第 3 期。

宋文辉、罗政静、于景超，2007，《现代汉语被动句施事隐现的计量分析》，《中国语文》第 2 期。

宋玉柱，1979，《"连……也……"结构的语法意义》，《徐州师范学院学报》（哲学社会科学版）第 3 期。

苏佳佳、于善志，2010，《双及物结构中的动词类型与构式义》，《现代语文》（语言研究）第 2 期。

苏英霞，2010，《汉语学习者易混淆虚词的辨析视角》，《汉语学习》第 2 期。

孙德金，2010，《现代书面汉语中的"以 A 为 B"式意动结构》，《汉语学习》第 3 期。

孙德金，2011，《对外汉语语法教学应慎用语法化理论》，《语言文字应用》第 4 期。

孙德金，2012，《对外汉语教学语法体系的历史和现状》，《玉溪师范学院学报》第 5 期。

孙利萍、方清明，2011，《汉语话语标记的类型及功能研究综观》，《汉语学习》第 6 期。

孙晓华，2008，《外国学生连动句习得研究》，硕士学位论文，南京师范大学。

孙行可，2017，《中级阶段韩国留学生书面语体习得研究》，硕士学位论文，吉林大学。

孙颖、郭继懋，2011，《副词"倒"的基本意义》，《南开语言学刊》第 1 期。

谭傲霜，1999，《汉语虚词隐现的制约因素》，《世界汉语教学》第 2 期。

谭景春，1992，《双向和多指形容词及相关的句法关系》，《中国语文》2 期。

唐奇彦，2014，《基于"构式—语块"理论的双宾构式教学分析》，硕士学位论文，江西师范大学。

唐曙霞，2004，《试论结构型语言教学大纲——兼论汉语教学语法体系分级排序问题》，《世界汉语教学》第 4 期。

唐贤清、李振中，2012，《试论框式结构"非……不可"用于估测表达的语义条件》，《语文研究》第 3 期。

唐贤清、李振中，2013，《框式结构"想……就……"的语义特点》，《汉语学报》第 4 期。

陶红印，1999，《试论语体分类的语法学意义》，《当代语言学》第 3 期。

陶红印，2007，《操作语体中动词论元结构的实现及语用原则》，《中国语文》第 1 期。

陶红印、刘娅琼，2010，《从语体差异到语法差异（上、下）》，《当代修辞学》第 1～2 期。

田惠刚，1994，《多层定语的次序及其逻辑特性》，《世界汉语教学》第3期。

田靓，2012，《汉语作为外语、第二语言教学的"把"字句研究》，博士学位论文，北京大学。

佟秉正，1996，《从口语到书面——中级汉语教学课题之一》，《世界汉语教学》第4期。

汪涛，2011，《现代汉语事务语体虚词分布研究》，《云南师范大学学报》（对外汉语教学与研究版）第3期。

王灿龙，2006，《试论"这""那"指称事件的照应功能》，《语言研究》第2期。

王初明，2015，《构式和构式语境与第二语言学习》，《现代外语》第3期。

王凤兰、方清明，2015，《论话语标记"这样一来"的语用功能》，《语言教学与研究》第2期。

王海峰，2009，《现代汉语离合词离析现象语体分布特征考察》，《语言文字应用》第3期。

王红旗，1993，《谓词充当结果补语的语义限制》，《汉语学习》第4期。

王红旗，1996，《动结式述补结构的语义是什么》，《汉语学习》第1期。

王还，1984a，《汉语的状语与"得"后的补语和英语的状语》，《语言教学与研究》第4期。

王建勤，1999，《表差异比较的否定结构的习得过程》，《世界汉语教学》第4期。

王晶，2008，《现代汉语实词句法功能的不对称研究》，博士学位论文，苏州大学。

王景丹，2001a，《公文语体"对"字句的初步考察》，《修辞学习》第1期。

王景丹，2001b，《谈语体与"对"字句的适应关系》，《修辞学习》第

3 期。

王磊，2014，《现代汉语框式介词的隐现规律考察》，《宁夏社会科学》第 1 期。

王媚，2008，《俄罗斯学生汉语补语使用偏误分析》，《云南师范大学学报》（对外汉语教学与研究版）第 7 期。

王茜，2008，《以英语为母语的汉语学习者口语话语标记语的使用研究》，硕士学位论文，华东师范大学。

王世群，2013，《现代汉语框式介词研究》，博士学位论文，南京师范大学。

王伟丽，2000，《汉语配价语法研究的新动向》，《汉语学习》第 3 期。

王晓凌，2008，《"好个……"结构探析》，《汉语学习》第 2 期。

王晓娜，2003，《第二语言语体能力的培养与教材虚拟语境的设置》，《汉语学习》第 1 期。

王寅，1998，《标记象似性》，《外语学刊》第 3 期。

王寅、严辰松，2005，《语法化的特征、动因和机制——认知语言学视野中的语法化研究》，《解放军外国语学院学报》第 4 期。

王永娜，2010，《汉语表短时体的动词重叠的韵律机制和语体动因》，《汉语学习》第 4 期。

王桢，2012，《留学生汉语语体转换能力考察与分析》，硕士学位论文，复旦大学。

魏红、马秋燕，2014，《"不 A 不 B"格式的表义类型与构式化等级》，《新疆社会科学》第 1 期。

温晓虹，1995，《主题突出与汉语存在句的习得》，《世界汉语教学》第 2 期。

温晓虹，2008，《语言习得与语法教学》，《汉语学习》第 1 期。

温云水，1999，《现代汉语句型与对外汉语句型教学》，《世界汉语教学》第 3 期。

温云水，2001，《论现代汉语功能句型》，《世界汉语教学》第 4 期。

文炼，1960，《论语法学中"形式和意义相结合"的原则》，《上海师范大学学报》（哲学社会科学版）第 2 期。

文炼，1982，《词语之间的搭配关系》，《中国语文》第 1 期。

文炼、胡附，1984，《汉语语序研究中的几个问题》，《中国语文》第 3 期。

文炼，1990，《语言单位的对立和不对称现象》，《语言教学与研究》第 4 期。

文旭，2001，《词序的拟象性探索》，《外语学刊》第 3 期。

文旭，2008，《汉语双主语构式的认知语法观》，《外语教学》第 4 期。

吴长安，2007，《"大……的"说略》，《世界汉语教学》第 2 期。

吴长安，2016，《待嵌构式的挖掘价值和未来话题》，《东北师大学报》（哲学社会科学版）第 4 期。

吴春相，2013，《现代汉语介词结构的语体考察》，《当代修辞学》第 4 期。

吴福祥，2004，《试说"X 不比 Y·Z"的语用功能》，《中国语文》第 3 期。

吴福祥，2005，《汉语语法化研究的当前课题》，《语言科学》第 2 期。

吴建伟、张晓辉，2010，《致使运动事件"把"字句构式的句法语义》，《华东理工大学学报》（社会科学版）第 1 期。

吴丽君，2004，《口语词汇与书面语词汇教学研究》，《云南师范大学学报》（对外汉语教学与研究版）第 2 期。

吴门吉、周小兵，2004，《"被"字句与"叫、让"被动句在教学语法中的分离》，《云南师范大学学报》（对外汉语教学与研究版）第 4 期。

吴门吉、周小兵，2005，《意义被动句与"被"字句习得难度比较》，《汉语学习》第 1 期。

吴为章，1982，《单向动词及其句型》，《中国语文》第 5 期。

吴为章，1993，《动词的"向"札记》，《中国语文》第 3 期。

吴为章，1995，《语序重要》，《中国语文》第 6 期。

吴为章，1996，《汉语动词配价研究述评》，《三明大学学报》第 A2 期。

吴越，2007，《中高级对外汉语口语教材中口语语体情况考察与分析》，硕士学位论文，北京语言大学。

　　吴中伟、傅传凤，2005，《"倒"字句的含义及教学》，《汉语学习》第 4 期。

　　吴仲华，2005，《"之一"的语法地位及特征》，《学海》第 3 期。

　　武氏河，2006，《现代汉语语序研究》，博士学位论文，南京师范大学。

　　夏群，2009，《汉语比较句研究综述》，《汉语学习》第 2 期。

　　鲜丽霞、李月炯，2015，《汉语话语标记研究综述》，《广西师范学院学报》（哲学社会科学版）第 1 期。

　　鲜丽霞、李月炯，2015，《汉语话语标记研究综述》，《广西师范学院学报》（哲学社会科学版）第 1 期。

　　项开喜，1998，《事物的突显性与标记词"大"》，《汉语学习》第 1 期。

　　肖奚强、郑巧斐，2006，《"A 跟 B（不）一样（X）"中"X"的隐现及其教学》，《世界汉语教学》第 3 期。

　　谢福，2010，《基于语料库的留学生"是……的"句习得研究》，《语言教学与研究》第 2 期。

　　谢信一，1991，《汉语中的时间和意象》，叶蜚声译，《当代语言学》第 4 期。

　　熊文新，1996，《留学生"把"字结构的表现分析》，《世界汉语教学》第 1 期。

　　熊学亮，2009，《增效构式与非增效构式——从 Goldberg 的两个定义说起》，《外语教学与研究》第 5 期。

　　徐晶凝，1998，《语气助词的语气义及其教学探讨》，《世界汉语教学》第 2 期。

　　徐晶凝，2016，《对外汉语口语教学语法大纲的构建》，《语言教学与研究》第 4 期。

　　徐丽，2009，《对领主属宾句的构式语义分析——以"王冕死了父亲"为例》，《语文学刊》第 10A 期。

　　徐烈炯，2002，《功能主义与形式主义》，《外国语》第 2 期。

　　徐默凡，2013，《论语体言语行为》，《当代修辞学》第 2 期。

徐盛桓，1996，《信息状态研究》，《现代外语》第 2 期。

徐通锵，1991，《语义句法刍议》，《语言教学与研究》第 3 期。

徐通锵，1997，《有定性范畴和语言的语法研究：语义句法再议》，《语言研究》第 1 期。

徐子亮，2002，《汉语作为外语的口语教学新议》，《世界汉语教学》第 4 期。

许艾明，2006，《中动构式的转喻阐释》，《外语与外语教学》第 9 期。

薛芬，2008，《语言的形式与理据：语法化与外语教学》，《基础教育外语教学研究》第 12 期。

薛俊杰，2016，《反义词"快/慢"的不对称分析及对外汉语教学研究》，硕士学位论文，广西大学。

薛小芳、施春宏，2013，《语块的性质及汉语语块系统的层级关系》，《当代修辞学》第 3 期。

杨德峰，2001，《初级汉语教材语法点确定、编排中存在的问题——兼议语法点确定、编排的原则》，《世界汉语教学》第 6 期。

杨德峰，2005，《"时间顺序原则"与"动词＋复合趋向动词"带宾语形成的句式》，《世界汉语教学》第 3 期。

杨德峰，2012，《上世纪 80 年代以来的对外汉语语法教材的"得"与"失"》，《汉语学习》第 2 期。

杨德峰、范麾京，2016，《对外汉语教学语法体系反思及构建原则刍议——从三本语法教材谈起》，《国际汉语教学研究》第 2 期。

杨惠元，2003，《强化词语教学，淡化句法教学——也谈对外汉语教学中的语法教学》，《语言教学与研究》第 1 期。

杨静，2017，《句位压制与汉语形容词的副词化》，《汉语学报》第 1 期。

杨俊萱，1984，《口语和书面语》，《语言教学与研究》第 1 期。

杨凯荣，2013，《从表达功能看"了"的隐现动因》，《汉语学习》第 5 期。

杨露，2012，《基于"构式—语块"理论的对外汉语"比"字句教学》，硕士学位论文，吉林大学。

杨素英、黄月圆、高立群、崔希亮，2007，《汉语作为第二语言存现句习得研究》，《汉语学习》第 1 期。

杨欣然，2008，《论非结构衔接与叙事结构的把握——叙事语体写作个案探讨》，《中国外语》第 2 期。

杨圳、施春宏，2013，《汉语准价动词的二语习得表现及其内在机制》，《世界汉语教学》第 4 期。

杨壮春，2003，《倒装句的认知理据及语用功能》，《外语学刊》第 4 期。

姚双云，2009，《口语中"所以"的语义弱化与功能扩展》，《汉语学报》第 3 期。

姚水英，2005，《从"构式语法"看现代汉语重动句》，硕士学位论文，上海外国语大学。

叶景烈，1990，《略论现代汉语书面语体》，《上海师范大学学报》（哲学社会科学版）第 2 期。

殷树林，2012，《话语标记的性质特征和定义》，《外语学刊》第 3 期。

尹惠贞，2006，《现代汉语口语词汇研究》，硕士学位论文，北京语言大学。

应学凤，2013，《现代汉语语体语法研究述略》，《华文教学与研究》第 3 期。

于芳芳，2007，《现代汉语中动句及其习得研究》，硕士学位论文，南京师范大学。

于国栋、吴亚欣，2003，《话语标记语的元语用分析》，《外语教学》第 4 期。

于灵子，2005，《论汉语教学中的语体习得》，《社会科学家》第 5 期。

余文青，2000，《留学生使用"把"字句的调查报告》，《汉语学习》第 5 期。

俞咏梅，1993，《现代汉语处所状语的语义特征》，《东北师大学报》（哲学社会科学版）第 3 期。

袁野，2010，《构式压制、转喻和广义转喻框架》，《外国语言文学》第 3 期。

袁野，2011，《试论汉语的体压制》，《世界汉语教学》第 3 期。

袁毓林，1989，《准双向动词研究》，《语言研究》第 1 期。

袁毓林，1992，《现代汉语名词的配价研究》，《中国社会科学》第 3 期。

袁毓林，1994，《一价名词的认知研究》，《中国语文》第 4 期。

袁毓林，1999，《定语顺序的认知解释及其理论蕴涵》，《中国社会科学》第 2 期。

袁毓林，2003，《从焦点理论看句尾"的"的句法语义功能》，《中国语文》第 1 期。

袁毓林，2004，《论元结构和句式结构互动的动因、机制和条件——表达精细化对动词配价和句式构造的影响》，《语言研究》第 4 期。

苑晓鹤，2017，《动结式的事件语义学分析》，《外文研究》第 3 期。

岳方遂，1992，《三个平面：语法研究的多维视野——黄山语法修辞座谈会发言摘要》，《语言教学与研究》第 1 期。

曾毅平、李小凤，2006，《报道语体与文艺语体疑问句的分布差异》，《汉语学习》第 5 期。

曾毅平，2008，《语言材料语体分化论析》，《福建师范大学学报》第 2 期。

曾毅平，2009，《语体理论在对外汉语教学中的应用》，《修辞学习》第 2 期。

詹人凤，1989，《动结式短语的表述问题》，《中国语文》第 2 期。

张安娜，2015，《现代汉语书面语词和口语词差异及其对应关系研究》，硕士学位论文，华东师范大学。

张宝林，2010，《回避与泛化：基于"HSK 动态作文语料库"的"把"字句习得考察》，《世界汉语教学》第 2 期。

张伯江，1999，《现代汉语的双及物结构式》，《中国语文》第 3 期。

张伯江，2000，《论"把"字句的句式语义》，《语言研究》第 1 期。

张伯江，2005，《功能语法与汉语研究》，《语言科学》第 6 期。

张伯江，2007，《语体差异和语法规律》，《修辞学习》第 2 期。

张伯江，2012，《以语法解释为目的的语体研究》，《当代修辞学》第 6 期。

张春玲，2008，《中高级阶段越南学生汉语语体偏误分析》，硕士学位论文，广西民族大学。

张国宪，1989，《单双音节动作动词语用功能差异探索》，《汉语学习》第 6 期。

张国宪，1993，《现代汉语形容词的选择性研究》，博士学位论文，上海师范大学。

张国宪，1994，《有关汉语配价的几个理论问题》，《汉语学习》第 4 期。

张国宪，1995，《语言单位的有标记与无标记现象》，《语言教学与研究》第 4 期。

张国宪，2001，《制约夺事成分句位实现的语义因素》，《中国语文》第 6 期。

张国宪，2006，《典型补语的非可控句位义》，《中国语言学报》第 12 期。

张健军，2006，《配价理论与对外汉语教学语法体系》，《边疆经济与文化》第 12 期。

张建理、朱俊伟，2010，《"被 XX"句的构式语法探讨》，《杭州师范大学学报》（社会科学版）第 5 期。

张憬霞，2009，《高等 HSK 考试中学生书面语能力考察与分析》，硕士学位论文，北京语言大学。

张静，2009，《对外汉语教学中的插入语教学考察》，《北京教育学院学报》（社会科学版）第 4 期。

张磊、姚双云，2013，《从语体视角考察指类句的句法特征和分布情况》，《语言教学与研究》第 2 期。

张黎，2012，《汉语句式系统的认知类型学分类——兼论汉语语态问题》，《汉语学习》第 3 期。

张炼强，1997，《汉语语序的多面考察（上）》，《首都师范大学学报》（社会科学版）第 5 期。

张玲，2018，《〈汉语口语〉（中级）话语标记语分析及相关建议》，硕士学位论文，上海外国语大学。

张明辉，2010，《论时下流行构式"被 XX"》，《广东技术师范学院学报》第 5 期。

张韧，2007，《认知语法视野下的构式研究》，《外语研究》第 3 期。

张旺熹，2005，《连字句的序位框架及其对条件成分的映现》，《汉语学习》第 2 期。

张旺熹，2010，《对外汉语教学语法研究概说——课题与路向》，《对外汉语研究》第 00 期。

张文贤、邱立坤、宋作艳、陈保亚，2012，《基于语料库的汉语同义词语体差异定量分析》，《汉语学习》第 3 期。

张武宁，2007，《韩国留学生"把"字句习得研究》，硕士学位论文，南京师范大学。

张先亮，2007，《教学语法需解决的几个问题》，《语言文字应用》第 3 期。

张馨忆，2015，《"构式—语块"理论视野下的汉语"被"字句研究及其教学设计》，硕士学位论文，辽宁师范大学。

张雪平，2009，《"万一"的语篇分析》，《世界汉语教学》第 1 期。

张彦昌，1980，《对传统语法应当有个正确的评价》，《现代外语》第 4 期。

张彦群、辛长顺，2002，《并列结构组成成分排序原则及原因初探》，《天中学刊》第 4 期。

张谊生，1992，《"非 x 不 y"及其相关句式》，《徐州师范大学学报》（哲学社会科学版）第 2 期。

张莹，2005，《基于语体的对外汉语中高级听力教学模式初构》，硕士学位论文，华东师范大学。

张云峰，2013，《近代汉语比况框式介词及其概念叠加》，《聊城大学学报》（社会科学版）第 4 期。

赵金铭，1994，《教外国人汉语语法的一些原则问题》，《语言教学与研究》第 2 期。

赵金铭，1996，《对外汉语语法教学的三个阶段及其教学主旨》，《世界汉语教学》第 3 期。

赵金铭，2001，《论汉语的"比较"范畴》，《中国语言学报》第 10 期。

赵金铭，2006，《从类型学视野看汉语差比句偏误》，《世界汉语教学》第 4 期。

赵立江，1997，《留学生"了"的习得过程考察与分析》，《语言教学与研究》第 2 期。

赵清永，1994，《从语法研究的三个平面看外国留学生的误句》，《北京师范大学学报》（社会科学版）第 6 期。

赵旭、刘振平，2014，《准双向动词功能扩展的制约因素——动词与句式互动的个案思考》，《中国语文》第 2 期。

郑娟曼、邵敬敏，2008，《"责怪"义标记格式"都是 + NP"》，《汉语学习》第 5 期。

郑娟曼、张先亮，2009，《"责怪"式话语标记"你看你"》，《世界汉语教学》第 2 期。

钟兆华，1988，《动词"起去"和它的消失》，《中国语文》第 5 期。

周迟明，1959，《汉语修辞学的体系问题》，《山东大学学报》（哲学社会科学版）第 4 期。

周殿龙，1990，《解决语法难题的一把钥匙》，《山西师大学报》（社会科学版）第 1 期。

周光亚，1985，《英语传统语法的由来和发展》，《现代外语》第 3 期。

周国光，1994，《汉语配价语法论略》，《南京师大学报》（社会科学版）第 4 期。

周国光，2006，《试论语义指向分析的原则和方法》，《语言科学》第 4 期。

周红，2005，《语义范畴与对外汉语语法教学》，《云南师范大学学报》

（对外汉语教学与研究版）第 3 期。

周健，2007，《语块在对外汉语教学中的价值与作用》，《暨南学报》（人文科学与社会科学版）第 1 期。

周利芳，2002，《对外汉语精读课教学中的语体观和语境观》，《天津外国语学院学报》第 3 期。

周文华，2009，《基于语料库的外国学生兼语句习得研究》，《语文教学与研究》第 3 期。

周文华、肖奚强，2009，《基于语料库的外国学生"被"字句习得研究》，《暨南大学华文学院学报》第 2 期。

周文华，2014，《母语语序类型对目的语习得的影响：以汉语介词语序偏误为例》，《语言教学与研究》第 5 期。

周芸、张婧，2010，《泰国学生汉语谈话语体能力习得调查》，《云南师范大学学报》（对外汉语教学与研究版）第 3 期。

周芸、张永芹、张婧，2010，《论汉语作为外语学习者的语体能力》，《云南师范大学学报》（对外汉语教学与研究版）第 1 期。

周芸、张婧、张永芹，2011，《泰国学生汉语语体能力培养措施研究》，《楚雄师范学院学报》第 1 期。

周祖谟，1958，《词汇和词汇学》，《语文学习》第 9 期。

朱德熙，1956，《现代汉语形容词研究》，《语言研究》第 1 期。

朱德熙，1959，《说"差一点"》，《中国语文》第 9 期。

朱德熙，1962，《论句法结构》，《中国语文》第 8、9 期合刊。

朱德熙，1978，《"的"字结构和判断句》，《中国语文》第 1~4 期。

朱德熙，1987，《现代汉语语法研究的对象是什么?》，《中国语文》第 5 期。

朱景松，1992，《与工具成分有关的几种句法格式》，《安徽师大学报》（人文社会科学版）第 3 期。

朱景松，1995，《关于语序的几个问题——第五次语法学修辞学学术座谈会发言摘要》，《语言教学与研究》第 3 期。

朱军、魏红，2010，《"倾向性语序优先序列"及其解释力——基于真实语料中带宾小句的分析》,《云南民族大学学报》(哲学社会科学版)第 3 期。

朱军,2012,《汉语语体语法研究综述》,《汉语学习》第 5 期。

朱其智,2006,《留学生生造词语偏误分析》,《汉语教学学刊》第 2 期。

朱文文,2008,《现代汉语形容词状补语序选择机制研究》,博士学位论文,北京语言大学。

朱文文,2010,《状补句位意义及其对形容词的语序选择》,《世界汉语教学》第 4 期。

朱小雪,1989,《Gerhard Helbig 的价语法理论及其实用语法模式》,《国外语言学》第 1 期。

朱义莎,2005,《现代汉语"被"字句的句式语义研究》,硕士学位论文,四川师范大学。

主贵芝,2014,《留学生本科毕业论文中的语体特征和语体意识研究——以复旦大学留学生毕业论文为例》,硕士学位论文,复旦大学。

宗守云,2013,《论语体的制约因素及原型效应》,《当代修辞学》第 1 期。

邹秋珍、胡伟,2012,《"无 A 无 B"框架构式研究》,《广西社会科学》第 11 期。

祖人植、任雪梅,1997,《"毕竟"的语篇分析》,《中国语文》第 1 期。

Greenberg, Joseph H. 1963, Some Universals of Grammar with Particular Reference to the Order of Meaningful Elements. In Greenberg（Ed.）*Universals of Language.* Mass Cambridge：MIT Press,1966. 中文本《某些主要与词序有关的语法普遍现象》,陆丙甫、陆致极译,《国外语言学》1984 年第 2 期。

图书在版编目（CIP）数据

当代语法理论与汉语作为第二语言的语法教学／郝
琳著 . -- 北京：社会科学文献出版社，2019.10
ISBN 978 - 7 - 5201 - 5556 - 4

Ⅰ.①当… Ⅱ.①郝… Ⅲ.①汉语 - 对外汉语教学 -
教学研究 Ⅳ.①H195.3

中国版本图书馆 CIP 数据核字（2019）第 198087 号

当代语法理论与汉语作为第二语言的语法教学

著　　者／郝　琳

出 版 人／谢寿光
责任编辑／张　萍
文稿编辑／张金木

出　　版／社会科学文献出版社·当代世界出版分社（010）59367004
　　　　　　地址：北京市北三环中路甲 29 号院华龙大厦　邮编：100029
　　　　　　网址：www. ssap. com. cn
发　　行／市场营销中心（010）59367081　59367083
印　　装／三河市龙林印务有限公司

规　　格／开本：787mm × 1092mm　1/16
　　　　　　印　张：19　字　数：292 千字
版　　次／2019 年 10 月第 1 版　2019 年 10 月第 1 次印刷
书　　号／ISBN 978 - 7 - 5201 - 5556 - 4
定　　价／98.00 元